DOUGLAS COUPLAND

ALLE FAMILIEN SIND VERKORKST

Aus dem Englischen
von Tina Hohl

HOFFMANN UND CAMPE

Die Originalausgabe erschien 2001 unter dem Titel
»All Families are Psychotic« bei Bloomsbury, New York.

1. Auflage 2002

www.hoffmann-und-campe.de
Schutzumschlaggestaltung: Büro Hamburg/Isabel Bünermann
Foto: Larry Sultan/Janet Borden Inc. NY
Satz: Dörlemann Satz, Lemförde
Druck und Bindung: GGP Media, Pößneck
Printed in Germany
ISBN 3-455-01176-4

HOFFMANN
UND CAMPE

Ein Unternehmen der
GANSKE VERLAGSGRUPPE

IN A DREAM YOU SAW
A WAY TO SURVIVE
AND YOU WERE FULL OF JOY
– Jenny Holzer

1

Janet öffnete die Augen – Floridas prähistorisch gleißendes Licht blendete von draußen ins Motelfenster. Ein Hund bellte; ein Auto hupte; ein Mann sang einen Fetzen eines spanischen Liedes. Geistesabwesend berührte sie die Narbe, die die Kugel unter ihrem linken Rippenbogen hinterlassen hatte, eine Narbe, die knotig, unförmig und hart war wie ein Kaugummi, der unter einer Tischplatte klebt. Sie hatte nicht damit gerechnet, dass ihr Fleisch so nichtssagend verheilen würde – *Was habe ich erwartet, eine Narbe in Form der amerikanischen Flagge?*

Janets Stirn lief rot an: *Meine Kinder – wo sind sie?* Im Blitztempo ging sie die Aufenthaltsorte ihrer drei Kinder durch, ein Ritual, das sie seit Wades Geburt 1958 täglich vollzog. Erst als sie ihre Sprösslinge im Geiste geographisch einsortiert hatte, besann sie sich wieder aufs Atmen: *Sie werden heute alle hier in Orlando sein.*

Sie schaute auf den Wecker neben dem Motelbett: 7:03. *Pillenzeit.* Sie nahm zwei Kapseln aus ihrer Pillendose und schluckte sie mit über Nacht schal gewordenem Leitungswasser, das nun nach Nickeln und Pennies schmeckte. Ihr fiel auf, dass Motelzimmer mittlerweile mit Kaffeemaschinen ausgestattet waren. *Was für eine vernünftige Idee, verdammt vernünftig sogar – warum ist ihnen das nicht schon vor Jahren eingefallen? Warum passiert alles Gute erst jetzt?*

Vor ein paar Tagen hatte ihre Tochter Sarah am Telefon gesagt: »Mom, kauf dir wenigstens Evian, ja? Das Leitungswasser in dieser Bruchbude ist vermutlich mit Crack versetzt. Ich *fass* es nicht, dass du freiwillig dort wohnst.«

»Aber Schatz, es macht mir wirklich nichts aus.«

»Zieh doch ins Peabody zum Rest der Familie. Ich hab dir schon hundertmal gesagt, dass ich das bezahle.«

»Darum geht es nicht, Liebes. Ein Hotel sollte wirklich nicht mehr kosten als dieses hier.«

»Mom, die NASA hat Verträge mit den Hotels, und …« Mit einem Schnauben gab Sarah sich geschlagen. »Vergiss es. Aber ich finde, du bist zu reich für diese Dritte-Welt-Masche.«

Sarah – *wie lässig sie mit Geld umgeht!!* – genau wie die beiden anderen. Keiner von ihnen hatte je Armut kennen gelernt oder einen Krieg miterlebt, aber trotz dieses Privilegs waren sie keine Goldkinder geworden, und das konnte Janet nie verwinden. Ein Leben im Überfluss hatte ihre beiden Jungen in ein anderes Metall verwandelt – Blei? – Silizium? – Wismut? Doch dann kam *Sarah* – sie war aus einem edleren Element als Gold – zu Diamanten kristallisierter Kohlenstoff – ein Blitz, mitten im Niederzucken erstarrt, in Streifen geschnitten und in einer Gruft gelagert.

Janets Telefon klingelte, und sie nahm ab: Wade, der aus einer Haftanstalt in Orange County anrief. Sie malte sich aus, wie er in einem tristen Betonflur stand, unrasiert und zerzaust, jedoch immer noch mit dieser besonderen Ausstrahlung – dem Funkeln in den Augen, das er von seinem Vater geerbt hatte. Bryan besaß es nicht, und Sarah brauchte es nicht, aber Wade hatte sich durchs Leben gefunkelt, und vielleicht war das doch nicht das beste Attribut, das man erben konnte.

Wade: Janet musste daran denken, wie sie zu Hause morgens den Marine Drive entlangfuhr und immer denselben Typ Mann beobachtete, der auf den Bus in die Innenstadt wartete. Er sah etwas abgerissen aus und ein wenig unsolide, es war stets offensichtlich, dass er seinen Führerschein wegen Alkohols am Steuer verloren hatte, aber das machte ihn nur noch interessanter, und wann immer Janet einem dieser Männer von ihrem Auto aus zulächelte, feuerte er prompt ein Lächeln zurück. So ein Mann war Wade und, in irgendeiner Schmuddelecke ihrer Erinnerung, auch ihr Ex-Mann Ted.

»Schätzchen, bist du nicht zu alt, um mich aus dem – *Knast* anzurufen? Das Wort ›Knast‹ überhaupt in den Mund zu nehmen kommt mir schon albern vor.«

»Mom, ich tu nichts Ungesetzliches mehr. Diesmal war's Pech.«

»Also gut, was ist passiert – hast du aus Versehen einen Bus voller Pfadfinderinnen in die Everglades gesetzt?«

»Es war eine Kneipenschlägerei, Mom.«

Janet wiederholte: *»Eine Kneipenschlägerei.«*

»Ich weiß, ich weiß – glaubst du, mir ist nicht klar, wie idiotisch das klingt? Ich rufe an, weil mich jemand aus diesem Loch hier abholen muss. Mein Mietwagen steht noch bei der Bar.«

»Wo ist Beth? Wieso fährt sie dich nicht?«

»Sie kommt erst am frühen Nachmittag nach Hause.«

»Okay. Jetzt noch mal von vorn, Schatz. Wie genau gerät man in eine Kneipenschlägerei?«

»Das glaubst du mir sowieso nicht.«

»Du würdest staunen, was ich heutzutage alles glaube. Versuch's einfach.«

Am anderen Ende blieb es einen Moment lang still. »Ich bin in eine Schlägerei geraten, weil so ein Typ – so ein *Wichser* – sich über Gott lustig gemacht hat.«

»Gott.« *Das kann nicht sein Ernst sein.*

»Ja, genau.«

»Inwiefern?«

»Er war total unverschämt. Er meinte: ›Gott ist ein Arschloch‹ und ›Gott ist alles scheißegal‹, und er hörte gar nicht wieder auf, da musste ich ihn einfach zum Schweigen bringen. Ich glaube, er war an dem Tag gefeuert worden.«

»Du hast Gottes Ehre verteidigt?«

»Ja.«

Jetzt bloß in kein Fettnäpfchen treten, Janet. »Wade, ich weiß, dass Beth sehr religiös ist. Wirst du's jetzt auch?«

»Ich? Vielleicht. Nee. Ja. Nein. Hängt davon ab, wie man Religiosität definiert. Beth wird dadurch gelassener, und vielleicht …« Er stockte. »Vielleicht gibt es auch mir Ruhe.«

»Du hast also die Nacht im Gefängnis verbracht?«

»Sicher und geborgen in den Armen eines zweihundert Kilo schweren Kaufhausdiebs namens Bubba.«

»Wade, ich kann dich nicht abholen. Ich glaube, heute wird mal wieder so ein schlapper Tag. Außerdem riecht der Wagen, den ich gemietet habe, wie der Teppichboden in einem Studentenwohnheim – und die weißen Straßen hier unten machen mich ganz müde.«

»Mom, *komm* schon …«

»Stell dich nicht an wie ein Baby. Du bist zweiundvierzig. Benimm dich auch so. Du hast es gestern nicht mal rechtzeitig ins Hotel geschafft.«

»Ich habe einen kleinen Umweg gemacht, um einen Freund in Tampa zu besuchen. Unterwegs hab ich angehalten, um etwas zu trinken. He – behandel mich nicht, als wär ich Bryan. Schließlich hab ich die Schlägerei nicht angefangen oder …«

»Sei still! Ich will nichts mehr hören. Ruf dir ein Taxi.«

»Ich hab nicht genug Geld bei mir.«

»Du kannst dir nicht mal ein Taxi leisten? Wie willst du dann das Hotel bezahlen?«

Wade blieb stumm.

»Wade?«

»Sarah legt es aus, bis wir es ihr zurückzahlen können.« Ein betretenes Schweigen folgte.

»Mom, wenn du wirklich wolltest, könntest du mich abholen. Das weiß ich genau.«

»Ja, ich schätze, das könnte ich. Aber ich finde, du solltest deinen Vater anrufen, da unten in … wie heißt das Kaff noch mal?«

»Kissimmee – und das habe ich bereits.«

»Und?«

»Er ist mit Nickie Marline angeln gefahren.«

»*Marline* angeln? Macht man das noch?«

»Weiß ich nicht. Ich schätze schon. Ich dachte, die Viecher wären ausgestorben. Vermutlich haben sie einen Mann in einem Neoprenanzug dabei, der einen großen Plastik-Marlin an ihrer Angelschnur befestigt.«

»Marline sind so hässlich. Sie erinnern mich an die Fitness-Räume, die manche Leute 1958 in ihren Keller eingebaut und nie wieder benutzt haben.«

»Ich weiß. Es ist schwer vorstellbar, dass sie überhaupt je existiert haben.«

»Er ist also mit Nickie Marline angeln?«

»Ja. Mit Nickie.«

»Diese miese Schlampe.«

»Mom?«

»Wade, ich bin keine Heilige. Ich habe jahrzehntelang alles runtergeschluckt – darauf wurden Mädchen meines Alters trainiert, und deshalb haben wir alle einen entzündeten Dickdarm. Außerdem ist ein Quäntchen deftiger Sprache dann und wann ganz erfrischend. Gerade gestern hab ich im Internet nach Informationen über Vitamin-D-Derivate gesucht, und plötzlich, *plonk!* lande ich auf der Anal-Love-Website. Ich gucke mir grade einen Cheerleader im Ledergeschirr an –«

»*Mom,* wie kannst du dir bloß solche Websites anschauen?«

»Wade, darf ich dich daran erinnern, dass *du* gerade irgendwo in Orlando auf einer Deponie für menschlichen Müll stehst? Und da schockiert es dich, eine fünfundsechzigjährige Frau an einem öffentlichen Fernsprecher übers Internet reden zu hören? Du würdest nicht glauben, auf was für Sites ich schon gewesen bin. Und in was für Chatrooms. Ich bin nicht *immer* Janet Drummond, musst du wissen.«

»Mom, warum erzählst du mir das?«

»Ach, vergiss es. Aber deine Stiefmutter ist trotzdem eine miese Schlampe. Ruf Howie an – vielleicht kann er dich abholen.«

»Howie ist so langweilig, dass ich in seiner Gegenwart jedes Mal fast einschlafe. Kaum zu fassen, dass Sarah so eine Null geheiratet hat.«

»*Ich* habe sie zur Welt gebracht, und *ich* muss heute mit ihm nach Cape Canaveral fahren.«

»Uuh – das ist hart. Wieder so eine NASA-Veranstaltung?«

»Ja. Und du bist herzlich eingeladen mitzukommen.«

»Moment mal, Mom – warum bist du nicht bei all den anderen im Peabody? Weshalb wohnst du in einem Motel? Übrigens musste ich es dreißigmal klingeln lassen, bis der Typ am Empfang – der sich nebenbei gesagt anhörte wie ein Nierendieb – ans Telefon ging.«

»Wade, du lenkst vom Thema ab. Ruf Howie an. Oh, Moment mal – ich glaube, da ist jemand an der Tür.« Janet hielt das Telefon eine Armlänge von ihrem Kopf weg und sagte: *»Tock tock tock tock.«*

»Sehr witzig, Mom.«

»Ich muss zur Tür, Wade.«

»Das ist wirklich witzig. Ich –«

Klick

Das Motelzimmer gab ihr ein wenig zu sehr ein Gefühl der Vergänglichkeit, aber es war billig, und das machte die Nachteile zu Vorzügen. Dennoch vermisste Janet ihre morgendlichen Aufwachrituale in ihrem eigenen Schlafzimmer. Sie tastete sanft und methodisch ihren Körper ab, als wäre sie bei der Bank und zählte ein Bündel Zwanziger. Sie massierte sacht eine Reihe von Geschwüren auf der Innenseite ihrer Lippen – immer noch da, genau wie am Tag zuvor, nicht bloß ein Traum. Ihre Hände wanderten weiter nach unten – keine Knoten in den Brüsten, heute nicht –, aber was hatte Sarah ihr gesagt? *Wir haben alle schon Tausende von Malen Krebs gehabt, Mom, aber all diese Tausende von Malen hat der Körper ihn beseitigt. Es wäre nachlässig, nur den Krebs zu zählen, der sich einnistet. Du und ich, wir könnten beide in diesem Moment Krebs haben, aber morgen ist er möglicherweise schon wieder weg.*

Das Motelzimmer roch nach einem Leben voller Zigaretten. Sie betrachtete das Foto von Sarah im *Miami Herald* neben dem Telefon, das Standard-PR-Foto einer NASA-Crew: ein Gruppenbild vor einem marineblauen, eiscremeartig verwirbelten Hintergrund. Das Licht schmeichelte dem Teint und ließ eine vornehme, wissenschaftlich fundierte Verachtung für Kosmetik erahnen. Sarah hatte einen Helm unter ihren rechten Arm geklemmt. Ihr linker Arm hing handlos an ihrer Seite: *Der Weltraum kennt keine Hemmnisse.*

Janet seufzte. Sie wackelte mit den Zehen. Zehn Minuten später klingelte ihr Telefon erneut: Sarah rief von Cape Canaveral aus an.

»Hi, Mom. Ich hab grade mit Howie gesprochen. Er holt Wade ab.«

»Guten Morgen, Sarah. Wie ist *dein* Tag bisher?«

»Heute Morgen haben wir Darmentleerung bei Schwerelosigkeit geübt, aber eigentlich hätte ich lieber in einem hübschen, ruhigen Badezimmer gesessen und eine neue Sorte Porenreinigungsstrips ausprobiert. Von der Feuchtigkeit in diesen Anzügen krieg ich fürchterliche Mitesser. Davon stand in diesen alten Foto-Essays in *Life* nie was drin. Hast du schon gegessen?«

»Nein.«

»Komm doch nach Cape und iss mit mir. Es gibt getrocknete Astronauten-Eiskrem in glänzenden Mylar-Tüten.«

Janet setzte sich im Bett auf und hob ihre Beine über den Rand. Sie betastete ihre Haut – ihr *Fleisch* –, die ihr von den Knochen hing wie tropfnasse Klamotten. Sie musste pinkeln. Sie begann ihre Worte genau zu dosieren, während sie sehnsüchtig zur Badezimmertür blickte. »Lieber nicht, Schatz. Die lassen mich doch höchstens mal drei Sekunden lang für ein Foto zu dir.«

Sarah fragte: »Kommt Beth heute an?«

Beth war Wades Frau. »Heute Nachmittag. Ich schätze, ich werde heute Abend mit den beiden essen gehen.«

»Wie weit ist sie?«

»Im vierten Monat, glaube ich. Vielleicht wird es sogar ein Weihnachtsbaby.«

»Hm. Verstehe.«

»Stimmt was nicht, Sarah?«

»Es ist nur –«

»Was?«

»Mom, wie konnte Wade … *die* bloß heiraten? Sie ist so schrecklich tugendhaft und gottesfürchtig. Ich hab immer gedacht, Wade würde mal Miss Roller Derby zur Frau nehmen. Beth tut immer so verdammt fromm.«

»Sie erhält ihn am Leben.«

»Wahrscheinlich. Wann kommt Bryan an?«

»Er und seine Freundin sind schon hier. Er hat vom Peabody aus angerufen.«

»*Freundin? Bryan?* Wie heißt sie?«

»Wenn ich's dir sage, wirst du's mir nicht glauben.«

»So schlimm kann's doch nicht sein. Ist es so ein Fantasie-Name wie DawnElle oder Kerrissa oder CindaJo?«

»Schlimmer.«

»Was kann schlimmer sein?«

»Shw.«

»Wie bitte?«

»Shw. So heißt sie: *Shw.*«

»Buchstabier mal.«

»S. H. W.«

»Und?«

»Einen Vokal gibt es nicht, falls es das ist, was du meinst.«

»Was – ihr Name ist *Shw?* Sprech ich das richtig aus?«

»Ich fürchte ja.«

»Das ist der … *unpraktischste* Name, den ich je gehört habe. Kommt die aus Sri Lanka oder Finnland oder so?«

Janet ließ die Badezimmertür mit der Toilette dahinter nicht aus den Augen. »Soweit ich weiß, ist sie aus Alberta. Bryan betet sie an, und außerdem ist sie in anderen Umständen.«

»*Bryan* ist schwanger? Wieso weiß ich von all dem nichts?«

»Ich hab sie auch erst letzte Woche kennen gelernt. Sie scheint mich recht gern zu mögen, während sie jeden sonst wie Dreck behandelt. Also – eigentlich hab ich gar nichts gegen sie.«

»Bryan hat echt einen Knall. Ich kann mich garantiert nicht beherrschen – wenn sie mir sagt, wie sie heißt, meine ich.«

Janet sagte: *»Shw!«*

Sarah kicherte.

»Shw! Shw! Shw!«

Sarah lachte. »Ist sie hübsch?«

»In gewisser Weise schon. Außerdem ist sie ungefähr achtzehn und ziemlich launisch. In den Fünfzigern hätten wir sie als hysterischen Backfisch bezeichnet. Heute würde man sagen, sie leidet an einer Schilddrüsenüberfunktion. Sie hat Glubschaugen.«

»Wo haben sie sich kennen gelernt?«

»In Seattle. Sie hat Bryan geholfen, einen Stapel pastellfarbener Waffelmuster-T-Shirts bei GAP – glaube ich – anzuzünden, damals während der Proteste gegen die Welthandelsorganisation. Sie wurden getrennt, und dann haben sie sich vor ein paar Monaten bei der Zerstörung eines Versuchslabors zur Züchtung genetisch modifizierter Stangenbohnen wieder getroffen.«

Janet konnte spüren, wie Sarah umschaltete; das Gespräch über Familienangelegenheiten war für sie beendet. Jetzt würde sie zum geschäftlichen Teil übergehen: »Tja, schön für Bryan. Bist du fit genug für den NASA-Empfang heute …?«

»Noch.«

»Howie holt dich um halb zehn ab und danach meinen lieben Bruder. Übrigens – Dad ist pleite.«

»Das überrascht mich nicht. Er hat seinen Job verloren, hab ich gehört.«

»Ich wollte ihm Geld leihen, aber er hat natürlich nein gesagt. Nicht, dass es viel zu verleihen gäbe. Howie hat den Großteil unserer Ersparnisse durch irgendeine Website verloren, die Produkte für Haustiere verkauft. Ich könnte ihn erwürgen.«

»Ach je.« *Wie leicht es ist, ins Bemuttern zu verfallen.*

»Kannst du wohl sagen. He, wann hast du Dad überhaupt das letzte Mal gesehen?«

»Vor einem halben Jahr. Per Zufall im Supermarkt.«

»War's unangenehm?«

»Ich weiß ihn zu nehmen.«

»Gut. Bis später.«

»Ja, Schatz.«

Klick

Auf dem Plattenweg vor ihrem Zimmer hörte Janet Kinder greinen, die mit ihren Familien zu Disney World aufbrachen. Über einen Fußboden, der durch unzählige Zigaretten-Brandlöcher und diverse Flecken, die man besser nicht genauer untersuchte, aussah wie die Mondoberfläche, ging sie ins Badezimmer. Sie musste an Serienkiller denken, die die Zähne und Kieferknochen ihrer Opfer mit Säure auflösten.

Ihr Blick fiel unvermutet in einen mannshohen Spiegel neben dem Waschbecken, und der Anblick ließ sie abrupt stehen bleiben. *Ja, Janet, ganz richtig: Du schrumpfst – Sehne für Sehne, Eiweißmolekül für Eiweißmolekül verwandelst du dich einen ... einen kleinen Kobold, ja, du, Janet Drummond, die früher einmal zum »Mädchen, für das wir eine Bank ausrauben würden« gewählt worden ist.*

Sie war wie hypnotisiert von ihrem Spiegelbild in dem blauen Nachthemd. Es war, als wäre sie wieder jung und dieses Bild würde ihr als Warnung aus der Zukunft geschickt – *Wenn ich die Augen zusammenkneife, kann ich immer noch die kühle, blitzsaubere Hausfrau sehen, die ich früher so gern werden wollte. Ich bin Elizabeth Montgomery in* Verliebt in eine Hexe. *Ich bin Dina Merrill, die mit Christina Ford im Museum of Modern Art zu Mittag isst.*

Ach, vergiss es. Sie pinkelte, duschte, trocknete sich ab und modifizierte dann, so weit es ging, die Spuren der Zeit in ihrem Gesicht.

Na also. So schlimm sehe ich auch wieder nicht aus. Womöglich gibt es immer noch Männer, die eine Bank für mich ausrauben würden, und dann und wann flirtet noch einer mit mir – nicht allzu häufig – und vielleicht eher einer älteren Jahrgangs –, aber der Ausdruck in den Augen verändert sich nie.

Sie zog sich an, und fünf Minuten später saß sie einen Block weiter in einem Denny's-Diner und las Zeitung. Die nordamerikanische Wetterkarte auf der letzten Seite war von einem satten, ungesunden Scharlachrot, nur ein schmaler Streifen kühlen Grüns verlief an der Küste entlang von Seattle nach Alaska. Die Sonne, die vor dem Restaurantfenster auf den Parkplatz knallte, verlieh dem Ganzen die Aura eines Physikexperiments. Sie stellte fest, dass das Wetter sie nicht mehr interessierte. *Zum nächsten Punkt.*

Zurück in ihrem Motelzimmer, legte sie sich aufs Bett, in dem tausend Geschlechtsakte spukten. *Na gut – diese Absteige ist zwar das Letzte, aber wenigstens werfe ich kein Geld zum Fenster hinaus.* Ihre Lippen waren so wund, dass das Sprechen schmerzte, und das Ausatmen tat ihr weh. Ihr Tablettentimer summte; sie setzte sich auf. Sie griff in ihre Handtasche und holte ein Pillenfläschchen heraus. Dann stellte sie den Fernseher an und landete auf CNN, wo Sarah gerade ein Interview gab. Wie immer sah ihre Tochter im Fernsehen strahlend schön aus, wie eine Nonne, die nie Make-up angerührt hatte.

– Glauben Sie, dass Sie und andere Kinder wie Sie, die mit einer durch Contergan verursachten Behinderung geboren wurden, der Welt auch noch etwas anderes zu sagen haben?

– Natürlich. Wir waren die Kanarienvögel im Bergwerk. Wir kamen als die ersten Kinder zur Welt, an denen bewiesen wurde, dass Chemikalien aus der Umwelt – in unserem Fall

Contergan – den menschlichen Embryo schwer schädigen können. Heutzutage rauchen und trinken die meisten Mütter während der Schwangerschaft nicht. Sie wissen, dass die Außenwelt in ihre Babys eindringen und Schäden verursachen kann. Doch der Generation meiner Mutter war das unbekannt. Die Frauen damals hatten keine Hemmungen zu rauchen, zu trinken und haufenweise Medikamente zu nehmen. Heute sind wir schlauer, und unsere Spezies hat dazugelernt – wir wissen, dass es teratogene Stoffe gibt.

– Teratogene Stoffe?

– Ja. Teratogen heißt »Ungeheuer bildend«. Ein schreckliches Wort, aber schließlich ist die Welt auch manchmal ein schrecklicher Ort. Es sind die Chemikalien, die die Plazenta durchwandern und das Wachstum eines Kindes in utero beeinträchtigen.

Der Moderator wandte sich der Kamera zu: »Zeit für eine kurze Pause. Ich spreche mit Sarah Drummond-Fournier, einer einhändigen Frau mit ungeheurem Kampfgeist, die am Freitag beim Start des Space-Shuttle an Bord sein wird. Wir sind gleich wieder da.«

Wie um alles in der Welt konnte ich so ein Kind zur Welt bringen? Ich verstehe nichts von ihrem Leben. Nichts. Und dabei ist sie mir wie aus dem Gesicht geschnitten, und jetzt gondelt sie auch noch in den Weltraum hinauf. Janet erinnerte sich, wie gern sie der kleinen Sarah immer bei den Hausaufgaben helfen wollte, und wie diese sie höflich, aber resigniert dazu ermuntert hatte, wenn sie den Kopf zu Sarahs Tür hineinsteckte. Unweigerlich stellte Janet dann beim ersten Blick auf Sarahs Schulheft fest, dass die Aufgaben das reinste Chinesisch für sie waren. Daraufhin pflegte sie ein paar besorgte Fragen nach Sarahs Lehrern zu stellen, um dann Küchenpflichten vorzuschützen und sich hastig zurückzuziehen.

Sie schaltete den Fernseher aus.

Früher hatte sie sich alles zu Herzen genommen, und wenn sie keine echte Anteilnahme aufbringen konnte, fiel es ihr nicht schwer, welche vorzutäuschen: zu viel Regen, der die Petunien verkümmern ließ, die Schrammen ihrer Sprösslinge, Biafra-Kinder, das Elend der Meeressäuger. Sie betrachtete sich als eines der überlebenden Mitglieder einer verlorenen Generation, der letzten Generation, die dazu erzogen wurde, nicht die Augen zu verschließen und sich zu bemühen, das Richtige zu tun – oder überhaupt etwas zu tun. Sie war 1934 in Toronto geboren, einer Stadt, die damals Chicago, Rochester oder Detroit ziemlich ähnlich war – nichtssagend, durchkonzipiert, sparsam, den Spielregeln gehorchend. Ihr Vater, William Truro, war Geschäftsführer der Möbel- und Küchengeräteabteilung des Kaufhauses Eaton's im Stadtzentrum. Williams Frau, Kaye, war, nun ja … Williams Frau.

Die beiden zogen Janet und ihren älteren Bruder Gerald mit 29 Dollar 50 pro Woche groß, bis 1938 eine Gehaltskürzung Williams Einkommen auf 27 Dollar die Woche senkte und Marmelade vom Frühstückstisch der Truros verschwand. Dieser Verlust wurde Janets erste Erinnerung. Danach war ihr der Rest ihres Lebens als steter Schwund erschienen – Dinge, die einmal unentbehrlich gewesen waren, verschwanden ohne jede Diskussion oder, noch schlimmer, unter allzu vielen Diskussionen.

Die Jahreszeiten wechselten. Pullover verschlissen, wurden geflickt, verschlissen erneut und wurden widerstrebend weggeworfen. Ein paar Blumen wuchsen auf dem schmalen Streifen Erde vor dem Backsteinreihenhaus, Arten, die Kaye wegen ihrer Eignung als Trockenblumen aufgetrieben hatte, wodurch sie noch ein paar Monate länger von Nutzen waren. Das Leben schien sich ausschließlich ums Haushalten zu drehen. Im Herbst 1938 starb Gerald an Kinderlähmung. 1939 begann der Krieg, an dem Kanada von Anfang an teilnahm, und es wurde noch fieberhafter gespart: Bratfett, Blechdosen, Gummi – alles ließ sich wiederverwerten. Janets angenehmste Kindheitserinnerungen bestanden darin, wie sie in den Gassen zwischen den Häusern im Müll der Nachbarn gestöbert hatte, auf der Suche nach Kronjuwelen, Metallfragmenten und Liebesbriefen von sterbenden Prinzen. Im Laufe des Krieges sahen die Häuser in ihrem Viertel immer schäbiger aus – Farbe wurde zum Luxus. Als sie sechs Jahre alt war, ging Janet eines Tages in die Küche und ertappte ihre Eltern bei einem leidenschaftlichen Kuss. Als die beiden Janet dort stehen sahen, ein kleines, pummeliges, verwirrtes Campbell-Suppen-Kind, rissen sie sich errötend voneinander los, und über den Vorfall wurde nie wieder ein Wort verloren. Bis sie zur Frau wurde, war dieser kurze Moment für sie der einzige Anhaltspunkt dafür, dass es so etwas wie Leidenschaft gab.

Eine Stunde verging, und Janet sah auf die Uhr auf ihrem Nachttisch: fast halb zehn. Howie müsste inzwischen Wade abgeholt haben. Janet ging zu der überdachten Auffahrt des Hotels hinunter, um auf ihren Schwiegersohn zu warten. Ein Tag voller Langeweile stand ihr bevor.

Dann, *zong!*, wurde sie plötzlich wütend. Sie war wütend, weil sie nicht in der Lage war, sich ihr Leben als fortlaufendes Geschehen in der Art eines Films ins Gedächtnis zu rufen und es nachzuerleben. Es gab nur hier und da bruchstückhafte Akzente – der Kuss, die Marmelade, die Trockenblumen –, die, wenn man sie zusammensetzte, Janet zu dem machten, was sie war – und doch schien es keine göttliche Logik hinter diesem Sammelsurium zu geben. Und keine Kontinuität. All diese Bruchstücke waren bloß – Bruchstücke. Aber es *musste* eine Logik geben. Wie hätte das kleine, pummelige Mädchen von 1940 ahnen können, dass es eines Tages in Florida zuschauen würde, wie seine eigene Tochter ins All katapultiert wurde? Die kleine, zarte Sarah, die die Erde Hunderte von Malen umrunden sollte. *1939 haben wir noch keinen Gedanken an den Weltraum verschwendet. Er existierte noch gar nicht.*

Sie holte einen schwarzen Sharpie-Filzstift aus ihrer Handtasche und schrieb das Wort »Kehlkopfentzündung« auf ein gefaltetes Stück Papier. Den Rest des Tages würde sie mit niemandem sprechen müssen, mit dem sie nicht sprechen wollte.

Ob Howie wohl zu spät kommt? Nein – dafür ist er nicht der Typ.

2

Wade saß in der gleißenden Sonne auf der Betontreppe des Gefängnisses und wühlte in der Wundertüte mit seinen Habseligkeiten, die er nach seiner nächtlichen Gefangenschaft zurückerhalten hatte: eine Sonnenbrille, die eine Nummer zu klein war, damit sie ihm unter keinen Umständen vom Kopf fiel – eine Brieftasche mit vier Ausweisen darin (zwei echten: Nevada und British Columbia; zwei gefälschten: Missouri und Quebec) sowie der schlechten Fotokopie eines amerikanischen Hundertdollarscheins; ein Pittsburgh-Steelers-Bic-Feuerzeug (*Wo kommt das denn her?*) und die Schlüssel für einen gemieteten Pontiac Sunfire, der immer noch auf dem Parkplatz der Bar vom Vorabend stand. Seine Klamotten waren total blutverschmiert. Anfangs war das Blut wie Sirup gewesen und hatte seinen Sachen eine klamme und gummiartige Konsistenz verliehen. Dann, während Wade in seiner Zelle schlief, hatte es seine Jeans und sein Baumwollhemd in eine Haut aus Dörrfleisch verwandelt.

In diesem Staat tritt man nicht ungestraft für Gott ein …

Wo ist Howie?

Wade holte einen glatten Stein aus der Tüte, den er zehn Jahre zuvor beim Trampen von einer Autobahn in Kansas mitgenommen hatte – sein Glücksbringer; drei Minuten, nachdem er ihn gefunden hatte, wurde er von der desillusionierten Frau eines Major-League-Baseballspielers aufgelesen, die ihn die letzten Jahre seines Enddreißiger-Daseins ernährte.

Trööt-tröööt

»Hallo, Schwager!«

Howie stand auf der anderen Seite des Parkplatzes, wo er seinen orangefarbenen VW-Bus neben einem Maschendrahtzaun und einer rosa blühenden Oleanderhecke geparkt hatte.

Ach du Schande. Howie ist aufgekratzt. Ich hasse Aufgekratztheit. Wade ging auf ihn zu. »Ja, hi, Howie. Hol mich raus aus diesem Loch.«

»Okay, Partner. He, ich sehe Schmutz auf deinem Hemd.«

»Blut, Howie. Das ist harmlos. Und es ist nicht meins – es stammt von dem Schwachkopf, der letzte Nacht auf mich losgegangen ist.«

Im Fahrzeug, in dem es heiß wie in einer Backstube war, ließ Howie den Motor an. Die Klimaanlage war voll aufgedreht, und eisige, schimmlige Luft schoss mit der Wucht eines Faustschlags ins Innere des Wagens. Wade hieb mit der flachen Hand auf den Knopf. »Himmel, Howie, ich hab keine Lust, mir in deinem verdammten Bus die Legionärskrankheit zu holen.«

»Es war nur gut gemeint, *mon frère, mon frère.* In der Lüftung dieses Babys lauert keine Gefahr.«

»Außerdem, Howie, werde ich nicht irgend so ein Nobelhotel betreten, solange ich aussehe wie ein Tampon. Ich muss mich erst frisch machen. Fahr mich zu den Brunswicks.« Howie wohnte bei der Familie des Kommandanten von Sarahs Raumflug, Gordon Brunswick.

»Da kann ich mich waschen, und du leihst mir ein paar Klamotten.«

Howie war perplex. »Was – zu den Brunswicks? Sarah hat nichts davon gesagt, dass ich dich dort hinbringen soll.«

»Hast du damit ein Problem?«

»Ein Problem? Nein. Gar nicht.« Howie machte ein Gesicht, als habe er Schmerzen.

»Bring mich einfach hin, Howie. Ich werde duschen, mir ein paar Sachen leihen, und dann kannst du mich bei meinem Auto absetzen. Du musst um halb zehn meine Mutter abholen.«

»Du brauchst gar nicht so grantig zu sein, Wade.«

»Hast du jemals eine Nacht im Gefängnis zugebracht, Howie?«

Howie schien sich durch diese Frage geradezu geschmeichelt zu fühlen. »Nun ja, ich kann nicht behaupten, dass ich …«

»*Fahr,* Howie.«

Nach fünfzehn Minuten Fahrt erreichten sie das Häuschen der Familie Brunswick – eines Astronautenclans, der sich von der Familie Drummond unterschied wie der Himmel von der Erde. Kinder in NASA-T-Shirts standen auf dem Rasen vorm Haus und betrachteten den Mond, der auch bei Tageslicht sichtbar war, durch ein Teleskop. Die Haustür hatte ein Fenster in Form eines Halbmondes. Hinter der Tür stand Alanna Brunswick, die Frau des Mission Commanders Gordon Brunswick, in einem *Star-Trek*-T-Shirt mit einem Teller Schokoladenkeksen in der Hand und lächelte wie eine Parfümverkäuferin. Die Türglocke spielte noch immer die Titelmelodie von *Unheimliche Begegnung der 3. Art*, als sie mit einem Hauch mühsam kaschierter Überraschung in der Stimme sagte: »Howie, das muss dein … Schwager sein, Wade.«

»Höchstpersönlich.«

Wade ahnte, dass man viel über ihn geredet hatte. »Hi. Ich will mich nur waschen, bevor ich ins Peabody fahre. Oben?«

Alannas Miene verriet arge Bedenken, aber Wade wusste, dass ihm ein Zeitfenster von fünfzehn Sekunden offen stand, während derer sie von seinem Aussehen, zusätzlich betont durch seine verwegenen Eine-Nacht-im-Knast-Bartstoppeln, wie gelähmt sein würde. Er knipste sein Lächeln an *(weitere fünf Sekunden geschunden)* und stürmte dann die Treppe hinauf.

»Äh – fühlen Sie sich ganz wie zu Hause«, rief sie hinter ihm her.

»Ja, danke. Howie, besorg mir was zum Anziehen, ja?«

»Okey dokey.«

Wades Blick fiel auf Fotos von Propeller- und Düsenflugzeugen. Ausbildungszertifikate. Schwarzweißaufnahmen von berühmten Piloten der 60er Jahre. Modelle der Saturn-5-Rakete – selbst die Decke war von im Dunkeln leuchtenden Sternen übersät, die bei Tageslicht von einer gelben Margarinefarbe waren. Wade konnte verstehen, warum Howie lieber hier wohnte als im Hotel. Diese Leute *lebten* für das Raumfahrtprogramm. Verglichen damit behandelte die Familie Drummond Sarahs bevorstehenden Flug wie eine Präsentation bei einer lokalen Wissenschaftsmesse.

Er fand das Badezimmer und zog sich aus. Seine Sachen konnte er abschreiben; sogar seine Schuhe waren ledrig vor Blut. Er rollte die Kleidungsstücke so gut es ging zusammen und stopfte sie in den Mülleimer. Als er unter der Dusche stand, weichte der verkrustete Schmutz des vergangenen Tages auf, und er begann sich wie neugeboren zu fühlen. Howie steckte seinen Arm durch die Tür und legte ein paar Sachen auf die Ablage, und durch das Wasser und den Dampf hindurch hörte Wade ihn sagen: »Probier das hier mal an. Lass dir ruhig Zeit.«

Wade trocknete sich ab und inspizierte die clownesk kleinen Kleidungsstücke. Nur die Socken passten. *Was zum –?* Dann fiel ihm ein, dass Sarah ihm einmal erklärt hatte, alle Astronauten seien kleinwüchsig, da sie aufgrund ihrer geringen Körpermasse ausgewählt wurden; so etwas wie einen bulligen Astronauten gab es nicht. *Typisch Howie, mir nichts von seinen eigenen Sachen zu leihen. Dieses Weichei.*

Das Handtuch um die Taille geschlungen, trat er in den Flur, der mit einem dicken, federnden Teppich ausgelegt war. Er lugte zu mehreren Türen hinein. *Ich brauche bessere Erwachsenen-Klamotten. Was ist das – ein Kinderzimmer? Nein. Da drüben? Das Arbeitszimmer. Moment – das da – eindeutig ein Erwachsenen-Schlafzimmer.* Er betrat das Zimmer, hell erleuchtet von der flackernden Morgensonne, die durch die umstehenden Eichen schien. Als er um eine Ecke bog, hinter der er den Schrank vermutete, entdeckte er Howie und Alanna in enger Umklammerung. Anfangs bemerkten sie ihn gar nicht. »Mist. *'tschuldigung.*« Wade zog sich ins Badezimmer zurück.

»Wade –«

»Die Sachen sind zu klein, Howie. Ich brauche was Elastisches – eine Jogginghose vielleicht. Und ein großes T-Shirt. Und Badelatschen für die Füße.«

»Ich kann das erklären.«

»Besorg mir bloß was zum Anziehen, Howie.« Wade knallte die Badezimmertür zu. Draußen herrschte betretenes Schweigen, gefolgt von dem Geräusch schnell dahinhuschender Füße. Wade wusste nicht recht, was er denken sollte. Sein Atem ging wie unter Wasser, sein Denken war vernebelt.

Es klopfte. »Klamotten für dich, Partner.«

Wade schnappte sich das Zeug und knallte die Tür wieder zu.

»Wir können auf dem Weg zu deinem Auto darüber reden«, sagte Howie durch die geschlossene Tür hindurch.

Wade zog sich an. Er sah aus wie ein Fitness-Trainer an seinem freien Tag. Dann öffnete er die Tür und hastete zum Wagen hinunter. Er hatte keine Lust, Alanna zu begegnen. Howie dackelte hinter ihm her.

»Wade –«

Wade schaute aus dem Fenster.

»Wenn du mich bloß mal erklären lassen würdest, Wade. Alanna und ich, wir verstehen uns eben – der Druck, den so eine Ehe mit –«

Wade sah ihn an. »Es gibt immer eine Erklärung, Howie, und ich habe die meisten davon schon selbst benutzt – wodurch ich wiederum nur allzu gut weiß, dass es einfach keine Erklärung gibt. Also halt verdammt noch mal die Klappe und fahr.«

Überraschend schnell waren sie bei der Bar angelangt.

»Das da drüben ist mein Wagen.«

»Hübsches Auto.«

»Halt verdammt noch mal das Maul, Howie.«

»Ich mein doch bloß –«

Wade ließ dem wütenden Hornissenschwarm in seinem

Kopf freie Bahn: »Wenn du eine Sekunde lang glaubst, dass ich meiner kleinen Schwester auch nur ein einziges Wort davon erzähle, musst du verrückt sein. Dasselbe gilt für Commander Brunswick. Nichts auf diesem Planeten wird ihrem Einsatz auch nur ansatzweise in die Quere kommen. Das hier ist eine Sache zwischen dir und mir, Howie, und ich habe keine Ahnung, wo das alles hinführen wird. In der Zwischenzeit müssen wir bei diesem bescheuerten Bankett heute Abend an einem Tisch sitzen. Ich finde dich in jeder Hinsicht zum Kotzen, und ich werde dir das Leben zur gottverdammten Hölle machen, solange ich atme.«

»Du brauchst nicht gleich ausfallend zu werden.«

Wade stieg aus dem Wagen und fauchte. »Du kapierst einfach nicht, was, du beschissener kleiner Weltraum-Märtyrer?« Er knallte die Tür zu.

3

1970 besuchte Sarah Hunderte von Meilen östlich von Vancouver ein Sommerlager für junge Forscher, an einem sanft hügeligen Fleckchen Erde namens Cultus Lake, einem sehr seemäßig aussehenden See, an dem gerade Mücken, Brennnesseln und Betrunkene auf lärmenden Sportbooten Hochsaison hatten. Sarah hatte sich auf das Camp gefreut, und auch Janet, die es für sie ausfindig gemacht hatte, war hochzufrieden. Allerdings hatte Ted inzwischen die Regie übernommen. Er hatte die Zubereitung des Proviants und das Packen organisiert, zahlreiche Bücher über die Wildnis von British Columbia gekauft und Sarah dann selbst zum Camp gefahren, anstatt sie den Minibus nehmen zu lassen, der ihre Lagergenossen abholte.

Womit die Familie Drummond, Sarah eingeschlossen, nicht gerechnet hatte, war, dass Sarah im Camp maßloses, heftiges Heimweh bekommen würde, sich, vor Angst wie gelähmt, draußen im Schilf und in den Schwertlilien neben der Schlafbaracke übergeben musste, völlig außer Gefecht gesetzt und nicht in der Lage, zu essen oder zu schlafen. Die Familie hätte womöglich gar nichts davon erfahren, wenn Sarah sich nicht in den Privatbereich der Eigentümerin geschlichen und zur abendlichen Essenszeit tränenreich und flehentlich zu Hause angerufen hätte, ein Ferngespräch, das Ted entgegennahm, während Wade am Nebenanschluss mithörte.

»Bitte, Daddy, ich hab solches Heimweh, ich glaub, ich sterbe. Ich kann weder essen noch schlafen und mich auf nichts mehr konzentrieren. Ich möchte so gern wieder nach Hause.«

»He, Sonnenschein, das Camp ist gut für dich. Du wirst

intelligente neue Kinder kennen lernen – frische Luft schnappen – dein helles Köpfchen benutzen.«

»Das interessiert mich alles nicht, Daddy. Ich will jetzt nichts anderes, als bei euch in der Küche sitzen. Es kommt mir vor, als wäre ich furchtbar weit weg. Ich fühle mich so ... *krank*.«

Wade konnte seine Mutter, die neben seinem Vater stand, fragen hören, worum es ging. »Ted? Was ist los? Sag schon.«

»Nichts ist los, Jan. Sarah gewöhnt sich nur gerade ans Lagerleben.«

»Ich gewöhne mich *nicht* ans Lagerleben, Daddy. Ich würde am liebsten sterben. Ich will hier nicht sein. Ich will nach *Hause.«* Neuerliche Tränen.

»Ted«, sagte Janet, »lass mich mit ihr sprechen.«

»Jan, beruhige dich. Es geht ihr gut. Warum sollte sie das Camp hassen? Ich habe es als Kind geliebt.«

»Es geht mir *nicht* gut, Daddy.«

»Du wirst das Camp lieben, meine Süße. Das würde ich nicht sagen, wenn ich nicht davon überzeugt wäre. Das Camp war die beste Erfahrung meines Lebens.«

Am anderen Ende der Leitung war ein Klicken zu hören; eine Frauenstimme ertönte: »Hallo? Hallo? Kleines Fräulein, mit wem hast du telefoniert?« Am Hörer war die Lagerleiterin, eine Mrs. Wallace.

Ted sagte: »Tut mir Leid, dass Sarah Sie beim Abendessen gestört hat, Mrs. Wallace. Das ist sonst gar nicht ihre Art.«

Im Hintergrund heulte Sarah aus vollem Halse.

»Manche Kinder bekommen im Lager Heimweh, Mr. Drummond. Das ist ganz natürlich. Ihre Sarah wird sich bestimmt bald eingelebt haben.«

Sarahs Weinen wurde noch lauter. Ted legte auf, nachdem er sich noch einmal für das untypische Verhalten seiner Tochter entschuldigt hatte. Wade schlenderte mit Unschuldsmiene in die Küche, wo Janet gerade sagte: »Du musst sie abholen, Ted. Sie ist körperlich total am Ende, wie soll sie da etwas lernen? Das ist grausam.«

»Ist es nicht. Du übertreibst. Allen Kindern gefällt es im Lager. Sie muss sich nur erst daran gewöhnen. Sie wird es *lieben*. Mrs. Wallace hat mir erzählt, dass sie morgen den Düsenantrieb durchnehmen, und abends gibt es Kentucky Fried Chicken.«

»Ich hab kein gutes Gefühl dabei, Ted.«

»Hör auf, sie zu verhätscheln. Die hält was aus.«

Am nächsten Morgen wachte Wade früh auf und schlich sich aus dem Haus. Sein Verschwinden war keineswegs ungewöhnlich und fiel nicht weiter auf. Er fuhr mit dem Bus zu seiner Bank, hob seine Ersparnisse ab, rund 340 Dollar, und nahm an dem Stand neben dem mexikanischen Imbiss am Busbahnhof ein Taxi, sein erstes. Der Taxifahrer war etwa Mitte vierzig, sein Teint ähnelte einem Schmorbraten, und Wade konnte ihm trotz seiner Jugend ansehen, dass er auf dem absteigenden Ast des Lebens schon ziemlich weit nach unten gerutscht war. Als Wade ihm sagte, er wolle nach Cultus Lake und zurück, knöpfte der Fahrer ihm auf der Stelle das Geld ab; Wades einzige Sorge, er könnte ein redseliger Typ sein, erwies sich als unbegründet. Nachdem der Fahrer unvermittelt herausgeplatzt war: »Eine Fahrt aufs Land kann ich gut gebrauchen«, schwieg er für den Rest des Wegs.

Um elf Uhr morgens hatten sie die Einfahrt zum Lager erreicht. »Parken Sie weiter unten«, sagte Wade – schon damals zeigte sich sein strategisches Genie. »Ich will nicht, dass die Polizei hier nach einem Taxi sucht.«

»Okay, Partner.«

Wade ging zum Hauptgebäude und verlangte den Aufsichthabenden zu sprechen. Die einzige halbwegs respekteinflößende Person, die er zu fassen bekam, war ein weiblicher Teenager, der den therapeutischen Bereitschaftsdienst schwänzte, um eine zu rauchen. Wade lächelte. Innerhalb einer Minute hatte er herausbekommen, was er wissen musste: »Die Düsenantrieb-Gruppe? Das ist die Schlafbaracke Madame Curie. Die sind unten bei der Slipanlage.« Wade marschierte unverzüglich zur Slipanlage hinunter, wo eine

Horde Mädchen gerade eine Abschussvorrichtung umringte. Sarah hockte als Einzige abseits, die Knie an die Brust gezogen und von Magenkrämpfen geplagt, weil sie seit achtundvierzig Stunden weder gegessen noch geschlafen hatte.

Wade nahm einen Kieselstein und zielte direkt vor ihre Füße. Sarah blickte auf und entdeckte ihren Bruder, und Wade war beeindruckt davon, wie souverän sie die Fassung bewahrte. Sarah wartete bis zur Detonation der Rakete, bevor sie lässig auf Wade zuging. Er fragte sie: »Können wir?«

»Sofort.«

»Geh hinter mir her. Wir müssen leise sein.« Wade führte Sarah durch einen Sekundärwald, etwa hundert Jahre alt und von tückischen Hindernissen durchsetzt – Baumstümpfe und herumliegende Stämme, die nach all der Zeit noch immer kaum verrottet waren. Ein paar Minuten später tauchten die zwei genau vor dem Taxi aus dem Wald auf. »Spring rein, Schwesterchen, und nimm den Kopf runter. Geben Sie Gas, Carl.«

»Sie sind der Boss.«

Minuten später waren sie auf dem Trans-Canada-Highway, und Sarah hielt Wades Arm fest umklammert. »Alles in Ordnung, Schwesterchen, wir fahren nach Hause. Endlich.« Er tätschelte ihren Kopf. »Hast du Hunger?«

Sarah stieß ein quietschiges »Ja« hervor.

»Carl, lassen Sie uns an der Tankstelle da vorne halten.«

»Ihr Wunsch ist mir Befehl, Boss.«

Die beiden tranken Cola und aßen Schokoriegel. Jahre später sollte Sarah sagen, dass dies die köstlichste Mahlzeit war, an die sie sich je erinnern konnte. Gut zwei Stunden später waren sie zu Hause. Carl nahm für die Tour nur hundert Dollar, mit den Worten: »Das ist vermutlich die letzte gute Tat, die ich je vollbringen werde.«

Wade blieb am Fuß der Einfahrt stehen. Über die Heimkehr hatte er sich nicht allzu viele Gedanken gemacht. »Was sollen wir Dad sagen?«

Sarah antwortete: »Mit dem werd ich schon fertig.«

Und das wurde sie. Es war Samstag, und Ted saß in der Küche und aß ein Eiersalatsandwich. Sarah ging hinein und sagte: »Ich bin aus diesem Gefängnis ausgebrochen, und ich werde nicht dorthin zurückkehren, also bitte versuch nicht, mich dazu zu zwingen. Meine Entscheidung ist gefallen, und ich schäme mich kein bisschen dafür. Ich bin für jede Strafe bereit.«

Wade, der heimlich lauschte, überlief ein kalter Schauer, als er diese Worte der Rebellion hörte, die ebenso gut er selbst hätte sprechen können. Er wartete gemeinsam mit Janet, die an der Spüle stand, einen langen angehaltenen Atemzug lang darauf, dass Ted explodieren würde wie eine Atombombe, aber stattdessen polterte dieser: »*Das* ist mein Mädchen! Du hast ja ganz schön Mumm in den Knochen, dieser Hölle zu entfliehen. Jan! Mach unserer kleinen Ausbrecherin ein Eiersalatsandwich!«

4

Die letzten drei Jahre, bevor er zu seiner Familie nach Florida gekommen war, hatte Wade in Kansas City gewohnt und eine Ja-Nein-Ja-Nein-(meistens jedoch Ja)-Beziehung mit der Frau eines Major-League-Baseballspielers gehabt. Seine Affäre mit der Baseball-Frau hatte sich herumgesprochen und war in der lokalen Boulevardzeitung breitgetreten worden. Der Baseball-Spieler und drei seiner Kumpane hatten mit Louisville Sluggers bewaffnet Wades Lieblingsbar gestürmt, zum Glück während Wade auf dem Klo war, von wo aus er durch einen Hinterausgang auf den Parkplatz flüchtete und dann noch ein paar tausend Meilen nach Westen. In Las Vegas ergatterte er über einen Freund rasch einen Job als Eishockey-Spieler in einem drittklassigen Spielkasino. Er sollte mehr Geld dafür bekommen, sich mit den anderen Spielern zu prügeln, als fürs Eishockey-Spielen, und als der Trainer ihm seine Vertragsabschlussprämie von tausend Dollar überreichte, erklärte er Wade: »Ein rotes Spielfeld ist ein gutes Spielfeld. Es gibt nichts Besseres als Blut, um die Leute dazu zu bringen, ihren Wetteinsatz zu verdoppeln. Nicht mal Titten. Wenn du eine seltene Blutgruppe wie zum Beispiel Rhesus negativ hast, würde ich dir raten, dir vorher einen kleinen Vorrat davon anzulegen. Was für Leute in dieser Stadt mit Blut Geld machen, erzähl ich dir lieber nicht. Und Finger weg von den Kellnerinnen. Ich kann drauf verzichten, dass ihr Provinz-Wichser hier gebrochene Herzen und Tripper verbreitet. Sei Montagabend wieder hier. Sieben Uhr. Kein Helm.«

An jenem Abend gewann Wade 30000 Vielfliegermeilen beim Pokern. Am nächsten Tag flog er heim nach Vancouver, energiegeladen und von wohligem Heimweh und einem Gefühl des Überschwangs erfüllt. Ein Sturm trieb die Maschine nach Westen ab, und er sah zu, wie die Städte an der Interstate 5 unter ihm vorbeisausten. Während er ein Bier trank und aus dem Fenster schaute, versuchte er sich daran zu erinnern, wann er das letzte Mal ein Mitglied der Familie gesehen hatte – es war Sarah, bei einem kurzen Treffen in einem Holiday Inn in der Nähe der University of Kansas in Lawrence. Mit allen anderen hatte er nur in größeren Abständen telefoniert, häufig von einer Flughafenlounge oder einer Telefonzelle an der Autobahn aus, wo sich jederzeit eine Möglichkeit bot, das Gespräch schnell zu beenden. Wade hatte zufällig von Sarahs bevorstehendem Besuch in Kansas gelesen, als er in der Zeitung nach den Sportergebnissen des Wochenendes suchte. Sie war als Hauptrednerin bei einem Symposium über Gene-Splicing angekündigt, und Wade hatte sich vor ihrer Rede in der Lounge ihres Hotels mit ihr verabredet.

»Wade.«

»Schwesterchen.«

Sie tauschten Küsschen und redeten dann über die Familie. Wade hatte von all den Familien-News, mit denen Sarah aufwartete, nichts gewusst und konnte nur immer schneller trinken, während er von den Einzelheiten der Scheidung ihrer Eltern, Bryans drittem Selbstmordversuch und Sarahs Wand voller Doktortitel erfuhr.

»Wie läuft's mit dir und Howie?«

»Howie? Dem geht's gut.«

Es folgte ein Schweigen, das Wade als Signal auffasste, nicht weiter in sie zu dringen. Stattdessen fragte er, was sie in letzter Zeit im Job gemacht habe.

»Nun ja, letzte Woche habe ich meine zweihundertste Flugstunde bei verminderter Schwerkraft an Bord eines Parabolfluges absolviert. Außerdem war ich in einem Spezialanzug tauchen, um mich auf einen Weltraumspaziergang vorzubereiten.«

»Wirklich?«

»Das gehört zu meinem Job.« Sarah nippte an einem Ginger Ale.

»Mom hat mir vor ein paar Monaten erzählt, du wirst jetzt Kapitänin für Militärjets.«

»Hat sie?«

»Stimmt das?«

»Ja, aber es klingt so hochtrabend, wenn man es so sagt. Mir kommt es so vor, als wäre ich ein Hotelpage, der die Wagen der NASA parkt.«

Wade war überwältigt davon, was sie alles erreicht hatte, und rieb sich die Stirn. Sarah sagte: »Weißt du, großer Bruder, das alles ist nicht so toll, wie es scheint.«

»Ach nein?«

»Tja, Wade, seltsamerweise glaube ich irgendwie, es ist einfacher, etwas zu tun als *nichts* zu tun.«

»Aha.«

Eine Gesprächspause trat ein, in der es ihnen leichter fiel, mit Cocktailspießchen ihre Eiswürfel im Glas herumzuwirbeln, als zu sprechen. Dann fragte Sarah Wade mit einer Stimme, der er anhörte, wie sehr sie sich bemühte, nicht herablassend zu klingen, nach seinem Job. Er log, er arbeite als Computerprogrammierer. Er glaubte, das würde einen smarten Eindruck machen. Sarah stellte ihm eine einfache Frage zu den Programmiercodes von LINUX, und er wusste, dass sie ihn durchschaut hatte, aber sie vertiefte das Thema nicht weiter.

»Okay, ich sag dir die Wahrheit. Ich habe mir so eine Art … Sugar-Mama aufgerissen.«

»Na ja, das passt wenigstens eher zu dir, Wade. Wieso bist du so hart gegen dich selbst? Niemand sonst ist das. Oder *war* es je. Das habe ich nie an dir begriffen. Du bist dein eigener schlimmster Feind.«

»Mein Leben ist ein Witz, Sarah. Ich enttäusche die Menschen. Und es macht mir nicht mal was aus, wenn die Leute nichts mehr von mir wissen wollen. Ich mache mich aus dem Staub und hinterlasse keine Spuren.«

»Dein Leben ist *kein* Witz, Wade.«

»Was ist es dann?«

Gerade als Sarah antworten wollte, erschien ein Universitätsdozent mit Barett und Talar, um sie zu ihrer Rede abzuholen. Im Nu war sie verschwunden, und als Wade wieder allein war, musste er sein Gehirn so schnell wie möglich zum Schweigen bringen. Er bestellte drei doppelte Wodka auf Eis und soff eine Woche lang bis zum Blackout durch. *Das* war das letzte Mal, dass er ein Familienmitlied gesehen hatte.

Die Stewardess räumte zur Landung seine leere Bierdose weg. Innerhalb einer Stunde, ungefähr um zwei Uhr nachmittags, saß er, während es draußen auf dem Parkplatz nieselte, in seiner alten Stammkneipe, dem Avalon.

Ein paar Plätze weiter an der Bar bemerkte Wade eine schnuckelige Blondine, deren Art, ein 50er-Jahre-Starlet nachzuahmen, das in seiner Puderdose verstohlen zu John Wayne hinüberschielt, etwas leicht Ordinäres hatte. Er musste unwillkürlich lachen und antwortete mit einer *Wer? Ich?*-Pantomime. Sie drohte ihm im Spiegel mit einem Du-böser-böser-Junge-Finger. Wade rückte zu dem Barhocker neben ihr auf, woraufhin sie sagte: »Du meine Güte, wie *dreist* die Typen in dieser Stadt sind.«

»O Mann, ihr Filmstars.«

»Haben Sie etwa was gegen uns Leute vom Film? Unser Beruf ist auch kein Zuckerschlecken.«

»Entschuldigen Sie, dass ich Sie bei ihrem Schönheits-Cocktail gestört habe.«

Sie ließ ihre Puderdose zuschnappen, wandte sich ihm zu und sagte: »Nur damit Sie's wissen – grade heute Morgen hatte ich eine Zwei-Zeilen-Rolle in einem Film.«

»Oh, da muss ich mich ja gleich noch mal entschuldigen. Was für ein Film mag das wohl gewesen sein?«

Sie legte ihre Hände auf seine Knie, sah ihm ins Gesicht und sagte: »Ein entsetzlicher Schundstreifen für irgendeinen beknackten amerikanischen Kabelsender. Was dagegen, wenn ich einen Schluck von Ihrem Scotch nehme?«

»Nur zu.«

Sie stürzte gleich das ganze Glas herunter. »Wohnen Sie hier?«

»Früher. Jetzt nicht mehr.«

»Wo wohnen Sie jetzt?«

»In Las Vegas.«

»Mmm. Entzückend. Dann sagen Sie mir …«

»Wade.«

»Dann sagen Sie mir, *Wade,* was ist Ihre Droge?«

»Was meinen Sie?«

»Sie wissen, was ich meine.«

»Ach, wirklich?«

»Sie wohnen in Las Vegas, Ihre Augen sind blutunterlaufen, und ich habe gesehen, dass Sie Münzen über die Theke springen ließen wie ein Profi-Zecher. Sie rasieren sich nicht regelmäßig, denn sonst wäre Ihre Haut dicker und Sie hätten sich nicht« – ein-, zwei-, drei-, viermal, zählte sie – »am Hals geschnitten. Außerdem sitzen Sie mitten in der Woche am helllichten Tag in einer Kneipe und zittern, aber die Drinks helfen nicht. Daher spekuliere ich, dass Sie die eine oder andere Vorliebe haben.«

»Aber, *aber,* meine Süße, nicht so *negativ.* Betrachten wir es lieber von der positiven Seite, zum Beispiel die sechs Millionen Treffen der Anonymen Alkoholiker, die ich in meinem Leben miterlebt habe.«

»Sie meinen, sehen wir das *Erfreuliche* an Ihrer Lage.«

»Ja, das Erfreuliche.«

»Wohnen Sie hier im Hotel?«

»Ja.«

Ohne ein weiteres Wort gingen sie hinauf in Wades Zimmer. Zwei Stunden später war die Blondine fort, und ihre Handynummer stand mit Kugelschreiber auf der Wurzel von Wades rechtem Daumen. Sie war Dekorateurin. Aufgeputscht durch den Sex, fühlte sich Wade stark genug, seine Familie anzurufen. Er wählte die Nummer seiner Mutter und geriet an ihren Anrufbeantworter: *Hi, hier ist Janet. Ich bin gerade nicht zu Hause, also hinterlassen Sie bitte eine*

Nachricht, und ich rufe gleich zurück. Es war ihre höfliche Stimme, die sie benutzte, wenn sie mit Hotelportiers und dem Mann von der Versicherung sprach, nie jedoch gegenüber der Familie.

Biep

»Mom, Wade hier. Ja, dein erstgeborener Sohn. Stell dir vor – ich bin in der Stadt. Ja, genau, der Fremde kehrt zurück. Ich ruf dich später noch mal an, oder vielleicht könnte ich einfach mal kurz vorbeikommen und guten Tag sagen. Und, äh, Mom – es ist keine allzu gute Idee, auf so einem Gerät deinen Namen zu nennen. Die Welt ist voller Verrückter. Bis bald. Hab dich lieb.«

Er legte auf: *Ich bin ein schlechter Sohn, ein schlechter Sohn, schlechter Sohn.* Er schlug die Nummer seines Vaters nach, *Drummond, Edward B.*, offenbar wohnte er ein paar Meilen von Janet entfernt in Eagleridge, zweifelsohne in einem der für jene Gegend typischen imposanten Häuser an der Steilküste. »Dad?«

»Wade? Hallo!«

»Hi, Dad.«

»Wade, wo bist du – Moment mal, du bist doch nicht in Schwierigkeiten, oder?«

»Nein. Keine Schwierigkeiten. Ich bin bloß grade hier in der Stadt und dachte, ich könnte dich besuchen. Ich bin nicht *immer* auf der Flucht.«

»Komm her. Wo wohnst du?«

»In North Vancouver. Bei Freunden.« Lieber eine Rückzugsmöglichkeit parat haben.

»Komm mich besuchen. Ich bin zurzeit in Eagleridge. Du musst meine Frau kennen lernen. Autobahnausfahrt Nummer zwei. Ganz einfach zu finden. Du hast ja die Adresse aus dem Telefonbuch. Komm rüber.«

»Jetzt? Klar. Ich schätze, das geht.«

»Wir essen heute Abend chinesisch.«

»Ich bin in zwanzig Minuten da.«

»Wade –«

»Ja, Dad?«

»Schön, mal wieder deine Stimme zu hören.«

»Gleichfalls, Dad.«

Wade fuhr mit einem Mietwagen zu seinem Vater. Er ließ sich Zeit, denn er hatte noch einen leichten Kater von vorhin. Es regnete in Strömen, pausenlos und zuweilen sehr heftig.

Dad – o Mann. Immer noch der verlogene Wichser, der nach irgendeinem abgedroschenen 60er-Jahre-Männlichkeitsideal lebt. Wade wusste, dass sein Vater seine Mutter ziemlich brutal abserviert hatte und nun das Leben eines Mr. Pfeffer-und-Salz-Brusthaar führte, mit weit offenen Hemden, Golfschlägern, die gleich hinter der Haustür lehnten, und einer scharfen Blondine, die irgendwo in der Nähe eine Gipsy-Kings-CD in einen Schlitz schob.

Wade glaubte, dass die meisten Menschen an einem bestimmten Punkt ihres Lebens leidenschaftslos ihre Pluspunkte gegen ihre Minuspunkte aufrechneten und dann das Beste daraus machten – etwa ein Schauspieler, der von Haupt- zu Charakterrollen wechselt, oder ein Partygirl, das statt der komischen Nudel das abschreckende Beispiel für jüngere Mädchen gibt. Wade war überzeugt, dass die Erwachsenenwelt eine Welt voller Ted Drummonds war, und er hoffte, sein Vater würde stolz darauf sein, dass sein Sohn dies begriff.

Er gelangte zum Haus, das an sich schon ein Ereignis war – Glas, Stahl und Betonblöcke, die in eine Klippe mit Blick auf den Pazifik eingelassen waren. Wade erwartete fast, seinen Vater mit einer Augenklappe vor einer beleuchteten Weltkarte vorzufinden, damit beschäftigt, eine weiße Perserkatze zu streicheln und Anschläge mit Interkontinentalraketen auf New York zu planen. Stattdessen öffnete Ted die Tür, brüllte »Wade« und umarmte seinen Sohn so ungestüm, dass dieser glaubte, Blut würde ihm wie Saft aus den Poren quellen. »Komm rein. Schau dich um. Tolles Haus, was? Ich hatte die Nase voll von dem miesen Vorstadtleben.«

Ted schenkte ihnen großzügig bemessene Drinks ein. Er war offensichtlich im Fitness-Studio gewesen, und jemand, der modisch auf dem Laufenden war, kaufte seine Garderobe ein. Und dann sah Wade ein kurzes Aufflackern in den Augen seines Vaters. Es besagte: *Das ist alles Scheiße, Wade, aber sprich es bloß nicht aus, denn dann löst sich sogar die Scheiße in Luft auf, und wir haben gar nichts mehr.*

Mit den Drinks in der Hand machten sie einen Rundgang durch das Erdgeschoss mit seinen hohen Decken und seiner Hülle aus Glas, auf das immer noch der Regen prasselte. Der Umstand, dass Ted noch kein anderes Familienmitglied erwähnt hatte, führte dazu, dass Wade ein wenig die Orientierung verlor. *Wer ist dieser alte Knacker? Was mache ich in seinem James-Bond-Wohnzimmer?*

Wade fragte: »Wo ist, äh, deine Frau?«

Falls es Ted unangenehm war, dass Wade sie kennen lernte, ließ er es sich nicht anmerken.

»Nickie? Sie kommt gleich runter. Sie ist gerade von der Arbeit zurück.«

»Ach, sie arbeitet?«

»Du kennst doch diese jungen Hüpfer heutzutage. Wenn man sie einsperrt, werden sie ungemütlich. Sie brauchen einfach ihren Job.«

»Hm. Was du nicht sagst.«

Verlegenes Schweigen machte sich breit. Ted fragte, wann Wades Maschine gelandet sei.

»So um zwölf. Ich hätte mich ja früher gemeldet, aber mir ist so eine scharfe Nummer aus der Bar unten an der Avenue dazwischengekommen.« Dies schien bei seinem Vater neue Konversationsenergien freizusetzen. Wade stellte fest, dass er das Bedürfnis hatte, ihm eine Freude zu machen, daher schilderte er ihm das Geschehen in einer Softporno-Version. Ted versetzte ihm einen Braver-Junge-Klaps auf die Schulter.

Aus der Küche ertönte ein leises Klirren.

»Nickie!«, sagte Ted. »Komm rein, ich möchte dir deinen Sohn vorstellen.«

Nickie trat mit einem Tablett mit Martinis ein, ein ironisches Lächeln auf dem Gesicht, eine Parodie auf das prüde Ehefrauendasein der 50er Jahre, an das Janet einst geglaubt hatte. Wade erkannte rasch, dass Nickie die Blondine vom Nachmittag war; die Erkenntnis war beiderseitig. Ihre Gesichter erbleichten; das Martini-Tablett kippte zur Seite, Gläser fielen auf den Boden aus poliertem Schiefer. Ted und Wade machten einen Schritt nach vorn und halfen Nickie verlegen dabei, die Glasscherben aufzusammeln, wobei Ted Nickies Handynummer auf Wades Hand sah.

Wade ging schnurstracks zur Haustür, stieg in sein Auto und fuhr los, nach Hause – zu Janet. Sie stand gerade in der Einfahrt und lud im Regen Einkäufe aus ihrem Wagen. *Mom – von ihrer undankbaren Familie im Stich gelassen, partnerlos und tapfer.* Wades Hirn stöberte in unzähligen Bildern herum und wählte jene aus, die von seiner Mutter erzählten – Janet, wie sie mit Dosenpilzen einen Topf Spaghettisauce aufpeppte, um ihren Banausen ein wenig Esskultur nahe zu bringen, und dann mit ansehen musste, wie ihre Familie die Pilze herauspickte und sich darüber lustig machte; Janet, wie sie heimlich einen Zwanzigdollarschein zu dem Geld steckte, das Wade für eine elektrische Gitarre sparte; Janet, wie sie die Spatzen im Garten mit zerbröselten Brotchips fütterte, wenn sie sich unbeobachtet fühlte – *Mom!*

Janet sah Wade, schrie seinen Namen und fing an zu weinen. Wade drückte sie an sich.

»Mom, nur damit du's weißt, Dad ist ziemlich sauer auf mich, und es könnte sein, dass er mich hier suchen kommt.«

»Hast du ihn bestohlen – oder schuldest du ihm Geld?«

»Weder noch.«

»Warum sollte er dann … ach, wen *interessiert's?* Was auch immer du ihm getan hast – er verdient es. Hast du schon gegessen? Komm rein! Wie wär's mit Abendbrot? Oh, es gibt so *viel*, was ich dich fragen möchte, und ich habe jede Menge zu erzählen.«

Sie kochte köstliche Pasta Primavera – *Gott, ich vermisse*

Selbstgekochtes –, und Wade verfiel recht mühelos in seine Version des Wade vor zehn Jahren. Aber trotz all der Scherze, der fröhlichen Stimmung und der Erinnerungen hatte er die ganze Zeit das Gefühl, dass sein Leben innerhalb der vergangenen paar Stunden zu einem Horrorfilm mutiert war, und dass dies die Sequenz war, in der der Axtmörder vor dem Haus steht und sich die nichtsahnenden Opfer ausguckt, während die Zuschauer in ihren Sesseln hin und her rutschen und »Haut *ab*, ihr Trottel!« brüllen.

Es klingelte an der Tür, und Wade fuhr heftig zusammen. Es war Bryan, sein depressiver Bruder, in durchnässten Secondhandklamotten – *immer noch, in seinem Alter* –, er hatte eine Rasur nötig, seine Augen waren blutunterlaufen, und das Ganze krönte eine gepflegte Vokuhila-Frisur.

»Bryan, du klingelst bei Mom?«

»Es war abgeschlossen.«

»Ach so. Hi.«

»Hi.«

Ein verlegenes Schweigen folgte, während Bryan seine klatschnasse Marinejacke auszog und auf einen Stuhl warf. »Schluss mit den Formalitäten«, sagte Wade. »Hast du Hunger? Es gibt Unmengen zu essen.«

»Nein. Aber Wein wäre schön.«

Bryan wirkte einigermaßen aufgeräumt und trank ein Glas Weißwein mit Janet und Wade. Wade hatte den Eindruck, dass keiner von ihnen dreien besonders ehrlich war, und der Mangel an Ehrlichkeit machte das Gespräch hölzern. Sie hielten sich an Nachbarschaftsklatsch und Sarahs Karriere, doch Wade war sich der tief schürfenderen, nicht gestellten Fragen bewusst: *Ist Mom dabei, vor Einsamkeit zu implodieren? Steht Bryan am Rande eines weiteren Zusammenbruchs? Man könnte glauben, Dad hätte nie existiert. Und warum fragen sie mich nicht nach meinem Leben? Nicht, dass ich ihnen etwas erzählen würde, aber … du meine Güte –*

Wade brach die Verschwörung des Schweigens. »Bryan«,

sagte er, »du hast, wie oft – dreimal? – versucht, dich umzubringen, und es ist dir nie wirklich gelungen. Bist du sicher, dass es dir *tatsächlich* ernst damit ist?«

Janet sagte: »Wade! Jetzt red ihm bloß nichts ein.«

»Nein, Mom – es ist gut, darüber zu sprechen«, sagte Bryan. »Alle tun so, als wäre nichts gewesen, aber das stimmt ja nicht.« Er registrierte die Blicke, die seine Mutter und sein Bruder ihm zuwarfen. »Ich sehe euch an, dass ihr euch fragt, ob ich es wieder versuchen werde. Und die Antwort ist nein. Aber dann überkommen mich diese *Stimmungen.* Ach, verdammt. Mehr weiß ich nicht.« Er schwenkte den letzten Rest Wein in seinem Glas. »Es ist deprimierend zu denken, dass meine Stimmungen nicht im Entferntesten kosmisch sind, sonden nichts weiter als das Ergebnis der faulen kleinen Serotonin-Rezeptoren in meinem Gehirn.«

»Nimmst du irgendwas dagegen – gegen deine Depressionen?«

»Ich hab schon alles genommen. Ich glaube nicht, dass ich mein Gehirn je wieder in seinen Ausgangszustand zurückversetzen werde.«

Janet sagte: »Bryan arbeitet.«

»Wirklich? Wo?«, fragte Wade.

»Ich spiele Bass in Kneipenbands, und bei der Fersehwerbung bin ich auch ziemlich regelmäßig beschäftigt. Ich komme zurecht. Ein Fulltime-Job wäre *wirklich* mein Ende.«

Es klingelte an der Tür. Die drei starrten den Flur hinunter zur Haustür, als hätten sie wie bei einer Sonnenfinsternis keinerlei Einfluss auf die folgenden Sekunden. Bryan ging aufmachen. *Zong!* Ted stürmte an ihm vorbei und dröhnte: »Wo ist der dreckige kleine Wichser?« Kurz nach ihm stürzte Nickie zur Tür herein. Ihr Nissan Pathfinder parkte schief auf dem Rasen direkt vor der Tür. Sie schrie: »Ted, sei kein Idiot. Du übertreibst total. *Verdammt.*«

Teds Gesicht war vor Zorn blaurot angelaufen. Wade war schon mit mehr Wutausbrüchen seines Vaters konfrontiert worden, als er zählen konnte. Instinktiv wollte er seine Mutter beschützen. Er stand auf und stellte sich zwischen die beiden. Er sagte: »Dad, beruhige dich!«, doch stattdessen hob Ted eine 233er und schoss Wade seitlich in den Bauch. Die Kugel durchschlug ihn, drang direkt unter ihren Rippen in Janets rechte Lunge ein und blieb dort stecken.

»O Gott, Ted!« Nickie ging auf Wade zu, der sich die Seite hielt, während sein Blut dort in der Küche rasch eine große Lache bildete.

Wade war fassungslos. »Zehn Jahre in den Staaten, und nichts passiert. Kaum bin ich acht Stunden in Kanada, schon –«

Er hörte ein Poltern, drehte sich um und sah Janet am Boden liegen. »Du hast Mom getroffen, du verdammter Irrer! Großer Gott – Bryan, ruf einen Krankenwagen. Dad, du wirst den Rest deines Lebens im Gefängnis schmoren. Ich hoffe, das war es wert.« Er beugte sich hinunter und nahm Janet in den Arm.

Gleich darauf waren Sirenen zu hören. Ted sackte auf einem Plastik-Küchenstuhl in sich zusammen und schwankte hin und her, weiß wie Papier.

Wade schrie: »Okay, es war ein Unfall – haben das alle verstanden? Ein *Unfall.* Er hat versucht, uns zu zeigen, dass er mit dieser verdammten Knarre hantieren kann wie Clint Eastwood, und er wusste nicht, dass das Ding geladen war. Fertig, aus.« Er blickte hinunter zu Janet und sagte: »Tut mir Leid, Mom – es ist meine Schuld. Es tut mir Leid.«

Nickie zwang Ted sitzen zu bleiben. Er stammelte irgendwas, den Kopf zwischen den Knien. Bryan legte den Hörer auf und kam herüber zu Wade und seiner Mutter. Er hockte sich neben sie auf den Fußboden. »Gott, Wade«, sagte er, »ich würde *morden,* um umgebracht zu werden.

Sanitäter stürmten zur Tür herein.

5

Als Howie vor Janets Motel vorfuhr, wirkte er verärgert und zerstreut. Soweit Janet sich erinnern konnte, war es das erste Mal, dass sie ihn nicht geradezu schwanzwedelnd gut gelaunt erlebte. Einen kurzen Moment lang hoffte sie, die Fahrt zur NASA könnte interessant werden. Sie würde sich nichts von den angeregten Mahlzeiten mit der weltraumverrückten Familie Brunswick, das Wetter, ein Stück Bindfaden, Kieselsteine, Fusseln, Stare oder die Vor- und Nachteile von Streuzucker gegenüber Zuckerwürfeln anhören müssen – oder über sonst irgendetwas, das Howie gerade in den Sinn kam.

»Guten Morgen, Janet – na, ist das mal wieder ein Wetterchen hier im schönen Florida?«

Zu früh gefreut. Er redet jetzt schon übers Wetter – und das auch noch in Klischees –, und er ist wild entschlossen, quietschvergnügt zu sein. »Ja, guten Morgen, Howie.«

»Bitte einsteigen! Das Howmobil ist startklar. Auf nach Cape Canaveral!«

»Howie ...« Janet stellte sich neben sein offenes Fenster. »Ich fühle mich heute nicht besonders. Ich glaube nicht, dass ich noch so einen NASA-Zirkus überstehe – all dieses Herumgelaufe und ... *Gelächel.*«

Janet wartete darauf, dass Howie protestierte.

»Bist du *sicher*, dass du nicht mitkommen willst?«, fragte er.

»Bin ich.«

»Na gut, wir sehen uns ja bald.«

»Okay.«

»Gehab dich wohl.« Und *wrumm!* war Howie fort.

Zum ersten Mal, seit Janet ihn vor Jahren kennen gelernt

hatte, hätte sie gern gewusst, was in seinem Kopf vorgehen mochte.

Ihr Mietwagen sprang nicht an. Sie ging zur Rezeption des Motels und bat den Nierendieb, ihr ein Taxi zu rufen, und bald polterte ein uralter, anscheinend von Gummiriemen und Kreppband zusammengehaltener Chrysler den Bordstein hinauf. Janet stieg ein und verlangte zu einem Internet-Café gebracht zu werden, von dem sie in einer Touristenbroschüre gelesen hatte.

Der Science-Fiction-Planet Florida mit seinen weichen Konturen und zarten Pastelltönen glitt am Taxifenster vorbei, ein Bild verschmolz mit dem nächsten. Aus der von Sträuchern und Palmettopalmen geprägten Landschaft wuchs so urplötzlich wie unmotiviert mal eine Ansammlung teurer Nobelvillen, mal ein Haufen Discount-Supermärkte für die unteren sozialen Schichten, gefolgt von einem Industriegelände und danach einer Touristenattraktion – alles Auswüchse des Strebens nach Geld.

Als sie in dem Internet-Café ankam, schlürften am Eingang gottlose Kinder in schwarzen Klamotten mit lässigem Gestus raffinierte Kaffeekreationen, die im Toronto ihrer Jugend garantiert als gesellschaftsgefährdend verboten worden wären. Im Hintergrund des Ladens lief irgendein Hit, der offenbar »Wumpwumpwumpwumpwumpwump« hieß. Janet ging in den hinteren Teil des Cafés, um sich einen freien Platz vor einem Computerbildschirm zu suchen.

Gott sei Dank kann ich endlich meine E-Mails lesen. Gott sei Dank kann ich mit Leuten zusammen sein, denen Technik keine Angst macht und die die Zukunft nicht fürchten.

Janet hatte dreizehn E-Mails erhalten, die meisten von Mitgliedern ihrer Medizin-Newsgroup. Sie antwortete Ursula, einer Ex-Prostituierten in Dortmund, und klinkte sich in eine Online-Diskussion über eine potenzielle mexikanische Bezugsquelle für Contergan ein, das sie gegen ihre Aphthen nahm. Janets und Ursulas ehemaliger Lieferant war in die lukrativere Sparte verbotener Diätmedikamente gewechselt, und es kursierten Gerüchte, dass die britische Firma Buckminster das Mittel in Kürze legal vertreiben würde.

Janets Summer vibrierte, und sie schluckte ihre Tabletten sowie ein Durchfallmittel so gedankenlos wie Popcorn im Kino. Die Welt draußen – Autos, Schilder und Stromleitungen – war so sehr in Licht gebadet, dass man sie kaum noch richtig erkennen konnte, wie Gegenstände in einem Film, die in ein leuchtendes UFO gesogen werden.

Sie stand auf und reckte sich. Um sich herum sah sie ein paar Bryan-artige Losertypen, die auffallend dicht vor ihren Monitoren klebten. Zweifelsohne stöberten sie gerade auf irgendwelchen Sex-Sites herum. Manche von ihnen machten sich die Mühe, ihren Bildschirm zu verbergen, als sie näher kam, andere ließen sich dadurch überhaupt nicht stören. Janet sah Bilder, die auf sie eher gynäkologisch als pornographisch wirkten; sie fragte sich nur, wieso Männer nach diesen ununterscheidbaren, sich stets wiederholenden Aufnahmen gierten, als würden sie eines Tages auf das ultimative Foto stoßen, das all die anderen überflüssig machte. Vor ein paar Jahren, als sie gerade begann, sich im Internet umzutun, hatte es sie irritiert, dass selbst die unschuldigsten Wörter, wenn man sie in eine Suchmaschine eingab, sogleich eine Kaskade von Schweinereien auslösten. Offenbar gab es kein sexfreies Wort in ihrer Sprache.

Sie setzte sich wieder hin … *ahhhhh* … ihr Computer vermittelte Janet eher den Eindruck, mit anderen verbunden zu sein, als es das Fernsehen je tat. Das Fernsehen gab ihr das Gefühl, ein Mitglied der Gesellschaft zu sein, aber es ließ sie sich auch wie eine Ameise unter vielen in einem Ameisenhügel vorkommen. Sie massierte sich die Finger und bemerkte, dass das Mädchen hinter dem Tresen sie anstarrte. Janet beschloss, tatsächlich noch einen Kaffee oder einen Snack zu bestellen; schließlich hatte sie das Terminal seit Stunden belegt – allerdings herrschte auch kein großer Ansturm darauf. Die Bedienung trug etwas, das aussah wie ein blaues Nachthemd, und ihre Augen waren mascaraverschmiert. Janet hatte mit den Sex Pistols 1976 den Jugendmoden abgeschworen. Von ihr aus konnten junge Leute grüne Plastikmülltüten tragen, was manche offenbar auch taten.

Janet bestellte einen Café Americano, den die Bedienung im Schneckentempo zubereitete und dann quer über die Theke kleckerte. Als Janet um Eiswürfel bat, um den Kaffee abzukühlen, erntete sie einen Blick, als wäre sie eine Zuchthäuslerin mit einem zerbeulten Blechnapf in der Hand. Janet sah das Mädchen freundlich an, zahlte und fügte, als hätte sie gerade den höchsten Punkt einer Achterbahn erklommen, mit strahlendem, zuckersüßem Augenaufschlag hinzu: »Du mich *auch*, Schätzchen.« Bis vor kurzem hätte sie nie den Mumm gehabt, einer solchen Eingebung zu folgen, aber inzwischen war eine *neue* Janet aus ihr geworden. Sie setzte sich wieder an ihr Terminal. Die Festplatte schnurrte. Janet verlor jedes Zeitgefühl. Sie blickte auf und fragte sich: *Wo bin ich noch mal? … In Florida. Orlando, Florida, Cape Canaveral ist eine Stunde entfernt. Meine Tochter startet am Freitag ins All.*

Plötzlich war es Nachmittag. Wo war der Morgen hin? Sie bezahlte bei der schnippischen Bedienung ihre Rechnung, rief dann ein Taxi und ging hinaus, um darauf zu warten. Eine Sonnenbrille, die eher einer Taucherbrille ähnelte, schützte ihre durch die Medikamente lichtempfindlich gewordenen Augen. Sie stand auf einem Fleck trockenen, ungemähten Grases, in dem Eidechsen herumwuselten. Die Halme hinterließen winzige Schnitte an ihren Schienbeinen. Sie hörte ein Hupen und blickte in der Erwartung auf, ein Taxi zu sehen, doch stattdessen war es … *Bryan?* Er war es tatsächlich, mit seinem Vokuhila-Schnitt und der typischen abgetragenen schwarzen Lederjacke, und er brodelte still vor sich hin wie ein vergrätzter Angestellter kurz vor dem Tobsuchtsanfall, das Gesicht so verkniffen und zerfurcht wie ein dressierter Schweinebraten.

»Mensch, Mom – was machst du denn hier draußen?«

Janet stieg hinten ins Auto ein. »Ich war im Internet-Café, Bryan. Seit wann bist du in Orlando? Hast du schon ins Peabody eingecheckt? Und wieso trägst du am heißesten Tag in der Geschichte des Wetters eine Lederjacke?«

»Und was machst du auf dem Rücksitz? Ich bin doch kein Limousinenservice.«

»Ich habe heute Lust, mich wie eine Königin behandeln zu lassen. Bist du schon in dein Hotelzimmer eingezogen?«

Bryan knurrte.

»Das deute ich mal als Ja. Was hat dir so die Laune verhagelt, Buster?«

»Hatte einen Riesenkrach mit Shw. Wir haben uns entsetzlich in die Wolle gekriegt.«

»Hmmm.« Janet beschloss sich zurückzuhalten.

»Willst du mich nicht fragen, worum es ging?«

»Vor ein paar Jahren schon. Heute? Nein.«

»Sie ist eine Hexe.«

»Kannst du die Klimaanlage höher stellen?«

Bryan zog den Regler auf. »Sie wird unser Baby abtreiben.«

»Ach wirklich.« *Halt dich da unter allen Umständen raus. He – Moment mal – endlich Großmutter!*

»Sie hat mich nicht mal gefragt, was ich davon halte.«

»Und was *hältst* du davon?« *Janet, das geht dich nichts an.*

»Es ist das erste Mal, dass mir etwas Gutes passiert. Mein Leben hat noch nie einen Sinn gehabt, und jetzt hat es endlich einen, aber sie wird losgehen und ihn *umbringen.*«

Schweigen. »Mein Motel ist das dritte nach dieser Ampel auf der rechten Seite, Bryan.«

»Du wohnst nicht im Peabody?«

»Zu teuer.«

»Hätte ich mir denken können. Warum musst du immer diese Armutsmasche abziehen?«

»Bryan, woher willst du überhaupt wissen, dass Shw so etwas vorhat?«

»Sie hat immer so merkwürdig reagiert, wenn ich die

Sprache auf Kinderbettchen oder Geburtsvorbereitungskurse gebracht habe. Und dann ist durch den Anrufbeantworter rausgekommen, dass sie mich angelogen hat. Ein Krankenhaustermin.«

»Dann bist du also sicher.«

»Ja.« Eine Ampel sprang auf Grün. »Vergiss es. Wie geht es *dir*, Mom?«

»Ganz gut. Nichts allzu Überraschendes. Aber du versuchst das Thema zu wechseln.«

»Stimmt. Es ist eben – *hart* für mich.«

Janet und ihr Sohn saßen stumm da, jeder in seiner eigenen Gefühlswelt. Als sie sich dem Motel näherten, fragte sie ihn, wohin er als Nächstes wolle.

»Nirgendwohin. Bloß ein bisschen durch die Gegend fahren.«

»Lass uns das doch gemeinsam tun.«

»Wirklich?«

»Warum nicht?«

Bryans Miene hellte sich auf, als hätte Janet ihm erlaubt, Schokoladenkuchenteig von den Rührstäben eines elektrischen Küchenmixers zu lecken. Er entspannte sich. »Soll ich dir mal was Lustiges über Shw erzählen?«

»Amüsier mich.«

»Sie ist nie zur Sauberkeit erzogen worden.«

»Wie bitte?«

»Genau wie ich gesagt hab. Ihre Eltern haben ihr nie beigebracht, auf den Topf zu gehen. Sie fanden das ›patriarchalisch und bourgeois‹ – eine Methode, ›unter dem Vorwand der Hygiene persönliche Freiheiten zu beschneiden‹. Ihrer Meinung nach ist Hygiene äußerst spießig und sehr verabscheuenswürdig.«

»Du machst Witze.«

»Keineswegs. Das sind typische Alt-68er. Du würdest nicht glauben, was die für Müll im Kopf haben.«

»Geht Shw denn jetzt auf die Toilette?«

»Ja. Sie hat gesagt, als sie fünf war, hat sie sich mal umgeschaut und festgestellt, dass niemand sonst Windeln trug, und da hat sie es sich irgendwie selbst beigebracht.«

Janet sagte: »So etwas kann einem Kind schweren Schaden zufügen.« Dies war nicht der schlechteste Zeitpunkt, um die folgende Frage zu stellen: »Bryan, was genau steckt hinter Shws, äh, *Namen?*«

»Ach, *das*. Als sie sechzehn wurde, haben ihre Eltern ihr gesagt, sie solle sich selbst einen Namen aussuchen, denn der, den sie bei ihrer Geburt erhalten hatte, enge sie ein und mache sie womöglich zur gesellschaftlichen Außenseiterin.«

»Und was ist dann mit Shw?«

»Es steht für Sogetsu Hernando Watanabe – einen Helden der peruanischen Terrorgruppe Strahlendes Licht, der den Märtyrertod gestorben ist.«

»Sie konnte sich nicht einfach Lisa oder Kelly nennen?«

»Nicht Shw.«

Janet überlegte. »Wie heißt sie wirklich?«

»Das will sie mir nicht sagen.«

»Bryan, wenn du dir mit vierzehn einen Namen hättest aussuchen können, welchen hättest du genommen?«

»Ich? Wade. Ich war schon immer neidisch auf seinen Namen.«

»Vielleicht sollten wir ins Hotel fahren«, sagte Janet. »Und uns mit Wade zum Mittagessen treffen. Er ist jetzt dort.«

»Er hätte doch eigentlich gestern Abend schon kommen sollen.«

»Das ist wieder eine ganz andere Geschichte.« Und Janet erzählte Bryan von der Kneipenschlägerei.

Das Peabody war ein Luxus-Hochhaus von der Sorte, die Janet mit Nachkriegsfilmen assoziierte, in denen tugendhafte Frauen mit Freundinnen zu Mittag aßen und Annäherungsversuchen von dunklen, geheimnisvollen Männern widerstanden, die mit ihnen aufs Zimmer gehen wollten. Unter dem Baldachin über dem Eingang hatte sich eine kleine Menschenmenge versammelt, an deren Spitze Janet Sarah und einen weiteren Astronauten sah – *Commander Brunswick?*

Sarah entdeckte die beiden und winkte sie herüber. Bryan überließ den Wagen einem Hotelpagen, und dann bahnten er und Janet sich den Weg über ein Gewirr von Stromkabeln und durch eine Horde lärmender, schaulustiger Touristen. Ohne sich durch die sie umgebende Menschenmenge, den Krach und die Hitze stören zu lassen, sagte Sarah: »Hi, Mom. Hi, Bryan. Das ist Commander Brunswick. Ich glaube, ihr kennt euch noch nicht.«

Janet streckte ihre Hand einem Mann entgegen, der ihr vorkam wie eine winzige Deutsche Dogge von vollendeter Schönheit, einem Mann, der so klein war wie Sarah. *Moment mal – das würde heißen, dass er gar keine Deutsche Dogge ist, sondern ein Weimaraner – und doch –*

Commander Brunswick sagte: »Guten Tag«, gab aber niemandem die Hand. Er sagte: »Entschuldigen Sie bitte – wir dürfen so kurz vor dem Start keine Menschen mehr berühren. Erkältungen, die Grippe und all dieses Zeug.«

»Ich verstehe.«

»Sarah, was ist hier los? Das war doch gar nicht geplant«, sagte Bryan.

»Es ist eine kurzfristig angesetzte Pressekonferenz – eine Spendenaktion für die Polio-Stiftung. Wir warten noch auf ein paar Kids für eine Fotosession – eigentlich wollten wir das am Cape machen, aber einigen der Kinder ging es zu schlecht. Wir werden in etwa« – sie schaute auf ihre Uhr – »sieben Minuten zurück in die Blechbüchse fahren.«

»Die Blechbüchse?«

»Die Raumfähre.«

Ein Radiomensch stellte Commander Brunswick eine Frage, die seine gesamte Aufmerksamkeit beanspruchte. Wade tauchte aus der Masse von Köpfen und Körpern auf. Sarah packte ihn an der Schulter und sagte zu Janet: »Mom, ich hab gehört, Wade hat den Brunswicks heute Morgen einen Besuch abgestattet. Wie fandest du sie – den Brunswick-Clan?«

Wade sagte: »Es war wie auf einer Trekkie-Convention – all diese Kinder auf dem Rasen vorm Haus.«

»Ich weiß. Sind die nicht zum Schreien?« Sarah warf Janet einen Blick zu und kicherte. »Sie finden unsere Familie entsetzlich, müsst ihr wissen. Ganz im Ernst. Ich war letzte Woche da, und es hat mich an all die Wissenschaftsmessen erinnert, die ich als Kind besucht habe. Ich dachte, Alanna Brunswick würde gleich mit Schweineföten belegte Ritz-Cracker auf einem Tablett herumreichen.«

Janet fragte Wade nach Beth.

»Sie wird gleich hier sein. Sie wollte sich noch für Sarah hübsch machen.«

Janet nahm einen Schluck aus einer mit Motel-Leitungswasser gefüllten Evian-Flasche. Ständig eine Flasche bei sich zu haben gab ihr das Gefühl einer gewissen Distinguiertheit. Dann bemerkte sie, wie Shw sich ihren Weg durch die Menge bahnte, so kleinwüchsig wie ein Astronaut, gekleidet in Lycra und schwarzes Motorrad-Antikleder. Sie sah aus, als hätte sie sich ausschließlich mit angefeuchteten Fingerspitzen gestylt.

Bryan, hochzufrieden, eine Freundin präsentieren zu können – egal, was für eine –, sagte: »Wade – das ist …« Doch er konnte nicht ausreden. Shw schob sich an ihnen vorbei, begrüßte kurz Janet, drängelte sich dann zu Sarah vor und begann sie mit indiskreten Fragen zu bombardieren. »Also, wie viel kannst du stemmen? Kennst du deinen IQ? Hast du außer deiner Hand noch andere gesundheitliche Handicaps, die sich vielleicht auf deine Tätigkeit als Astronautin … ähm … auswirken könnten? Glaubst du, dass du je Kinder kriegen wirst? Gibt es irgendeinen Grund, weshalb du womöglich keine kriegen kannst?«

»Herrje«, sagte Bryan, »lass meine Schwester in Ruhe.«

Shw dreht sich um und fauchte: »Nein, lass du *mich* in Ruhe. Dies ist ein freies Land, und deine Schwester und ich unterhalten uns gerade. Kapiert?«

Janet und Wade warfen einander vielsagende Blicke zu,

was Bryan bemerkte und daraufhin rot wurde. Unterdessen wuchs die Menschenmenge immer weiter an, und elektrische Testgeräusche waren zu hören, die wie große, zornige Käfer klangen.

Dann erschienen Ted und Nickie auf der Bildfläche, und auf diesen Moment war Janet nicht vorbereitet. Ein Ruck ging durch ihren Körper, als hätte sie plötzlich jemand aufgefordert, auf die Bühne zu kommen und einen Karaoke-Song zu singen. Sie wusste, dass ihr Gesicht gerade ebenso rot anlief wie Bryans.

»Oh, hallo, Jan«, sagte Ted. »Ein ziemlich seltsamer Ort für ein Wiedersehen.«

»Hallo, Ted.«

Das charakteristische Blitzen in Teds Augen hatte sich verändert, seit sie ihn das letzte Mal gesehen hatte, und war jetzt zu dem selbstgefälligen Lächeln eines Politikers geworden – das Lächeln eines Menschen, der weiß, dass die Leichen im Kofferraum tatsächlich tot sind. Aber er war braun gebrannt und trug Sachen, die ihm auf eine jugendlichere Art schmeichelten, als wenn Janet sie ausgesucht hätte. *Das ist wohl Nickies Einfluss.* Janet fand, dass Ted besser aussah, als er verdient hatte; sein innerer Verfall war gut kaschiert, während Nickie an seiner Seite alles andere als entspannt und ziemlich blutleer wirkte. Sie schien den Trubel um die Astronauten und die Menschenmassen gar nicht wahrzunehmen. Und als Nickie Janets Blick begegnete, sah sie ihr tief in die Augen und begrüßte sie so herzlich, dass Janet unmöglich einfach darüber hinweggehen konnte. Janet antwortete gerade so knapp, wie sie es fertig brachte, und versuchte sich mehr auf Sarah zu konzentrieren, auf die Shw immer noch einredete. Wade war verschwunden und hatte damit eine noch unangenehmere Konstellation verhindert. *Danke, Wade. Du hast was bei mir gut.*

Sarah suchte nach einer Möglichkeit, das Gespräch mit Shw zu beenden. Janet fragte sich, ob sie wohl ein geheimes Stichwort hatte, um die Sicherheitskräfte zu alarmieren, damit sie kamen und Menschen verscheuchten, die sich nicht mehr anders abschütteln ließen – so wie die Queen ihren Angestellten mit ihrer Handtasche Signale sendete. Janet wollte ihrer Tochter gerade zu Hilfe kommen, als Sarah aufblickte, lächelte und sagte: »Oh, hallo, Beth.«

Beth? Janet drehte sich um, und da stand Beth in einem ihrer besten für den Kirchgang reservierten Sonntagskleider, scheinbar einem Museums-Diorama entsprungen, das das Leben im Kansas des Jahres 1907 darstellte. Shw war alles andere als glücklich darüber, dass ihr jemand die Show stahl. Sie sagte zu Beth: »*Du* bist also Wades Frau, hm? Was hat es denn mit diesem hinterwäldlerischen Gouvernanten-Look auf sich, hm? Du siehst aus wie ein Kühlschrankmagnet.«

Beth sagte: »Und du musst Shw sein. Hallo.« Zwei mit Handschellen aneinander gefesselte Katzen hätten mehr Freundlichkeit verströmt.

Sarah sagte zu Shw: »Beth ist religiös, Shw. Ihr müsst beide ein bisschen Rücksicht aufeinander nehmen.« Sie blickte auf und entdeckte Ted und Nickie. »Hi, Dad.«

Ted sagte zu Bryan: »He, Bryan, stell mir deine kleine Lady mal vor.«

Das hatte Shw gehört. »›Deine kleine Lady‹? Von welchem Planeten stammen *Sie* denn?«

»Oh, Verzeihung«, sagte Ted: »Madame hat einen Namen?«

»Ja. Er lautet *Shw.*«

»Hä? Verzeihung, das hab ich nicht ganz mitgekriegt.«

»Shw, Sie Knallkopf. S-H-W.«

Ted war völlig perplex. »Damit ich das richtig verstehe – dein Name ist S-H-W – und nichts weiter?«

»Genau.«

»Ich habe noch nie jemanden mit dem Namen Shw getroffen.«

»Dann haben Sie's jetzt. Ich hab ihn mir selbst ausgesucht.«

»He, Bryan – wenn du ein paar Vokale übrig hast, warum

verkaufst du nicht einen davon diesem kleinen Knallfrosch hier?«

Shw erstarrte. Sie sah Ted fest in die Augen und sagte: »Sie sind ein totales Arschloch. Ich hab's Bryan erst nicht geglaubt, aber jetzt bin ich überzeugt: Sie sind ein mieser Typ, Ted Drummond. Und Sie haben Ihre Familie derart kaputtgemacht, dass sie sich nie wieder davon erholen wird. Sie müssen wirklich stolz auf sich sein.«

»Typisch Bryan, sich mit so einer hysterischen Kuh einzulassen.«

»Red nicht so über Shw«, sagte Bryan. »Sie ist schwanger, und ich will nicht, dass sie sich deinetwegen aufregt. Das könnte dem Baby schaden.«

»O Mann«, sagte Shw. »Ich werd das Ding nicht behalten, klar? Also bild dir bloß nichts ein.«

»Du wirst unser Baby *nicht* wegmachen lassen.«

»Doch, das *werde* ich, und du kannst mich durch nichts davon abhalten. Was willst du tun, mir Walzblech vor die Vagina schnallen?«

Die Menschenmenge, die diese Auseinandersetzung unweigerlich mit anhören musste, hing gebannt an ihren Lippen. Mitten in das Gezanke hinein fragte Beth Sarah: »Sag mal, Sarah – glaubst du an außerirdische Lebewesen?« Beths Lächeln war besorgniserregend liebenswürdig.

Sarah sah ihre Schwägerin an. »Ich glaube, Leben und Lebewesen sind so großzügig und weiträumig im Universum verteilt wie Pollen in einer Julibrise.«

»Dann sag mir bitte – glaubst du an Gott?«

»Lass es mich so ausdrücken: Wenn Gott tot wäre oder überhaupt nie existiert hätte, dann wäre alles erlaubt, nicht wahr? Aber es *ist* nicht alles erlaubt.« Sarah schwieg. Mehr hatte sie dazu nicht zu sagen.

»Aha.«

»He –«, sagte Shw zu Beth, »ist Gott Vegetarier? Du siehst aus wie jemand, der alles weiß.«

»Ich verstehe deine Frage nicht.«

»Sieh es doch mal so – nehmen wir eine Schlange draußen in der Wüste, die eine Ratte frisst. Das liegt in der Natur der Nahrungskette, also ist es nichts Besonderes. Gott hat nichts damit zu tun. Und jetzt nehmen wir mal einen Löwen in Afrika, der eine Gazelle oder so was frisst. Genau das Gleiche: die Nahrungskette; auch da ist Gott nicht im Spiel. Aber dann, sagen wir, tötet derselbe Löwe eine Woche später einen Menschen und frisst ihn auf. Hoppla – plötzlich spielt Gott eine Rolle? – sind wir denn das einzige göttliche Glied in der Nahrungskette?«

Janet begann sich aus diesem ziemlich theatralisch geführten Gespräch zurückzuziehen. Sarah konnte es schließlich mit jedem aufnehmen. Dann spürte sie einen sanften Klaps auf der Schulter. Sie schaute sich um und sah Nickie vor sich. *Hä?*

»Janet, können wir uns kurz unterhalten?«

»Unterhalten?«

»Ja. Ich denke, es ist wichtig.«

Janet horchte auf. »Ich glaube nicht, dass es irgendetwas gibt, worüber Sie und ich –«

»Zwei Dinge sind passiert«, sagte Nickie. »Sie sollten darüber Bescheid wissen.«

Janets Neugier gewann die Oberhand. »Ach, was soll's. Okay.«

»Kommen Sie mit in die Lounge. Hier draußen ist mir zu viel los.«

Janet war froh, dass sie nach drinnen gehen konnte. Die Hitze schlauchte sie, und das Peabody zu betreten war wie in einen frischen Herbsttag hineinzuspazieren. Die zwei Frauen gingen in eine kleine Lounge – ein geschmackvoller Traum in Rattan und Mintgrün wie aus einem gediegenen Gartenmöbelkatalog. Kaum, dass sie sich hingesetzt hatten, nahm der Kellner ihre Bestellung auf – zwei Club Soda.

»Also – worum geht es?«, fragte Janet.

»Ich habe ebenfalls AIDS.«

Janet dachte einen Moment lang nach. »Okay, tut mir

Leid, dass auch Sie Mitglied im Club werden mussten, aber was soll ich dagegen tun?«

Nickie wollte etwas sagen, überlegte es sich dann aber anders und schwieg.

Janet fragte: »Von Wade?«

Nickie nickte. »Ziemlich sicher.«

»Weiß Ted davon?«

»Nein. Ich weiß es selbst erst seit drei Tagen. Ich hab ihm gesagt, ich hätte ein Frauenleiden, das hat ihm ganz gut das Maul gestopft.«

»Typisch Ted.«

Ihre Sodas kamen. Janet erwog kurz einen Trinkspruch, doch dann fiel ihr ein, dass das wie ein geschmackloser Scherz aussehen würde, daher nippte sie schweigend an ihren Drink. »Sie haben gesagt, es ginge um zwei Dinge. Was ist das andere?«

»Es geht um Helena.«

»Helena?« Janet setzte das Glas ab. Helena war ihre älteste Freundin, mit der sie sich furchtbar verkracht hatte. »Was *ist* mit Helena?«

Nickie sagte: »Ich weiß nicht genau, was zwischen Ihnen beiden vorgefallen ist, aber wie auch immer, kurz vor ihrem Ende sagte sie, alles, was sie Ihnen angetan hat, täte ihr Leid. Sie sagte, ihre Geisteskrankheit sei schuld daran gewesen und nicht sie selbst. Sie sagte, eine andere Person hätte ihren Körper in ihrer Gewalt gehabt, und ihre Explosion Ihnen gegenüber – so hat sie es genannt: *Explosion* – sei das Einzige, was sie in ihrem Leben bereut hat.«

Janet saß regungslos da. »Woher wissen Sie denn das bloß alles?«

»Helenas Schwester ist die zweite Frau meines Vaters. Sie hat mich mit in die Irrenanstalt genommen oder wie auch immer man das heutzutage nennt. Wir bekamen sie an dem Tag zu Gesicht, als sie gerade ein neues Medikament an ihr ausprobierten. Es verlieh ihr diesen kurzen Moment der Klarheit, in dem sie all diese Dinge sagte. Und dann wirkte das Medikament nicht mehr, und einen Tag später brachte sie sich um. Ich schätze, man hat ihr das Falsche verabreicht. Es tut mir Leid. Aber sie hat sich entschuldigt. Sie hat Sie wirklich vermisst. Ihr hat viel an Ihnen gelegen.«

Helena …

»Janet?«

Am anderen Ende der Lobby wurden schwer kranke, an Geräte und Schläuche angeschlossene Kinder hinaus ins Sonnenlicht gerollt.

6

In Janets Erinnerungen an Helena gab es eine, die alle anderen überstrahlte. Es war im September 1956 – Janet und Helena, die damals noch zur Schule gingen, spazierten auf dem Weg zu Eaton's, wo sie mit Janets Vater Mittag essen wollten, durch die Innenstadt von Toronto. Der Zucker vergilbenden Laubs lag in der Luft, und die Sonne stand merklich tiefer am Horizont. Helena zog Janet wegen ihrer knospenden Romanze mit Ted auf: »Es sind diese großen amerikanischen Zähne, nicht wahr? *Die* gefallen dir. Diese großen amerikanischen Zähne und das, was er mit seinen Augen macht.«

»Was macht er denn?«

»Jetzt *tu* aber nicht so. Du weißt *genau*, was ich meine.«

»Na und? Er hat eben schöne Augen.« Pflichtschuldigst fischte Janet in ihrem Hirn nach etwas Negativem, um das Positive wieder wettzumachen: »Aber seine alte Schrottkiste furzt blauen Qualm wie besengt.«

»Du bist *so* verklemmt, Janet Truro. Und Ted ist ein *typischer* Yankee.«

»Helena, du solltest mal sehen, was seine Mutter ihm für Päckchen schickt – da wird mir jedes Mal ganz schwindelig. *Haufenweise* Pullover und Hemden – mit Monogramm, und in einem Bündel Hemden steckte eine Flasche Whiskey – stell dir vor! Von seiner *Mutter!* Ich mag mir gar nicht ausmalen, was sein Vater ihm schickt.«

»Eine Kiste voller Huren.«

»Ach, Helena, hör auf!« Janets Nase explodierte. »Sonst platz ich noch.«

»Vielleicht einen Kiste voll *toter* Huren. Du kennst doch diese Amerikaner.«

Janet schnappte nach Luft.

»Sag mal, Troo, wünscht er sich dich als sein nettes kleines Mädchen oder sollst du sein Luder sein?« Troo war Janets Spitzname, eine Abkürzung von Truro.

»Helena!«

»Beantworte meine Frage – als was will er dich?«

»Aber – das weiß *ich* doch nicht.«

»Doch, das weißt du.«

Janet war sehr wohl klar, was Helena meinte, doch ihre Frage machte ihr Angst, sowohl in ihrer offenkundigen Bedeutung als auch in dem, was unterschwellig darin mitschwang. »Er will, dass ich ein nettes Mädchen bin.«

»Na, *das* war ja eine befriedigende Antwort.« Ein Betonmischer rumpelte vorbei. »Also, wenn Ted in Amerika so ein As ist, warum geht er dann hier in Kanada zur Schule? Warum kommen die Leute von Yale nicht mit Kutschpeitschen her, um ihn zurück nach Amerika zu treiben?«

»Die Amerikaner halten Kanada für irgendwie glamourös. Geheimnisvoll.«

Ein Schnauben: »Ach du Schande. Du machst *Witze*.«

Janet konnte es selbst nicht recht glauben – diese Stadt des Haferbreis, der Backsteine und der vernünftigen Regenkleidung –, aber sie musste ihren Verehrer verteidigen. »Nun ja, *wir* vergöttern schließlich die Queen. Und für die Amerikaner ist das Königshaus so merkwürdig und fremdartig wie der Kommunismus. Kommunismus mit Juwelen und fliehendem Kinn.«

Sie blieben stehen und sahen sich mexikanische Sombreros und einen Pappmachékaktus im Schaufenster eines Reisebüros an. Dahinter streckte das maßstabsgetreue Modell einer Verkehrsmaschine die Nase in Richtung Zukunft. Janet lief die Straße hinunter. »Fang mich, Helena.«

»Nicht so *schnell*, Troo.« Helena hatte ein bisschen Übergewicht. »Man könnte meinen, wir sind beim Pferderennen.« Sie schnaufte bis zu der Ecke, an der eine rote Fußgängerampel Janet Einhalt geboten hatte. »Komm schon, Troo – lass uns rübergehen.«

»Aber die Ampel ist rot.«

»Was bist du bloß für ein Feigling, Troo. Lebe gefährlich und geh bei Rot. Komm!« Helena hatte die Straße inzwischen überquert. »Ju-hu!«, höhnte sie. »Ich bin drüben, und es ist *herrlich* hier.«

Janet entschloss sich genau in dem Moment, über die Straße zu gehen, als ein Wachtmeister um die Ecke kam, in seine Pfeife blies, sie zu sich rüber rief und ihr einen Strafzettel wegen verkehrswidrigen Verhaltens verpasste. Helena lachte sich schief. Janet verging vor Scham – noch so ein typischer 50er-Jahre-Ausdruck. *Ein Schandfleck auf meinem Führungszeugnis!*

Mr. Truro versäumte das Mittagessen in der Eaton's-Cafeteria – Sheperd's Pie, Karotten, Milchreis und Cola – und bot Janet und Helena stattdessen an, sie nach Hause zu fahren. William war mit den Jahren etwas korpulent geworden, was ihm eine gewisse Attraktivität verlieh. Helena saß auf dem Beifahrersitz und ließ lauter haarsträubende Sprüche vom Stapel, um ihn zu provozieren: »Frauen haben *viel* mehr Talent als Männer, Details auszuhandeln. Ich wette mit Ihnen, dass die Frauen bis 1975 den Juristenberuf erobert haben werden.«

»Janet, wo hast du denn diese Suffragette aufgegabelt? Demnächst bringt sie dich noch dazu, meinen Job bei Eaton's zu übernehmen.«

»Und was wäre daran so schlimm?«, fragte Helena.

»Meine kleine Janet soll arbeiten gehen? Das wäre ... ein Fiasko.«

Helena biss an. »Ein Fiasko? Wieso *das*?«

»Die Welt ist ein unbarmherziger Ort, Helena«, sagte William.

»Ja und?«

»Ja *und*? Ihr seid *jung*.«

»O Mann!«

Janet sagte: »Ihr redet über mich, als wäre ich gar nicht da.«

Ihr Vater hatte nur Ohren für Helena.

»Du hast ja keine Ahnung«, sagte William. »Das Leben ist langweilig. Die Menschen sind rachsüchtig. Alles Gute ist irgendwann wieder vorbei. Wir tun so vieles, ohne zu wissen warum, und wenn wir es herausfinden, sind Jahrzehnte vergangen, und es spielt keine Rolle mehr.«

»Sie wollen Ihre kleine Janet in einen Elfenbeinturm sperren?«

»Ja, genau.« Der Impala war an einer roten Ampel stehen geblieben, und der gedrosselte Motor ließ Williams letztes Wort so klingen, als habe ein Menschenfresser es hervorgerülpst. Es lag eine Spannung in der Luft, die entschärft werden musste. »Helena, stell das Radio an«, meldete Janet sich zu Wort. »Ich würd jetzt gern Dean Martin hören.«

William sagte: »Diesen italienischen Schmierlappen?«

»Er *ist kein Schmierlappen,* Daddy.«

Als die Ampel wieder auf Grün sprang, gab William Gas. Unsichtbare Hände zerrten Janet in die Schaumstoffpolster des Rücksitzes. Helena wollte zu Hause abgesetzt werden, an der Bloor Street, Ecke St. George, daher musste William einen Umweg fahren. Dort angekommen, zeigte Helena ihnen das Haus, in dem sie eines der oberen Stockwerke gemietet hatte. »'ne ziemliche Bruchbude, was, Mr. Troo?«

»Du bist ein unkonventioneller Typ, Helena. Das Haus passt zu dir.«

»Ciao, Leute«, und schon schlenderte sie davon. *Ciao? Was zum Teufel heißt das?* Janet fühlte sich wie der einzige Vogel, den der Schwarm beim Weiterziehen zurückgelassen hat. Dieses Gefühl wurde sie nicht mehr los, und als Ted ihr am folgenden Freitagabend in einem ungarischen Restaurant einen Antrag machte, nahm sie an. In den Monaten vor der Hochzeit verging kein Tag ohne Momente der Reue, als hätte sie all ihr mühsam gespartes Geld für ein Kleid ausgegeben, das sie nirgendwohin anziehen konnte. *Ted ist doch so ein gut aussehender und geheimnisvoller Mann! Aber was habe ich getan? Ich kenne ihn doch kaum. Was, wenn er schnarcht? Was, wenn wir uns nicht verstehen? Was, wenn –*

Das nächste Was-wenn war kaum denkbar, geschweige denn in Worte zu fassen, das Was-wenn des Fleisches. *Unsere Körper – sein Körper – ich habe ihn noch nie …* ganz gesehen. *O je. O je. Was soll ich bloß tun?*

Über diesen Punkt verloren Zeitschriftenartikel, Doris-Day-Filme und ihre Mutter kein Wort. *Irgendetwas stimmt hier nicht, aber was?*

Eine Hand schüttelte Janets Schulter. »Janet? Janet? Alles in Ordnung?« Es war Nickie, und Janet kehrte zurück ins Hotel Peabody.

»Mir geht's gut. Alles okay.«

»Sind Sie sicher?«

Janet sah Nickie an. Jegliche Feindseligkeit, die sie gegenüber dieser Frau empfunden hatte, war verpufft.

»Ja.«

Dann hörten die beiden, wie sich ihnen Schritte näherten – Cowboy-Stiefel auf Marmor: Wade kam um die Ecke, direkt auf Janets und Nickies Tisch zu. Offenbar hatte er keine von beiden dort erwartet. »O – hi – ich …«

»Hallo, Wade.«

»Nickie. Hey. Ich –«

Janet sagte: »Entspann dich. Setz dich zu uns.«

»Wieso? Was ist los?«

»Setz dich einfach.«

»Gibt es Neuigkeiten?«

»Ja.«

»Schlechte Neuigkeiten?«

Nickie sagte: »Ja, Wade, es sind schlechte Neuigkeiten.«

»Jetzt sag bloß nicht …?«

Nickie nickte. »Doch, genau das.«

Wade plumpste auf einen Rattanstuhl. »Scheiße. Tut mir Leid. Was kann ich –« Plötzlich sah er seine Mutter an, aber jetzt mit einem anderen Ausdruck in den Augen.

Irgendwas stimmt nicht.

Wade langte mit einer Serviette zu ihr hinüber. »Mom –«

»Was? *Was?*«

»Deine Bluse sieht aus wie in einem Dracula-Film. Keine Panik. Das geht leicht wieder raus.«

»Ich blute?« Janet griff nach einer weiteren Serviette und tupfte sich die Brust ab. Dabei zerrte sie an dem Stoff, der davon zeugte, dass eine beträchtliche Menge Blut aus ihrem Mund kam. »Au weia.«

»Mom«, sagte Wade, »ich besorg dir jetzt hier im Hotel ein Zimmer, und dann hole ich deine Sachen aus deinem Motel, okay?«

Janet war ganz verstört. »Ja, Schatz. Ja. Natürlich.«

»Keine Sorge. Das wird schon wieder. Kannst du aufstehen? Komm. Steh auf. Ich bring dich in mein Zimmer, da kannst du dich hinlegen. Das wird schon wieder. Wart's nur ab.«

Sie gingen hinüber zu den Fahrstühlen. Nickie hatte noch ein paar Servietten mitgenommen, die sie Wade reichte. Janet und Wade stiegen ein, und Nickie sagte: »Ich ruf Sie nachher an, Janet.« Die Tür schloss sich.

7

Wade sorgte dafür, dass Janet sich in seinem Zimmer aufs Bett legte, und schnappte sich dann die Schlüssel für den Wagen, den er mit Beths Kreditkarte gemietet hatte. Er ging nach unten und stellte dort fest, dass Sarah, die kranken Kinder und die Menschenmenge verschwunden waren. Die Medien-Lkws setzten sich gerade in Bewegung, alle Kabel bis zum Anschlag zurückgeschnappt wie in den verchromten Halter eines Maßbands. Ein paar Verwandte von ihm waren allerdings noch da – Bryan und Shw, die sich gerade heftig wegen einem Bund Autoschlüssel in den Haaren hatten, das Bryan offenbar nicht rausrücken wollte. Die anderen Gäste konnten die peinliche Auseinandersetzung beim besten Willen nicht überhören. Wade versuchte, sich unbemerkt an den beiden vorbeizuschleichen, doch vergeblich. Shw sagte laut: »Ha! Dein Bruder wird mich fahren.«

»Nein, wird er nicht.«

Wade wollte da nicht mit hineingezogen werden. »Ich suche Beth.« Er merkte, dass er die Autoschlüssel schwenkte.

»Sie ist einkaufen gegangen«, sagte Bryan.

»Ich hoffe, sie gibt nicht so viel Geld aus«, sagte Wade. »Wir sind total pleite.«

»Wade, nimm mich mit«, bat Shw.

»Ich will nur Moms Sachen aus diesem versifften Motel abholen, in dem sie wohnt. Sie sollte hier bei uns sein.«

»Wie *geht* es Mom eigentlich?« fragte Bryan. »Ich frage sie immer wieder, und sie antwortet jedes Mal, es gehe ihr ›prima‹, was extrem verdächtig klingt.«

»Bryan«, sagte Shw, »sie hat AIDS. Es geht ihr nicht ›prima‹. Ihr seid vielleicht ein paar tolle Söhne, ihr zwei. Ihr solltet ihr Blumen zu Füßen legen, und stattdessen macht ihr

ihr nur Kummer. Wade, ich komme mit und helfe dir, ihre Sachen abzuholen.«

»Shw, ich glaube nicht, dass ich Hilfe br…«

»Ach, sei still. Natürlich brauchst du Hilfe – all diese merkwürdigen Spitzensachen und so … Danach kannst du mich zum Schießstand fahren.«

»Schießstand?« Wade schaute seinen Bruder an.

»Ich weiß«, sagte Bryan, »wenn das keine bombensichere Methode ist, einem Fötus zu schaden … die Ballerei wird das Kind taub machen. Und du solltest dir mal den Schwermetallgehalt in der Luft und im Boden um diese Anlagen herum ansehen. Da ist die Minamata-Krankheit vorprogrammiert.«

Shw sagte: »Florida macht mich fertig. Ich brauche Schusswaffen, damit ich endlich wieder das Heft in der Hand hab.«

Beide Männer trauten ihren Ohren kaum: *das Heft in der Hand haben?* Der Wunsch, mehr über die Mutter seiner zukünftigen Nichte oder seines Neffen zu erfahren, war stärker als Wades Bedenken. »Weißt du was – mein Wagen steht direkt vor der Tür, und ich fahre jetzt sofort los. Wenn du mitwillst, dann komm.« Er ging hinaus auf den glühend heißen Nordparkplatz und wollte gerade aus seiner Lücke zurücksetzen, als Shw die Tür öffnete und einstieg.

»Was ist Bryan bloß für ein Angsthase.«

Janets Motel war nicht weit entfernt, aber es lag in der Hölle eines jeden Immobilienmaklers, weder Wohngegend noch gediegenes Einkaufsviertel – noch sonst irgendwas. Es sah aus wie eine Haftanstalt, die Pleite gegangen und in eine aufs Freudloseste zweckmäßige Unterkunft umgewandelt worden war. »Herrje, Mom«, sagte Wade halblaut, »was für eine Bruchbude.«

Wade und Shw stiegen aus und gingen in Janets Zimmer. Drinnen sagte Shw: »Es ist, als sei hier die Zeit stehen geblieben. Was glaubst du, wie viele Leute schon auf dieser Matratze gevögelt haben? Sie sieht aus wie eine Satellitenschüssel.«

»Ich pack die großen Klamotten ein«, sagte Wade. »Du kümmerst dich um das, äh, kleinere Zeug.«

»Ihre Dessous? Uuh, Milord könnten sich den Mund verbrennen.«

»Pack einfach.«

Shw warf die Unterwäsche in die Koffer, die innerhalb weniger Minuten voll waren. Wade fragte: »Ist es wahr, dass ihr zwei euch beim Anzünden eines GAP-Ladens kennen gelernt habt?«

»Ja. Ich wollte einfach irgendwas in Brand stecken und irgendwelchen Mist kaputtmachen. Bryan war da, weil seine Musikerfreunde da waren, und er ist so anhänglich, dass er ihnen vermutlich auch nach Dachau gefolgt wäre, wenn sie dort hingefahren wären. Aber ich hasse alle Konzerne. Konzerne sind die Hölle. Am liebsten würde ich sie alle in die Luft jagen, und Bryan, das muss man ihm lassen, vermutlich auch.«

Wade würgte ein unverbindliches Geräusch hervor. »Hm.«

Sie gingen ins Badezimmer, um die Kosmetika zu holen. Shw musterte Janets Pillenparade. »Ach du Scheiße, das ist ja die reinste Fabrik.« Sie nahm ein Fläschchen in die Hand und betrachtete das Etikett. »Das ist ja gar kein Englisch.«

Wade sagte, es sehe nicht wie Englisch aus, weil es sich um medizinische Fachsprache handele. »Das kommt alles aus dem Lateinischen.«

»Dein Latein kannst du dir in den Arsch schieben. Ich kenne immer noch mehr Vokabeln als du. Das Schild ist nicht auf Englisch. Es ist auf Spanisch.«

Wade warf einen Blick auf das Fläschchen. »Portugiesisch – aus Brasilien.«

»Was will deine Mutter mit brasilianischen Medikamenten?«

Wade schaute genauer hin. »Ähm, weißt du eigentlich –«

»Was?«

»Die Pillen, die du in der Hand hast.«

»Was ist damit?«

»Contergan. Ich schätze, die nimmt Mom gegen ihre Aphthen.«

»Was ist daran so erstaunlich?«

»Du weißt nicht, was Contergan ist?«

»Nein.«

»Das ist dieses Medikament, das Schwangere Anfang der 60er gegen Morgenübelkeit genommen haben – doch es stellte sich heraus, dass das Zeug schwere Missbildungen bei Babys verursachte – auch Totgeburten und spontane Abgänge. Deswegen hat Sarah nur eine Hand. Hat Bryan dir das nicht erzählt? Warte – lass mich mal sehen ...« Wade griff nach der Flasche, aber aus Shws Gesicht war alles Blut gewichen. »Was ist los?«

Shw nahm eine volle Evian-Plastikflasche und begann Wade mit voller Wucht auf den Kopf und ins Gesicht zu schlagen. »Du Vollidiot – du hast mich dieses Dreckszeug anfassen lassen? Hast du den Verstand verloren? Wie konntest du mir das antun?«

Wade wehrte die Schläge ab, die für jemanden von Shws Größe erstaunlich kraftvoll waren. »Ich wusste doch gar nicht, dass das da drin ist, bis du es mir gezeigt hast. Scheiße. Hör auf damit.« Wade riss ihr die Flasche aus der Hand; Shw zitterte. Sie rannte in die Duschkabine, sprang komplett bekleidet hinein und drehte die Brause voll auf.

Wade fragte: »Was *soll* denn das?«

»Ich spül mir diesen Mist ab.«

»Es war in Blasenfolie verpackt. Du bist gar nicht damit in Berührung gekommen.« Plötzlich ging ihm ein Licht auf: »He, ich dachte, du wolltest abtreiben.«

»Tja, vielleicht auch *nicht.*«

»Also gut.« Wade fegte die Sachen von der Konsole in den Reisekoffer seiner Mutter und sagte: »Sag Bescheid, wenn du fertig bist. Ich bin unten im Wagen.«

Shw blieb noch fünf Minuten unter der Dusche und kam dann heraus, aber nur, weil das heiße Wasser ausgegangen war. Der Schießstand war eine halbe Meile entfernt, und Shw, pudelnass, schwieg während der Fahrt. Als er sie absetzte, sagte sie: »Ich bin heute echt unausstehlich. Danke fürs Mitnehmen.«

8

An einem heißen, sonnigen Augustnachmittag des Jahres 1973 sagte Wade zu Bryan: »Nicht das Plastik anfassen, Bryan. Du machst es bloß kaputt.«

»Wade, sei nett zu Bryan. Er will doch nur helfen.« Sarah wandte sich Bryan zu: »Trotzdem, Bryan, fass nichts an, okay? Denn du machst es wahrscheinlich *wirklich* kaputt.«

»Vielleicht sollte ich einfach *gehen*.«

»Geh nicht«, sagte Sarah. »Fass einfach nichts an, ja?«

Die drei standen mit einem Haufen gefundener Plastik-Kleiderschutzhüllen und verbogener Drahtbügel draußen auf der glühend heißen Einfahrt. Sie hatten sich vorgenommen, einen Heißluftballon zu basteln, indem sie die Tüten zu einem großen, federleichten Kondom zusammenklebten, an dessen unterem Ende ein Metallring angebracht war. In der Mitte des Rings steckte ein Drahtkreuz, auf dem ein mit weißen Grillanzünder-Steinchen bestückter Miracle-Whip-Deckel befestigt war. Sarah wirkte wie ein winziger Farn zwischen ihren beiden Mammutbaum-Brüdern – obwohl Bryan sogar noch jünger war als sie –, aber sie war definitiv diejenige, die das Sagen hatte.

»Ich hab Durst«, sagte Bryan.

Wade sah ihn an: »Bryan, ich habe einen Kratzt-mich-das?-Messer in der Hand, und die Nadel schlägt nicht aus. *Halt die Klappe.*«

»Wir holen uns nachher eine Limonade«, sagte Sarah. »Wir sind fast klar zum Abheben.«

Wade hielt den hauchdünnen Plastikballon fest. Sarah zündete mit einem Bic-Feuerzeug den Treibstoff an. »Es wird eine Minute dauern, bis der Ballon voll mit heißer Luft ist«, sagte sie, dann stand sie auf und schaute zu.

»Er sieht aus wie ein großer Dildo«, sagte Wade, während der Ballon sich mit Luft zu füllen begann, die viel heißer war als die des Augustnachmittags.

»Was ist ein Dildo?«, fragte Bryan.

Sarah sah Wade an. »Für so was ist er noch zu klein, Wade.«

»Was, *du* weißt, was ein Dildo ist?«

»Natürlich weiß ich das.«

»Was ist es denn?«

»Es ist die Plastiknachbildung eines Männerschwanzes, den Frauen benutzen, wenn sie allein sind.«

»Was meinst du mit ›benutzen‹?«, fragte Wade.

»Du weißt *genau*, was ich mit ›benutzen‹ meine, Wade. Und *jetzt* wird Bryan das Wort vermutlich in Gegenwart von Mom oder Dad sagen – und höchstwahrscheinlich auch noch falsch –, und dann bist *du* derjenige, der in der Scheiße sitzt.«

»Nein, Bryan ist derjenige, der sich immer in die Scheiße reitet.«

»Bin ich *nicht*, Wade. Dad verprügelt *dich* viel öfter als *mich*. Und außerdem bin ich kein Baby. Ich bin zwei Jahre jünger als Sarah.«

Sarah lenkte das Gespräch in eine etwas andere Richtung. »Wade, tut es weh, wenn Dad dich verprügelt? Ich bin noch nie richtig geschlagen worden.«

Wade fiel es schwer, sich vorzustellen, niemals geschlagen worden zu sein. »Ob es wehtut? *Hm.* Darüber hab ich mir noch nie Gedanken gemacht. Ich schätze schon. Aber wenn Dad mich schlägt, will er mir ja nicht äußerlich wehtun, sondern *innerlich*. Er hält sich für den Größten, und das will er mir zu verstehen geben.« Der Beutel war inzwischen mit so viel warmer, gasiger Luft gefüllt, dass er fast abhob. »Hey – es ist so weit.« Aller Augen waren auf den Ballon geheftet, der wenige Zentimeter über der Einfahrt schwebte.

»Lass ihn los«, sagte Sarah.

Wade ließ den Ballon in die Luft steigen. Lautlos und elegant schaukelte er empor. Der Wind wehte gerade stark genug aus westlicher Richtung, dass er ihn zum Capilano River und hinüber nach North Vancouver tragen konnte. Die drei rannten zum oberen Ende der Straße. Sarah hatte ihr Fernglas dabei, um ihn im Auge zu behalten.

»Ich wette, er fliegt ganz bis nach North Vancouver«, sagte Bryan.

»Unwahrscheinlich«, sagte Sarah, die angehende Aeronautik-Expertin. »Der Treibstoff wird höchstens eine Viertelstunde brennen.«

»Was, wenn er im Wald landet?«, fragte Bryan.

»Tja, dann«, sagte Wade, »landet er eben im Wald.«

»Aber der Wald ist völlig ausgetrocknet. Der Ballon könnte einen Waldbrand verursachen.«

»Bryan, hör auf, uns den Spaß zu verderben.«

Ein Auto näherte sich von hinten – Janet in dem Kombi. Sie hielt neben ihnen. »He, Leute – was macht ihr da?«

»Wir haben einen Ballon gebaut«, sagte Sarah. »Jetzt beobachten wir, wo er hinfliegt.«

»Was seid ihr bloß alle klug.«

Sarah fragte: »Hast du Brause dabei, Mom?«

»Brause? Ich denke schon.« Sie langte hinter sich und zog drei Dosen Ginger Ale aus einer Tasche.

»Bryan«, sagte Sarah, »die nimmst du, ja?«

Janet fuhr wieder los. Ihre letzten Worte waren: »Heute Abend gibt's Hamburger vom Grill. Seid schön brav.«

Sobald sie außer Hörweite war, sagte Sarah: »O-oh. Ich glaube, ich hab die letzten Grillanzünder als Ballontreibstoff benutzt.«

»Keine Panik«, sagte Wade. »Ich werd sagen, ich hätte sie genommen.«

Bryan öffnete die Ginger-Ale-Dosen und reichte sie herum. Die drei saßen da, während der Ballon davongeweht wurde, und schauten abwechselnd durch das Fernglas. »Er sinkt«, sagte Sarah.

»Nein, tut er nicht«, sagte Wade. »Lass mich mal sehen.« Er nahm das Fernglas. »Oh – er sinkt tat*säch*lich.«

»Wo?«, fragte Bryan.

»Unten in Glenmore. In der Nähe der Schule.«

»Gib her, Wade.« Sarah griff nach dem Fernglas, und Wade ließ los. »Uff. Du hast Recht.« Sie beobachtete, wie der Ballon sich auf ein Grundstück senkte. »O-oh …«

»Was?«

»Er wird auf dem Haus der Beattys aufsetzen.«

Wade schnappte sich das Fernglas. »Oh, *Kacke*.«

Der Ballon landete auf dem schindelgedeckten Dach eines eingeschossigen Hauses, welches rasch Feuer fing. Sarah sagte, sie sollten die Feuerwehr rufen, aber Wade meinte, es sei besser zu warten, ein Typ, der bei den Beattys nebenan wohnte, spritze bereits mit einem Schlauch ihr Dach ab, und Passanten seien stehen geblieben, um zuzuschauen. Dann hörten sie Sirenen, das Feuer schien quer über das Dach unter die Schindeln gewandert zu sein und zuckte zur rechten Seite heraus wie eine Katzenzunge. Dann, *wuuusch,* stand das gesamte Dach in Flammen, die Feuerwehrwagen trafen ein, und ein Riesenspektakel nahm seinen Lauf.

»Wir sitzen ganz tief in der Scheiße«, sagte Wade.

»Ich hab euch ja gesagt, er könnte einen Brand verursachen«, sagte Bryan.

»Na *und*, Bryan«, sagte Sarah, »Unfälle passieren nun mal.« Sie ließ das Fernglas sinken, und sie sahen zu, wie eine kleine Windhose aus Rauch von dem Haus unten am Berg aufstieg. »Glaubst du, sie werden drauf kommen, dass wir das waren?«

Eine Antwort erübrigte sich, denn Mrs. Breznek von gegenüber trat in ihrer Schürze auf die Straße, sah das Feuer, drehte sich dann um und begann die drei Kinder anzuschreien. »Ihr kleinen Monster! Für wen zum Teufel haltet ihr euch? Ich rufe sofort die Polizei an. Für diesen Streich werdet ihr eine anständige Tracht Prügel beziehen. Und ins Gefängnis kommen.«

»Schieben Sie sich Ihr Gefängnis in den Arsch«, sagte Wade. Mrs. Breznek schnaubte angewidert.

»Wade –«, kicherte Sarah.

»Wie kannst du bloß kichern?«, fragte Bryan.

Wade sagte: »Halt die Klappe, du Versager. Ich nehm's auf meine Kappe.«

»Tu das nicht, Wade. Ich werde dafür geradestehen. Ich sag einfach, es sei ein fehlgeschlagenes Physikexperiment gewesen. Die Halteleine ist gerissen. Wenn du die Schuld auf dich nimmst, kommst du auf die Militärakademie.«

»Ich glaube, das Feuer ist aus«, sagte Bryan. »Jetzt qualmt es nur noch.«

In der Tat war der Brand fast gelöscht. Eine Minute später tauchte ein Streifenwagen vor dem Haus auf; Janet kam heraus, neugierig und besorgt. »Meine Herren?«

»Können wir mit Ihren Kindern sprechen, Mrs. Drummond?«

»Mit den Kindern? Ich –«

Sarah meldete sich zu Wort. »Mir ist da was passiert, Mom. Mein Physikexperiment ist mir weggeflogen.«

»Physikexperiment?«

Eine Stunde voller Verwirrung und detaillierter Erläuterungen folgte.

»Es war meine Schuld«, sagte Wade immer wieder. »Ich hätte besser aufpassen müssen.«

»Wade«, schrie Sarah ihn an, »hör auf, den Kopf für mich hinzuhalten. Der Brand war *meine* Schuld.«

Als Ted von der Arbeit nach Hause kam, ließ er sich die Geschichte zuerst von Sarah erzählen.

»Dad, ich hab mir deine alten Fachzeitschriften angesehen, aus der Zeit, als du an der Universität Antriebstechnik studiert hast. Es hat mich gejuckt, so was auch mal zu machen.«

»Du hast in der Haupt-Waldbrandsaison einen Brandsatz in den Himmel geschickt, nur weil ich das früher mal studiert hab?«

»Ja.«

Ted packte sie. »Du bist die tollste kleine Prinzessin der

Welt!« Er drückte sie und brachte sie zum Kichern. »Jan – was gibt es heute Abend zu essen?«

»Eigentlich wollte ich grillen …«

»Lass uns heute mal Pizza bestellen. Und du, Wade, darfst die Sorte aussuchen.« Er kitzelte Sarahs Füße. »Was hast du für ein Glück, einen großen Bruder zu haben, der dir bei deinen Experimenten hilft, junge Dame.«

9

Wade ging zum Hotel zurück, um Janet ein Zimmer zu besorgen, aber es war keins frei. »Mom, bleib doch hier bei mir und Beth.«

»Schatz, ich will euch nicht nerven.« Janet lag bei geschlossenen Vorhängen auf dem Bett.

»Du hast uns noch nie genervt, Mom. Und es ist eine gute Gelegenheit für euch beide, euch kennen zu lernen.«

»Na dann …«

Wade holte tief Luft: »Mom, ich hab das Contergan im Badezimmer gesehen.«

Janet blickte zu ihm auf. »Aha?«

»Schon gut. Ich weiß, dass es gegen Aphthen ist.«

»Stimmt.« Janet stemmte sich hoch und reckte den Hals in Wades Richtung.

Wade setzte sich auf einen Stuhl neben der Minibar. »Ich frage mich nur, wo *findet* man heutzutage überhaupt Contergan? Veranstalten Wissenschaftler Garagenflohmärkte? Es ist – bizarr –, dass überhaupt noch jemand dieses Zeug herstellt. Mir ist das unheimlich.«

»Ich kriege es aus Brasilien, über ein Untergrund-Netzwerk. Normalerweise kommt es per FedEx. Manchmal auch über Mexiko, aber das ist immer ein ziemliches Heckmeck, Brasilien ist besser. Da unten behandelt man damit Lepra.«

»Lepra? Im Ernst?«

»Ich weiß. Es ist wirklich zu paradox. Jetzt geben sie Menschen Contergan, um zu *verhindern*, dass sie Gliedmaßen, Finger oder Zehen verlieren.«

»Hm. – Und was sagst du zu Nickie?«

»Dazu, dass sie infiziert ist?«, fragte Janet.

»Es klingt so schlimm, wie du das sagst. Aber: Ja.«

»Ich hab keine Ahnung, was ich dazu sagen soll, Wade.«

Er ließ ein Gratispäckchen koffeinfreies Kaffeepulver zwischen seinen Händen hin- und herwandern. »Seid ihr zwei jetzt Freundinnen?«

»Freundinnen? Nein. Aber ich hasse sie nicht mehr. Sie ist eigentlich eine sehr nette Frau.« Janet sackte wieder aufs Bett zurück.

»Alles in Ordnung?«

»Ja, ich brauche bloß etwas Schlaf. Die Sonne hier macht mich fertig. Wann kommt Beth zurück?«

»Keine Ahnung. Ruh dich nur aus. Ich werde ein bisschen die Aussicht genießen.«

Wade nahm das Telefon mit auf den Balkon. Er holte tief Luft und rief jemanden an, den er gehofft hatte, nicht anrufen zu müssen: Er wählte die Nummer eines alten Geschäftsfreundes.

»Hier ist Norm.«

»Norm – hier ist Wade.«

»Wade Drummond? Hey-*hey* – was gibt's, alter Junge?«

»Dies und das. Ich bin jetzt ein verheirateter Mann, Norm. Ich werde schon bald ein Kind, einen Minivan und den ganzen Krempel haben.«

»Du – Familienvater?«

»Da staunst du, was?«

»Familie ist eine gute Sache, Wade.«

»Du solltest meine Familie mal sehen. Jeder Einzelne von uns ist total verkorkst.«

»Alle Familien sind verkorkst, Wade. Im Grunde sind alle Familien gleich – sie werden nur von einer zum nächsten etwas anders konfiguriert. Du solltest mal abends vorbeikommen und meine Schwiegereltern kennen lernen. Von wo rufst du an?«

»Aus Orlando.«

»Du bist in Orlando? Ach, stimmt ja – deine Schwester ist die Austronautin. Unglaublich, die Frau.«

Sie plauderten noch ein paar Minuten, und dann folgte ein betretenes männliches Schweigen.

»Norm. Ich brauche Geld.«

Eine Pause. »Tja, tun wir das nicht alle?«

»Ich musste mir was von Tony dem Tiger aus Carson City leihen, für diese Fruchtbarkeitsklinik. Die kostet ein Vermögen. Meine Frau und ich mussten wegen eines neuen Verfahrens nach Europa fliegen. Fünfzigtausend.«

»Fünfzigtausend? Was kostet fünfzigtausend?«

Ich kann ebenso gut gleich mit der Tür ins Haus fallen. »Norm, ich bin HIV-positiv. Diese Klinik in Mailand füllt das Ejakulat in eine Zentrifuge, in der die leichteren Virenpartikel nach oben steigen, sodass der Rest, der auf dem Boden zurückbleibt, sauber ist.«

Norm blieb einen Moment lang stumm. »Okay. Alles klar. Ich hab schon viele Geschichten gehört. Das hier ist eine ziemlich gute.«

»Das ist keine Geschichte – es ist die Wahrheit.«

»Auf jeden Fall brauchst du Kohle.«

»Ja.«

»Du weißt, wie das läuft, Wade – je größer das Risiko, desto größer die Belohnung.«

»Als ob ich das nicht wüsste.«

»Wie viel brauchst du?«

»Die fünfzigtausend plus noch mal fünfzigtausend als Zinsen für Tony.«

»Das ist ein ziemlich großes Risiko.«

»So viel brauche ich nun mal.«

An Norms Ende entstand ein langes Schweigen, und dann: »Du hast wirklich in einem sehr passenden Moment angerufen, alter Junge. Ich könnte gerade gut einen Kurier gebrauchen.«

»Einen Kurier?« Wade wusste, dass dies auf der Karriereleiter des Untergrunds die unterste und gefährlichste Stufe war. »Warum nicht.«

»Ich sag dir was – ich habe was mit Cheryl am Laufen. Sie

tanzt bei einer Pocahontas-Revue in der Main Street USA drüben in Disney World.«

»Cheryl?«

»Ja, die kleine Cheryl, und sie ist immer noch jung genug, um auf ältere Männer zu stehen. Wir treffen uns vor dem Ausgang der Monorailbahn an der Main Street USA – morgen früh, Punkt zehn.«

»Disney World? Du?«

»Wade, Wade, *Wade* – in Disney World passiert nie etwas Schlimmes. Es ist der einzige sichere Ort in diesem abgefuckten Staat. Ich habe mich dort schon oft mit Geschäftspartnern getroffen.«

Sie legten auf. Wade trat wieder ins Zimmer, als Beth gerade vom Einkaufen zurückkehrte. Nach einem Nickerchen nahmen sie alle ein ruhiges Abendessen im Speisesaal des Hotels ein, Janet zahlte. Hinterher machten sie einen Spaziergang auf dem International Boulevard, für Wade ein frustrierendes Erlebnis, weil alles, selbst der abgeschmackteste Plunder, so teuer war. Sie kehrten zurück aufs Zimmer, um fernzusehen, und Wade ging wieder mit dem Telefon auf den Balkon. Diesmal raffte er seinen ganzen Mut und all die Schuldgefühle zusammen, die ihn plagten, weil er so ein Herumtreiber und als Sohn so ein Versager war, und rief seinen Vater in Kissimmee an.

»Ja, hallo?«

»Hi, Dad, ich bin's, Wade.«

Teds Stimme verriet keine Regung: »Wade.«

»Ich bin vorhin bei Sarahs Veranstaltung hier unten gar nicht richtig dazu gekommen, mit dir zu reden.«

»Ein Haufen Medienclowns.«

»Es war ganz schön was los.«

»Du bist also raus aus dem Knast«, sagte Ted. »Gut. Du bist zu alt für so was. Es ist traurig, wenn ein Mann mit über vierzig noch ins Gefängnis kommt – so einer hat nichts begriffen.«

»Du siehst gut aus.«

»Na ja, verdient hab ich's nicht. Aber Nix sagt, ich habe

einen vorteilhaften Knochenbau. Außerdem habe ich eine regelmäßige Verdauung und freien Eintritt beim Solarium des YMCA.«

»Also, Dad – ich hab gehört, du kannst ein bisschen Geld gebrauchen.«

»Wer hat dir das erzählt? Das ist verdammt noch mal meine Sache.«

»Na ja – ich hab mir überlegt, wie man auf die Schnelle ein kleines Taschengeld verdienen kann. Ich dachte, vielleicht interessiert es dich.«

Ted wurde still.

Aha – er legt nicht auf.

»Mit Geld ist es ja immer das Gleiche: Wie gewonnen, so zerronnen«, sagte Ted. »Auf das Haus kann ich verzichten – in dem Mistding regnet es durch. Nix kann die Brötchen verdienen, bis ich einen neuen Job finde, nicht wahr, Nix?« Nickie verdrehte garantiert im Hintergrund die Augen.

»He, Dad, warum kommst du nicht morgen mit uns nach Disney World? Das wird bestimmt lustig. Ich zahle.« *Jetzt gibt's kein Zurück mehr.*

»Disney World? Tickst du noch ganz richtig?«

»Weißt du, Dad, ich kenne da so einen Typen – Norm …« Wade wurde bewusst, wie albern dieses letzte Satzfragment klang: *Ich kenne da so einen Typen, Norm …*

»Und?«

»Er braucht Unterstützung bei einem Projekt …«

»Und?«

»Ich wollte ihm helfen, und ich dachte, vielleicht könntest du, du weißt schon, auch mitmachen.«

»Wobei? Und wie viel krieg ich dafür?«

Das klingt fast so, als hätte er keine Skrupel. »Du? Zehntausend, und es ist nichts weiter als ein kleiner Tagesausflug ganz in die Nähe.«

Eine Pause: »Okay.«

»Was – du willst keine Einzelheiten wissen?«

»Ich will das Geld. Die Einzelheiten überlasse ich dir.«

Ein kurzes Zögern. »Es war sehr nett von dir, an mich zu denken, Wade.«

Die beiden Männer verabredeten, wann Wade Ted am nächsten Morgen abholen sollte, und legten auf. Wade fühlte sich wie der Weihnachtsmann. Er ging wieder zurück ins Zimmer, wo er, Beth und Janet vor dem History Channel eindösten. Ungefähr um drei wachte er auf und konnte nicht wieder einschlafen. Er ging auf den Balkon hinaus, wo ihn die trägen, dumpfigen Überreste eines Golfwindes einhüllten. Er schaute zum Mond hinauf, der voll oder zumindest fast voll war. *Wenn es die Menschen nie gegeben hätte, würde derselbe Mond dennoch an derselben Stelle stehen, und nichts daran wäre anders, als es heute ist.* Wade versuchte sich Florida vorzustellen, bevor es von Menschen besiedelt wurde, aber es gelang ihm nicht. Die Landschaft schien allzu nachhaltig kolonisiert zu sein – die Wohnwagen, Factory-Outlets und Cocktailbars der Welt dort unten. Er kam zu dem Schluss, dass die Menschen den Mond, falls sie ihn ja eroberten, wahrscheinlich einfach in Florida verwandeln würden. Vermutlich war es nur gut, dass er so weit entfernt war, so unerreichbar.

Dann dachte Wade an seine Mutter, die vor seinen Augen mehr und mehr verfiel – und doch auch irgendwie jünger war als je zuvor – *sie weiß jetzt über gewisse Dinge Bescheid, Dinge, von denen selbst ich bis vor kurzem keine Ahnung hatte: die Abgründe der Sexualität – sie hat so viele Türen geöffnet* –, und wieder verspürte er einen der zahllosen Stiche der Scham, die ihn immer dann quälten, wenn er daran dachte, wie sein Vater sich aufgeführt hatte, wie er selbst sich verhalten und was er damit seiner Mutter angetan hatte – mit seinem Herumgehure und seiner Dummheit.

Zumindest gab es morgen Geld, und vielleicht wurde Wade *jetzt* endlich diese Schläger aus Carson City los, die vor der Eigentumswohnung parkten, die er und Beth bewohnten, und nachts um eins die Scheinwerfer aufblendeten. Und eventuell blieb noch etwas übrig, um irgendwelche neuen Kombinationen von HIV-Medikamenten auszuprobieren. *Und die Zehntausend für Dad? Peanuts. Endlich kann ich ihm einmal einen größeren Gefallen tun.*

Das Leben war eigentlich einfach: eine Frau, um die er sich zu kümmern hatte, und ein Baby unterwegs – ein kleines Nest, das zu beschützen war, und diese übermächtige Welt, die nur darauf wartete, sich auf das traute Heim zu stürzen und es in Stücke zu reißen. Wade dachte an das Blut, das durch seine Adern floss – seine Beine und seine Zehen, seine Fingerspitzen und seine Kopfhaut –, und er versuchte, ganz still zu sein, um herauszufinden, ob er spüren konnte, wie es sich in ihm bewegte, aber nichts. *Wir dürfen unser Blut genauso wenig spüren wie die Rotation der Erde.* Er dachte an sein AIDS. Als er es Sarah erzählt hatte, hatte er gesagt: »Es ist wie eine Zeitmaschine, Schwesterchen.«

»Nimm das nicht so auf die leichte Schulter, Wade.«

»Das tu ich gar nicht, Sarah. Es ist die reine Wahrheit.«

»Inwie*fern* ist es die Wahrheit?«

»Wenn wir vor hundert Jahren gelebt hätten, wären wir beide schon tot. Du wegen deines geplatzten Blinddarms in der dritten Klasse – oder einer infizierten Wunde.«

Sarah hatte erwidert: »Oder sie hätten mich gleich nach der Geburt ertränkt.«

»Leben und Tod liegen sehr dicht beieinander. Ich? Verdammt, ich wäre bereits auf hundert verschiedene Arten gestorben. Daher denk ich mir, dieses Virus stellt einfach bloß die Uhren dorthin zurück, wo sie stehen sollten. Alte Menschen sind etwas Unnatürliches.«

»Glaubst du das im Ernst?«

»Ja.«

»Entschuldige, wenn es mir schwer fällt, deine Meinung zu teilen.«

Wade hatte die Härte in Sarahs Stimme bemerkt. Sie hatte ihn gefragt: »Bist du in der Lage, dir einen Job zu suchen und zu arbeiten?«

»So halbwegs. Ich gebe stundenweise in so einem beschissenen Club in einer Seitenstraße der Fremont Street Spielkarten aus. Obendrein darf ich keinen Alkohol trinken – so eine Leber ist ein heikles kleines Miststück.«

»Medikamente?«

»Ja, aber lass uns das Thema nicht weiter vertiefen. Ich muss mit jedem Lidschlag eine Pille nehmen. Die Dinger rauben mir den Verstand.«

Draußen auf dem Hotelbalkon hatten Feuerameisen Wade entdeckt. Er ging hinein. Beth schnarchte. Es war vier Uhr morgens und Zeit für eine 3TC-Kapsel und einen Schluck Ananassaft. *Wo sind die letzten sechs Minuten geblieben? Wenn die Zeit verbraucht ist, landet sie dann auf einer Art Schutthalde? Oder fließt sie einen Fluss hinunter wie das Wasser unter den Niagarafällen? Verdunstet Zeit – verwandelt sie sich in Regen und geht dann wieder von vorn los?*

Wade nahm seine Pille, nippte an seinem Saft, stellte sich ans Fenster und schaute auf die Hotels, die Straßen und Autos hinaus, die Florida bedeckten. *Na, wenn das keine Zeitmaschine ist.* Von allen Staaten der USA – einschließlich Nevada – war Florida für Wade immer wieder derjenige, der am tiefsten in der urzeitlichen Vergangenheit stecken geblieben war. Die Pflanzen hier wirkten primitiver, die Tiere grausamer, die Luft feuchter und bakterienverseuchter. Er hatte das Gefühl, die ganze Landschaft habe sich damit abgefunden, dass sie in einer Milliarde Jahren vermutlich ganz und gar zu Erdöl gepresst sein würde.

Janet schlief auf der Schlafcouch, ihr Atem ging leicht wie ein Finger, der über Papier streicht.

Wade öffnete die Schiebetüren zum Balkon, auf dem es auch zu so später Stunde noch immer heiß war, und zündete sich eine Zigarette an. Wenn er schon nicht trinken durfte, rauchte er eben. Scheiß auf die Feuerameisen. *Wade,* hatte sein Arzt ihm gesagt, *Ihre Leber hat die Stoffwechselkapazität eines zweijährigen Mädchens. Ich weiß nicht, wann Sie Ihren letzten Drink hatten, aber wann auch immer das war, es war definitiv Ihr letzter.*

Er drehte sich um und blickte ins Schlafzimmer. Urplötzlich begann das rote Mailbox-Lämpchen am Telefon zu blinken. *Hä?* Er ging hinein, hob das schnurlose Telefon ab und drückte auf den Wiedergabeknopf – Sarah:

»Wade, hi, hier ist deine kleine Schwester. Du schläfst bestimmt – wir arbeiten zu so absurden Zeiten. Das hängt mit dem Rhythmus der Erdumkreisungen zusammen. Ich hab grade Pause. Klingt das nicht dämlich? *Hi, ich bin Astronautin, und ich mache grade Kaffeepause.* Aber es ist die Wahrheit, und heute war ein langer Tag, daher bin ich froh, ein bisschen die Füße hochlegen zu können. Die Russen wollen auf diesem Flug Experimente zur Regeneration von Gewebe durchführen, und ich könnte schwören, dass ihr gesamtes Schwerelosigkeits-Forschungsprogramm von einem McDonald's-Filialleiter betreut wird. Weißt du noch, als die Sowjets noch auf Draht waren? Das waren noch Zeiten. Wie geht's Mom? Wie geht's *dir?* Beth und ich haben uns nur ungefähr siebzehn Sekunden lang gesehen. Bryans Freundin ist – o Gott – nun ja, zumindest hat sie zwei X-Chromosomen. Wenn du früh genug aufwachst, ruf mich an. Ich hau mich um acht Uhr ziviler Zeit in die Falle.«

Sie hatte eine Nummer hinterlassen, und Wade ging auf den Balkon und rief sie zurück. »Schwesterchen?«

»Wade! Ach, das ist ja toll. Was machst du so? Wieso bist du … *morgens um Viertel nach vier* auf?«

»Diese durchgeknallte Familie … Ich kann nicht schlafen. Manchmal wünschte ich, wir wären so, wie Immobilienverkäufer in diesen Zeitungsanzeigen aussehen – mit hübsch gescheiteltem Haar, optimistischer Haltung und einer heilen kleinen Welt – und wir hätten uns alle das Reptiliengehirn rausoperieren lassen.«

»Wie geht's Mom?«

»Ganz okay. Müde.«

Wade erzählte ihr von Shw. Und Bryan. Und Nickie. Sarah hörte gebannt zu und fragte dann: »Was werdet ihr wegen Nickie und Dad unternehmen?«

»Keine Ahnung. Sarah – ?«

»Ja, großer Bruder?«

»Sag mal – wie wirst du bloß mit so viel Verantwortung *fertig? Wie?* Das ist mein voller Ernst. Wir haben schon mal darüber geredet – als du mich in Kansas besucht hast. Ich kann ja kaum bei Jessie's Catfish Grill einen Tisch zum Abendessen reservieren, ich bin noch nicht mal in der Lage, telefonisch Tickets für Disney World zu bestellen. Ich musste bisher noch nie wirklich Dinge *tun.* Es gab nie einen Grund dafür. Ich möchte endlich mal etwas zustande bringen, aber ich habe keine Ahnung wie. Du bastelst unterdessen DNS-Stränge im Weltraum, förderst den Weltfrieden und landest das komplexeste Artefakt, das die menschliche Spezies je geschaffen hat, irgendwo in der Wüste.«

Sarah schwieg einen Moment. »So sehe ich das gar nicht, Wade. Es gibt einfach Dinge, die getan werden müssen, und es ist einfacher sie zu tun, als sie nicht zu tun.«

»Du bist unglaublich.«

»Das ist wirklich zu viel der Ehre.«

»Wade –«, schnitt Sarah Wade das Wort ab. »Tut mir Leid, aber meine Pause ist fast vorbei, und ich muss dich unbedingt noch was fragen.«

»Dann schieß los.« Wade machte sich auf etwas Unangenehmes gefasst.

»Wie steht es in messbaren wissenschaftlichen Daten um deine Gesundheit?«

»*O Mann,* Sarah.«

»Sag's mir einfach, Wade.«

Wade holte tief Luft. »Na gut. Nicht besonders.«

»Das hab ich mir gedacht. Du sahst heute auch nicht gerade fit aus.«

»Meine T-Zellenzahl sinkt immer weiter. Sie stabilisiert sich einfach nicht.«

»Und wie fühlst du dich so?«

»Ein bisschen müde. Ansonsten okay. Ich hatte Ausschlag, und an manchen Tagen fühle ich mich vergrippt. Abgesehen davon, will ich nicht jammern, also lass uns das Thema nicht weiter vertiefen.«

Die Säure in Wades Magen gurgelte. Er erinnerte sich daran, wie er mit Sarah draußen im Garten in den Bäumen gehockt hatte – er acht und sie sechs Jahre alt – und er sich mit einer Sicherheitsnadel ein Loch in die Innenseite seines Handgelenks gestochen hatte. Sarah piekste sich, gar nicht zimperlich, in das Ende ihres linken Arms, und dann mischten die beiden ihr Blut, begleitet von dem Summen der Fliegen und dem Rascheln des Erlenlaubs. In jenem Jahr hatte es viele Blattläuse gegeben, und der Wind pfiff durch die Löcher, die sie in die Blätter gefressen hatten.

»Wade, ich muss Schluss machen. Die Russkies wollen was von mir – einen kleinen Vanilleshake, ein Sixpack McNuggets und ein Happy-Meal-Plastikspielzeug. Ruf mich morgen um die gleiche Zeit wieder an, ja? – falls du wach bist. Was hast du heute vor?«

»Disney World.«

»Freust du dich darauf?«

Wade zögerte. »Soll ich dir was sagen? Das tu ich tatsächlich.«

»Viel Spaß, großer Bruder.

»Nacht, Schwesterchen.«

10

»Wade, was zum Teufel tut ihr da?« Ted, der gerade von der Arbeit kam, trat durch die Hintertür und ertappte Janet und Wade beim Fernsehen.

»Wir sehen uns die *Sonny and Cher Show* an.«

»Das ist lustig, Ted.«

»Ihr seht nicht fern«, sagte Ted, »ihr habt *getanzt.*« Er spuckte das letzte Wort aus, als sei es ein Schamhaar.

»Lass ihn in Ruhe, Ted. Wir wollen uns die Show angucken. Wie war dein Tag? Du kommst mal wieder zu spät.«

Wade sagte: »Und *wenn* ich getanzt habe?«

Ted sagte: »Jan, du machst noch eine Tucke aus ihm.«

Wade wusste zwar nicht, was eine Tucke war, aber ihm gefiel die Art nicht, wie sein Vater seine Mutter anherrschte. »He, *Dad,* wie war's heute bei der Arbeit?«

»Als ob dich das interessiert.« Das Gespräch wurde von einer völlig asynchronen Lachkonserve untermalt. Haiku, die Katze, spürte ein Gewitter aufziehen und sprang von ihrem Hochsitz auf dem Fernseher herunter.

»He, *Dad,* wann hast *du* denn das letzte Mal getanzt?«

»Wade, lass deinen Vater in Ruhe. Ich möchte wirklich diese Sendung sehen.«

Bryan steckte, den Radar auf Gratis-Entertainment ausgerichtet, vom Flur aus den Kopf ins Zimmer. Sarah war nirgends zu sehen.

»He, *Dad,* ich hab dich was gefragt. Wann hast du das letzte Mal getanzt?«

Ted sagte zu Janet: »Vielleicht solltest du unserem Sohn einen Catsuit kaufen, Schatz.«

»Ich wette, das letzte Mal hast du auf 'm College getanzt, und zwar mit den Kumpels aus deiner Verbindung«, sagte

Wade, der es nicht lassen konnte. »Wahrscheinlich wart ihr alle nackt und habt euch gegenseitig mit Rasiercreme eingeschmiert.«

Janet sagte: »*Wade* –« Im Fernsehen lief jetzt Musik, ein schnelles Stück mit einem unwiderstehlichen Rhythmus.

»*Uuh.* Das ist mein Lieblingssong. He, Dad, komm rein und mach mit.« Wade begann in der unbeholfenen Art eines Fünfzehnjährigen zu tanzen und improvisierte dazu einen Text, der ungefähr so ging: *Ted Drummond ist 'ne Tucke. Versteht gar nichts von Mucke. Am liebsten läuft er nackt herum und tanzt mit Männern Ringelreihen.*

Wade sah, dass Bryans Augen groß wurden und seine Pupillen weit. Gut – das bedeutete, dass Ted ihm gleich an die Gurgel gehen würde, und tatsächlich: Er stürzte sich auf Wade, der inzwischen geschickt genug war, sich unter den Schlägen seines Vaters wegzuducken. Wade sprang auf die Kunstleder-Couch und grölte: *Tucke, Tucke,* Ted holte aus und kippte dabei das Sofa um, was Janet einen (vorhersehbaren) Schrei entlockte.

»Du bist 'ne Tucke, und du kriegst mich nicht …«

Genau in dem Moment fiel der Strom aus, und Wade kam es vor, als habe das gesamte Haus einen Schlag auf den Kopf erhalten. Die Nacht war dunkel und verregnet, und niemand konnte etwas sehen. Ted verknackste sich den Knöchel, brüllte: »Oh, Scheiße –«, und Wade lief unter Triumphgeheul weg. Aber Triumph oder nicht, er wusste, dass er sich für ungefähr eine Stunde verstecken musste, bis Ted sich wieder abgeregt hatte. Er tastete sich bis zur Kellertür vor und lief die Treppe hinunter, wo Sarah mit einer Kerze vor dem Sicherungskasten stand. Als sie Wade sah, schaltete sie den Strom wieder ein.

Stunden später hatte Ted sich beruhigt und war ins Bett gegangen. Wade schaute mit Janet und Sarah Nachrichten. Er sagte: »Du und Dad, ihr solltet euch scheiden lassen.«

»Wade! Sag doch nicht so was. Und außerdem solltest du deinen Vater auch nicht so oft veralbern. Er muss morgen eine Rede halten, und jetzt hat er ein lädiertes Bein.«

»Ach je. Wie tragisch.« In den Nachrichten ging es gerade um die Inflation und Gerald Ford. »Warum hast du ihn überhaupt geheiratet?«

»Wade, *hör auf.*«

»Nein, ich mein es ernst. Ich hab mal nachgerechnet: Ich wurde dreizehn Monate, nachdem ihr geheiratet habt, geboren, also kann man nicht behaupten, dass du heiraten *musstest.*«

»Ich hab keine Ahnung. Oder – *ich weiß es nicht.* Er war *Amerikaner.* Er studierte Raketenantriebssysteme, und das war damals total sexy. Er wollte mit uns zum Mond fliegen.«

»Und?«

»Und dann – fing er an, Öl-Pipelines zu entwerfen, und wir sind in den Westen gezogen, der Mond blieb irgendwie auf der Strecke, und ich kann nicht glauben, dass ich das meinem eigenen Kind erzähle.«

»Du hörst immer genau in dem Moment auf, wenn es anfängt, gut zu werden.«

»Ich weiß.«

»Du hast eine geheime Welt ganz für dich, von der niemand etwas weiß, stimmt's?«

»Wade! Du liebe Güte, nicht mal Helena ist so indiskret wie du.«

»Du solltest dich scheiden lassen. Er verdient dich nicht.« Wade verschwieg, dass er in der vergangenen Woche, um am Lonsdale Boulevard illegale Feuerwerkskörper zu besorgen, die Schule geschwänzt und in einem Schnitzel-Restaurant seinen Vater beim Mittagessen mit seiner Sekretärin gesehen hatte.

»Wade – der Mann ist dein Vater. Ein bisschen Respekt wäre ganz angebracht.«

Wade fiel auf, dass seine Mutter den Gedanken an Scheidung nicht von sich wies. »Weißt du, was Dad gesagt hat, als ich ihn gefragt habe, warum er dich geheiratet hat?«

Widerstand war zwecklos; Janet tat desinteressiert. »Also gut: Was?«

»Sag ich nicht.«

»Wade!«

»Okay, okay. Er hat gesagt, du hast ihm gefallen, weil er nie weiß, woran du gerade denkst.«

»Tatsächlich?«

»Das hat er gesagt.«

»Wirklich?«

»Ja.«

Er merkte seiner Mutter an, dass sie es genoss, geheimnisvoll zu sein.

11

Am nächsten Morgen telefonierte Nickie mit Janet, die das Zimmer gerade für sich allein hatte. Sie räkelte sich auf dem Bett, wackelte mit den Zehen und kuschelte sich genüsslich in die weiche Decke. »Wie geht's Ihrem Mund?«

»Besser als gestern.«

»Gut. Soll ich Ihnen was sagen? Ich dreh hier in Kissimmee noch durch. Hier ist es wie in einer Leichenhalle. Ted ist mit den anderen nach Disney World gefahren. Wenn ich nur an Disney World denke, muss ich schon würgen.«

»Na dann –«, begann Janet, »hätten Sie vielleicht Lust … auf einen frühen Lunch?«

»Ja. Hab ich. Ich komme mit Teds Wagen vorbei. Was ist mit Ihrer Heiligkeit? Die sollten wir auch fragen.«

Beth übergab sich gerade im Badezimmer. »Morgenübelkeit. Keine gute Idee.« Janet zögerte. »Besser, ich rufe auch Shw an.«

»Wozu *das* denn?«

»Ich schätze, das gehört sich so. Vielleicht wird sie die Mutter meines Enkelkinds – oder auch nicht.«

»Ich weiß nicht … mir kommt sie ziemlich durchgeknallt vor. Und dann dieser Name …«

Janet wählte Shws Zimmernummer. »Shw, hier ist Janet. Hast du heute schon was gegessen?«

Shw antwortete ungewohnt einsilbig. »Nein.«

»Nickie und ich gehen Kaffee trinken. Klatsch dir ein bisschen Make-up ins Gesicht, schmeiß dich in ein paar saubere Klamotten, und wir treffen uns in einer halben Stunde unten. Kriegst du das hin?«

»Ich schminke mich nie.«

»Aber du kommst trotzdem mit?«

Pause. »Ja.«

Klick

Eine halbe Stunde später holte Nickie Janet am Haupteingang des Hotels ab, vor dem ein Kommen und Gehen herrschte wie auf der Pennsylvania Station. Janet trug eine voluminöse schwarze Sonnenbrille in dem Stil, der von Rockstars und Hollywood-Agenten über siebzig favorisiert wird, und jugendliche, GAP-mäßige Klamotten. *Wenn man nur nach meiner Garderobe urteilt, könnte ich als fünfundzwanzigjährige männliche Bedienung eines Coffeeshops in St. Paul, Minnesota, durchgehen.*

Nickie fragte: »Kommt Gwendolyn?«

»Gwendolyn?«

»Shw klingt einfach zu blöd.«

»Da ist sie schon.«

Shw schwang sich auf den Rücksitz und begrüßte sie mit einem sparsamen kleinen Grunzen.

»Eigentlich hab ich ganz gute Laune«, sagte Shw. »Verstehen Sie mein Grunzen nicht falsch.«

»Und – was gibt's Neues?«, fragte Nickie sie.

»Bryan wollte, dass ich mit ihm nach Mauschwitz fahre. Er hat mich geradezu angefleht. Ich fand das ekelhaft.«

Janet wechselte das Thema. »Der Page, der die Autos parkt, sieht wirklich gut aus.«

Nickie sagte: »Nein, Sie sind bloß geil. Das ist alles.«

»Endlich mal jemand, der mich als sexuelles Wesen behandelt!«

Sie fuhren los. Janet sah zu, wie die Landschaft vorbeischmolz. Nickie fragte: »Steht heute irgendeine NASA-Veranstaltung auf dem Plan?«

»Nein. Wir haben freie Bahn.«

»Hm.« Der Wagen blieb zwischen lauter Wohnmobilen und roten und weißen Mietwagen an einer roten Ampel stehen. »Sarah ist ganz schön helle, was?«, fragte Shw.

»Es blieb ihr wohl nichts anderes übrig.«

»Aber hat sie auch die nötigen Ellenbogen?«

Janet überlegte. »Ich schätze, selbst als Astronautin hat man mit einem *gewissen* Maß an Verrat und Intrigen zu tun. Denk nur mal an die Hunderte von Menschen, die *nicht* für den Shuttle-Flug ausgewählt wurden.« Sie verfiel in ihren gewohnt oberlehrerhaften Ton. »Aber Astronauten werden nach ihrer Ausgeglichenheit selektiert, so wie Hunde von Züchtern selektiert werden – Astronauten sind die schwarzen Labradore der Raumfahrt.«

Shw fragte: »Glauben Sie, Sarah ist nur ausgesucht worden, weil sie behindert ist?«

»Du bist der einzige Mensch, der diesen Satz je ausgesprochen hat«, sagte Janet.

»Das ist doch eine ganz natürliche Frage.«

»Ich weiß. Ich bin es so satt, dass die Leute bestimmte Dinge totschweigen. Das erinnert mich an meine Kindheit. Es raubt einem die Luft zum Atmen.«

»Wie war das eigentlich?«, fragte Nickie.

»Wie war *was*?«

»Sarah. Die fehlende Hand und all das.«

Janet konzentrierte sich darauf, eine korrekte Antwort zu geben. »Als ich klein war, wurde ich ständig ermahnt, ich solle ein braves Mädchen sein und hübsch aussehen. Mein gesamtes Selbstwertgefühl beruhte auf meiner äußeren Erscheinung und meinem Benehmen. Ich glaube nicht, dass ich in meiner Jugend irgendjemanden wirklich *kannte*. Und wenn ich dann mit Sarah einkaufen oder auf den Spielplatz ging und die Leute mitkriegten, dass ihr die Hand fehlt, konnte ich durch ihre Reaktionen plötzlich bis in ihr Innerstes sehen – ob sie freundlich waren oder böse oder dumm oder was auch immer. Sehr lange Zeit wusste ich gar nicht, was ich da sah. All diese neuen Arten von Information, die auf mich einstürmten – die wollte ich nicht – ich hatte nicht darum gebeten! Und dennoch wurde ich davon überschwemmt. Ich versuchte es zu ignorieren, und ich habe nie mit jemandem darüber geredet. Trotz allem, was man so hört, waren die 60er sehr, *sehr* rückständig.«

»Wann bist du geboren, Shw?«, unterbrach Nickie.

»1982.« Das Schweigen, das Shw dieser Antwort folgen ließ, sollte offenbar weiteres Nachfragen verhindern.

Nickie fragte: »Und, Janet, was ist mit Bryan los? Ich verstehe nicht, wieso er nicht Börsenmakler oder so was ist. Gut genug aussehen tut er ja, wenn er sich nur von seiner Vokuhila-Frisur trennen würde.«

Shw warf Nickie im Rückspiegel einen säuerlichen Blick zu, und Janet antwortete, Bryan sei schon immer aus der Reihe getanzt. Sie drehte sich nach hinten um und fragte: »Und was ist deine Geschichte, Shw?«

»Meine Geschichte?«

»Ja. Woher stammst du? Deine Eltern und so.«

»Ich komme aus Lethbridge.«

»Lethbridge – das liegt in dem schönen Teil von Alberta. Wohnt deine ganze Familie dort?«

»Mein Vater. Meine Mutter lebt mit einem Typen, der Modellschiffe baut, in Nova Scotia. Ich sehe sie nie.«

»Was macht dein Vater?«

»Er ist Marxismus-Theoretiker an der Uni dort.«

»Ein Marxist.«

»Ja. Und ein Vollidiot.«

»Ich dachte, du wärst selbst irgendwie radikal.«

»Kann schon sein. Aber er ist total peinlich. Er glaubt immer noch an all diesen Kommunistenquatsch – das ist heutzutage so, als würde man glauben, man könne durch Wasserproben Hexen entlarven. Die Globalisierung ist der *wahre* Dämon. Globalisierung gemischt mit Wissenschaft. Dad ist so beschränkt, dass er nichts als seinen albernen Hass auf den Mittelstand – *uups* – Entschuldigung, die *Bourgeoisie* sieht.«

Janet wechselte das Thema. »Was ist mit Ihnen, Nickie? Wie lautet Ihre Geschichte?«

»Nichts Besonderes. Ich bin ein ganz bürgerliches Mädchen, das zu lange damit gewartet hat, einige der fundamentalen Lebensentscheidungen zu fällen, und diejenigen, die ich gefällt habe, waren nicht besonders clever.«

»Zum Beispiel?«

»Zum Beispiel, dass ich im Moment großen Hunger habe.« Sie deutete auf ein profanes Kettenrestaurant. »Lasst uns da drüben reingehen. Auf dem Schild da steht, dass eine Extraportion Speck diese Woche nur neunzehn Cent kostet.«

»Ich bin Vegetarierin«, sagte Shw. »Und außerdem ist mir morgens immer schlecht.«

Nickie lenkte den Wagen auf den Parkplatz. Im Restaurant sicherten sie sich gleich eine Sitzecke. Offenbar war alles in dem Laden orange, violett oder braun.

»Uuh, ist der *schnuckelig*«, sagte Nickie, als der Kellner wieder ging.

»In allem, was es hier gibt, ist Fleisch drin«, sagte Shw und putzte sich die Nase – eine aufkommende Erkältung.

»Ihr Vegetarier seid alle bloß neurotisch«, sagte Nickie. »Bestell dir doch einfach einen Obstteller.«

»Wahrscheinlich schneiden sie das Obst auf einem Schlachtblock, auf dem sie gerade vorher eine Kuh zerteilt haben.«

»Ein Obstteller in einem Lokal wie diesem«, sagte Nickie, »ist bestimmt schon im Februar in einem Obsttellerlabor in Tennessee hergestellt worden.«

»Oh, seht mal«, zwitscherte Janet mit ihrer munteren 1956er Stimme, »Rühreier. Wie schön.« Ihr mütterlicher Ton brachte die anderen dazu, sich die Speisekarte richtig durchzulesen. Janet holte eine Pillendose aus ihrer Handtasche und knallte sie auf den Tisch.

Nickie machte große Augen. »Himmel, deine Pillendose ist ja so groß wie ein Nähset. Muss ich mir jetzt auch so eine kaufen?«

In dem Moment kam der Kellner – auf seinem Namensschild stand Kevin – zurück. »Das ist noch *gar* nichts«, sagte er. »Ein paar von den Leuten, die hier herkommen, haben Pillendosen so groß wie eine Kimball-Wurlitzer-Orgel.«

Janet deutete mit einem Kopfnicken auf Nickie. »Wir haben beide AIDS.«

»Tja, ich auch«, sagte der Kellner.

Nicke sagte: »Na, *wir* sind ja ein toller Haufen.«

»Ich seh schon, wir fallen uns gleich alle um den Hals«, sagte der Kellner, »aber mein Chef sitzt mir im Nacken, dass ich hier ein bisschen Dampf machen soll. Vor einer Viertelstunde ist eine Busladung französischer Touristen eingetroffen, und das ist der wahrgewordene Albtraum eines jeden Kellners. Daher muss ich ganz schnell Ihre Bestellung aufnehmen. Lassen Sie einfach das Trinkgeld weg.«

Die Frauen bestellten, während am anderen Ende des Restaurants lautes Pariser Geschnatter zu hören war.

»Was ist eigentlich los mit Ihrer Familie?«, fragte Shw. »Sie sind ja völlig ver*seucht.* Ist irgendjemand von Ihnen *nicht* krank?«

Nickie sah Shw an und wechselte das Thema. »Ich hab gehört, du bist nicht gerade begeistert, ein Kind zu kriegen, hm?«

»Ach, schau an – das Blondchen kann sogar sprechen.«

»So wohlerzogen«, sagte Nickie. »Da hab ich ja wie üblich den wunden Punkt getroffen. Falls es dich beruhigt: Ich hab es ungefähr ein halbes Dutzend Mal getan.«

»Es?«

»Abgetrieben.«

»Ich gehe auf die Toilette.« Shw schlurfte davon.

»Ich hab gehofft, wenn sie sieht, dass ein Wrack wie ich auch schon im selben Boot gesessen hat, denkt sie vielleicht noch mal über ihr Vorhaben nach.«

»Wollen Sie Kinder?«

»Ich schätze schon. Aber ich wäre eine miserable Mutter.«

»Wären Sie nicht.«

»Oh, *danke* schön, Cindy Brady. Doch wir könnten uns ohnehin keine Kinder leisten.«

»Hab ich ganz vergessen – so pleite ist er, ja?«

»Oh! Wir sind so abgebrannt, dass es schon pervers ist.«

»Aber Sie sind Marline angeln gefahren –«

»Dank einem seiner so genannten Freunde. Und wissen

Sie, was wir hier unten gegessen haben, seit wir angekommen sind? Nachos mit Salsa. Und Hot Dogs. Mehr nicht. Wir haben auf dem Weg vom Flughafen an so einem Mega-Schnäppchenmarkt gehalten.« Nickie betrachtete ihre Nägel und fand sie poliert genug. »Ich *hasse* es, arm zu sein. Wirklich. Und es ärgert mich furchtbar, dass ich nicht einfach mit Ted Schluss machen kann.«

»Das ist so ziemlich das Romantischste, was ich seit Monaten gehört habe.«

Nickie sagte: »Was mich an dieser ganzen AIDS-Geschichte besonders nervt, ist, dass Ted *mich* verlassen könnte. Stellen Sie sich das mal vor: Ich hänge an einem Menschen, der mich einfach so abservieren würde.« Sie nippte an ihrem Kaffee. »Vielleicht tu ich ihm auch unrecht. Es ist mir egal, ob ich sterbe. Und diese HIV-Medikamentencocktails bewirken, dass man Fettablagerungen an den seltsamsten Stellen bekommt – am Ende hab ich womöglich sechs Titten.«

Janet fragte: »Reden Sie auch so, wenn Ted dabei ist?«

»Eigentlich schon.«

Janet schaute aus dem Fenster auf den gleißend hellen Parkplatz. »Manchmal frage ich mich, ob es zwischen mir und Ted vielleicht etwas anders gelaufen wäre, wenn ich … *direkter* gewesen wäre, so wie Sie und Shw.«

»Sie? Vielleicht. Aber vermutlich nicht. Ted sagt, Sie beide hätten sich nie gestritten. Er meinte, Sie hätten immer nur vor sich hin ›geköchelt‹. So hat er sich ausgedrückt – *geköchelt*.«

»Stimmt. Das ist ein unattraktiver Zug. Heute tu ich das nicht mehr.«

Nickie sagte: »Ich versuch mal lieber, Gwendolyn zurückzuholen. Was wir nicht alles für die Familie tun – wie verworren die Beziehung auch sein mag.« Sie stand auf, drehte sich um und sagte: »He, jetzt sehen Sie sich mal diese beiden rattenscharfen Piloten an, die gerade den Plattenweg hochkommen.«

»Sie haben wohl keinen Knopf zum Ausstellen, was, Nickie?«

»Nein.«

Gerade als Nickie zur Damentoilette neben der Kasse hinüberging, traten die Piloten umwerfend gutaussehend und sonnengebräunt durch die Tür. Sie tauschte ein Lächeln mit dem weniger Gebräunten, der sie daraufhin um die Taille packte und ihr ein Stück Isolierband auf den Mund klatschte. Er brüllte: »Achtung – alle mal herhören! Wir haben gerade unsere erste Geisel genommen. Wenn einer von euch auch nur einen Mucks macht, pusten wir Malibu Barbie hier den Schädel weg. Keine Handys, keine Pager, kein Notruf – gar nichts.«

Der andere Pilot hob ein Gewehr, spannte den Abzug und jagte eine Tortenschachtel in die Luft. Der Schuss streifte Kevins Arm. Ein Blizzard aus Blut und Frühstücksresten zerstob auf dem Tresen und dem Fußboden. Gäste schrien; der Pilot zerschoss ein Fenster; zwei Menschen auf dem Parkplatz duckten sich und suchten Deckung hinter einer Hecke. Der weniger sonnengebräunte Pilot brüllte: »Schnauze, verdammt noch mal. Wir sind geschäftlich hier, und es ist uns ernst. Mein Freund Todd wird herumgehen und euch den Schmuck abnehmen. Ihr Franzosen steht doch alle auf Schmuck, und keinen Disney-Scheiß – ich wiederhole, *keinen Disney-Scheiß – ne pas de merde à la Disney.* Wenn mir einer mit irgendwelchen bescheuerten König-der-Löwen-Broschen oder Die-kleine-Meerjungfrau-Armbändern kommt, hackt Todd ihm zur Strafe einen Zeh ab.«

Die Franzosen schnatterten miteinander; der Pilot schoss einem von ihnen, einem Mann mittleren Alters, mitten in die Brust. Es wurde still im Raum. Janet sah, wie der metallene Gewehrlauf Nickies rechtes Ohr berührte; ihr fiel ein, wie ihr Vater, als sie klein war, so getan hatte, als würde er Vierteldollarmünzen aus ihrem Ohr ziehen. Ihr Kopf fühlte sich an wie ein einziger Wespenstich.

Unser Leben ist vor allem darauf ausgerichtet, die Pfeile

abzulenken, die die Gesetze der Wahrscheinlichkeit auf uns abschießen. Sobald wir dazu in der Lage sind, schirmen wir uns von willkürlichen Aktionen des Hasses und der Zerstörung ab. Das ist überall zu spüren – in den Wohnvierteln, die wir bauen, den Mauern zwischen unseren Häusern, dem Misstrauen, mit dem wir dem Unbekannten begegnen. Einer von sechs Millionen Menschen wird vom Blitz getroffen werden. Fünfzehn von hundert Menschen werden eine klinische Depression durchmachen. Eine von sechzehn Frauen wird Brustkrebs bekommen. Eins von 30000 Kindern wird mit einer schweren Gliedmaßenfehlbildung zur Welt kommen. Einer von fünf Amerikanern wird einem brutalen Verbrechen zum Opfer fallen. Ein Tag, an dem nichts Schlimmes passiert, ist ein Wunder, ein Tag, an dem von all den möglichen Unglücksfällen keiner eingetreten ist. Ein eintöniger Tag ist ein Triumph des menschlichen Geistes, und Langeweile ist ein beispielloser Luxus in der Geschichte unserer Spezies.

Janet stand von ihrer Bank auf und ging zu Kevin.

Der Typ mit dem Gewehr, der an der Kasse stand, sagte: »Zurück, Lady.« Nickie versuchte etwas durch das Isolierband zu schreien.

»Ich bin fünfundsechzig, Sie Pfeife. Von mir aus erschießen Sie mich, aber ich werde Kevin helfen. Ihre Kumpel haben bestimmt großen Respekt vor Ihnen, wenn Sie eine unbewaffnete fünfundsechzigjährige Dame abknallen.« Janet setzte sich neben Kevin und nahm seine Hand.

Pilot Nummer zwei, »Todd«, ging unterdessen von Tisch zu Tisch und ließ die Europäer ihren Schmuck in einem Baumwollbeutel versenken. Als eine Frau sich weigerte, sagte er: »Ach, Sie wollen nicht mitspielen?« *Peng.* Er schoss dem Mann neben ihr einen Zeh weg. Janet hörte Schreie und das leise Klirren von Münzen und Schmuckstücken, die in dem Beutesack übereinander fielen.

»Es wird Zeit«, brüllte der Typ, der Nickie in Schach hielt. *»Raus hier.«*

Todd kehrte genau in dem Moment zur Tür zurück, als

Shw, die von dem Drama im Restaurant nichts mitbekommen hatte, neben dem Eingang aus der Damentoilette kam. Der Pilot griff nach ihrer Handtasche, und sie riss sie gerade so heftig zurück, dass sich ihr Inhalt, Hunderte von Fünfzigdollarscheinen, über den Boden ergoss.

»O Mann«, sagte Nummer zwei und hielt kurz inne, um ein Bündel davon aufzuheben.

»Wir haben keine Zeit. Weg hier. Aber *dalli.*«

In einem Atemzug waren sie aus der Tür und auf und davon.

Nickie riss sich das Isolierband vom Mund. Sie schnappte nach Luft, als sei sie tief unter Wasser gewesen und hätte für die Dauer eines Traumes verzweifelt versucht, an die Oberfläche zu kommen.

Janet senkte den Blick. Das Linoleum vor ihr war voller Blut, ein dunkles, hustensirupartiges Violett. Nickie sprach mit ihr, aber sie konnte nichts hören – *keinen Ton.*

Niemand im Restaurant rührte sich. Der Geruch angebrannter Frühstücke wehte aus der Küche herein, wo sich, wie Janet später erfuhr, die Belegschaft in der Kühlkammer eingeschlossen hatte. Ein Dutzend Polizisten stürmte durch den Raum und brüllte: *Keiner bewegt sich!* Sanitäter schwangen sich auf dem Weg zu den verletzten Franzosen über Zwischenwände, Tische und Bänke. Fotografen waren bereits dabei, die Szene zu dokumentieren, und Kevins Blut wirkte im Schein der Blitzlichter schwarz.

Janet schaute hoch und sah, wie Shw Geldscheinbündel mit einer … *Gebäckzange?* aufsammelte. Ein Cop brüllte: »Nicht das Geld anfassen!«

»Das ist mein Geld, Sie Wichser. Diese Arschlöcher haben versucht, es mir abzunehmen.«

»Du meine Güte, Shw«, sagte Nickie, »woher hast du denn so viele Fünfziger?«

Der Geschäftsführer bestätigte, dass das Geld Shw gehörte, aber die Polizisten untersagten ihr trotzdem, das Beweismaterial zu berühren.

»Was? Meinen Sie, ich will das geronnene Blut erst abkratzen, wenn es getrocknet ist?«

»Lassen Sie es, wo es ist, Ma'am, oder ich werde Sie wegen Manipulation des Tatorts anzeigen.«

Shw schleuderte ihre Handtasche zu Boden. Sanitäter in Raumanzügen stürzten sich auf Kevin, während zwei Beamte sich von Nickie eine Beschreibung der beiden Gangster geben ließen: »Der eine war so Kevin-Costner-mäßig süß, aber seine Augen waren böse, als hätte er als Kind Käfer und Kleintiere gequält. Er hatte sehr schlechte Haut – zu viele Drogen, oder er ernährt sich nur von Süßigkeiten. Auf dem rechten Handrücken hatte er ein blau tätowiertes Keltenkreuz – ach ja, und er hatte ganz schön was in der Hose.«

»Das können wir in unserem Bericht nicht schreiben, Ma'am.«

Kevin wurde auf eine Trage gehoben, während Janet seine gesunde Hand festhielt. Die Sanitäter hatten ihn mit einem knisternden Laken aus Plastikfolie zugedeckt – einer Raumfahrtdecke. Unter dem Plastik verborgen wurde er zur Tür hinaus und ins Sonnenlicht geschoben, welches ihn und seine Metalldecke in einen glitzernden, zerknitterten Fertiggerichtbehälter verwandelte.

Janet redete mit den Polizeibeamten von Orange County, und dann war Nickie wieder an der Reihe. Während sie verhört wurde, sprach ein weiterer Polizist mit Shw. Es ärgerte Janet, dass sie nur Fetzen von dem aufschnappte, was Shw sagte …

»… ich bin mit denen hier« – Shw deutete auf Nickie und Janet –, »aber wir kennen uns kaum. Ich war mal mit dem Sohn der älteren Frau zusammen.«

War?

Shw war nicht gerade die personifizierte Herzlichkeit zwischen Jung und Alt. Sie wollte bloß weg, und zwar schnell. Schließlich durfte sie ihre restlichen Geldscheine aufsammeln. Der Geschäftsführer zeigte ihr den Schlauch hinter dem Restaurant, mit dem das Personal die Mülltonnen auszuspülte. Minuten später fanden Janet und Nickie sie dort. Sie hatte die gespülten Geldscheine zum Trocknen auf einem blendend weiß gestrichenen Sims ausgelegt, und nun krabbelten Ameisen darüber hinweg, die in den Spuren von Blutenzymen eine Mahlzeit witterten.

»Wir fahren gleich«, sagte Janet und fügte hinzu: »Du musst nicht mitkommen. Korrigier mich, wenn ich falsch liege, aber mir ist, als ob wir dich heute zum letzten Mal gesehen haben.«

Als Antwort spritzte Shw ihr Geld noch energischer ab.

»Tja, wie auch immer«, sagte Nickie, »in zwei Minuten sind wir rechtmäßig geschieden, da kannst du uns jetzt ebenso gut sagen, was es mit dem Geld hier auf sich hat. Reine Neugier, mehr nicht. Wenn ich's nicht erfahre, wird mich ein hohles, nagendes Gefühl plagen, bis zu dem Tag, an dem mich ein Bus überfährt.«

»Es ist *mein* Körper«, sagte Shw. Der Schlauch knickte ab, sie bückte sich, um ihn wieder gerade zu machen.

»Da komm ich nicht mit«, sagte Janet. »Kannst du uns vielleicht ein paar Hintergrundinformationen liefern?«

Shw hörte kurz mit dem Abspülen auf und sah Nickie an. »Also, Bryan hat Ihnen erzählt, dass ich abtreiben will, richtig? Das sieht ihm ähnlich – er ist ein todessüchtiger Schwachkopf.« Sie sprengte weiter und fuhr fort: »Diese Frau in Daytona Beach – ihr Mann handelt mit Auto-Ersatzteilen. Netter Typ, aber er trifft einfach nicht ins Schwarze, dabei wollen sie so gern ein Kind. Das ist alles. Danke, Internet. Dieses Geld hier ist also die Anzahlung. Bryan ist zwar ein Vollidiot, aber er sieht gut aus, und seine Schwester ist Astronautin – *das* hat mich in den sechsstelligen Bereich katapultiert. Dass ich abtreiben will, hab ich gesagt, weil ich mir dachte, wenn es mit dem Tod zu tun hat, würde er vielleicht Verständnis haben.«

Janet sagte: »*Moooment* mal – du willst das Baby *verkaufen?«*

»Tja, schöne Scheiße! Woher sollte ich wissen, dass er durchdrehen würde?« Sie sprengte immer weiter.

»Es gibt immerhin Gesetze.«

»Bitte mischen Sie sich da nicht ein, Janet, denn eigentlich mag ich Sie, und ich will, dass das so bleibt. Und überhaupt, wenn Sie mich doch finden, werde ich einfach sagen, ich hätte auf der Toilette eines Tastee-Freeze-Eiscafés eine Fehlgeburt gehabt.« Sie sah Janet ins Gesicht. »Ach, starren Sie mich nicht so verächtlich an. Das Kind gehört mir, und ich kann damit tun und lassen, was ich will.«

»Weiß Bryan von dem Deal?«

»Nein. Aber ich kann mir vorstellen, dass er bald davon erfahren wird.«

Shw führte den Schlauch bedrohlich nah an Janets Füße heran, und diese konnte Tröpfchen auf ihren Schienbeinen spüren. »Ich schätze, wir sollten lieber fahren.«

Janet und Nickie gingen zu ihrem Wagen und stellten dann fest, dass sie gar nicht wussten, wohin.

»Ich finde, wir sollten uns betrinken«, sagte Nickie. »Im Ernst. *Dürfen* wir das – in unserem Zustand?«

»Ich denke schon.«

Schweigend gondelten sie auf der Suche nach einem guten Elf-Uhr-morgens-Cocktail durch die Straßen.

12

Im Innern der Monorail-Bahn war es brütend heiß. Wade, Ted und Bryan sausten über einen Disney-World-See hinweg. Aufdringliche, emotionslose Musik hing in der Luft wie der Geruch vom Shampoo fremder Leute. Ted langweilte sich bereits, während Wade sich etwas vergrippt fühlte. *Früher bin ich mit der Hitze so gut klargekommen – sogar in jenen Sommern in Kansas City.* Nur Bryan schien in Feiertagslaune zu sein, er plapperte wie aufgezogen. »Hey, Dad«, sagte er. »Ganz schön cool, was? Du mit deinen Söhnen bei Disney World.«

»Ja, klar.«

»Macht einen irgendwie stolz, hm, Dad?« Bryan ließ nicht locker. Ted drehte sich um und sah Wade an, als wollte er sagen: *Stopf diesem Typen bitte das Maul.*

»Und ist das nicht echt Klasse – dass wir hier unten sind und Sarah ins All fliegt?«

Ted riss der Geduldsfaden. »Ich hab mein ganzes verdammtes Berufsleben als Ingenieur gearbeitet, damit Sarah und andere Leute ihres Schlags ins All fliegen und dazu beitragen können, den Rest unserer Spezies aus der Scheiße zu ziehen. Ja, Bryan, es kommt einem wirklich ›irgendwie klasse‹ vor, dass wir alle hier sind.« Die Monorail-Bahn war voll, Menschen starrten sie an. Greinende Kinder verstummten. Bryan machte ein betroffenes Gesicht.

Wade dachte: *Was für ein Depp. Wieso um alles in der Welt sollte Bryan auch nur einen Furz darauf geben, was Daddy von ihm hält? Und muss er sich dabei so verdammt lächerlich aufführen?*

Die geschlechtslose männliche Stimme aus dem Lautsprecher beschrieb lautstark ein polynesisches Wunderland zur

Linken und eine gigantische Blockhütte im Rocky-Mountains-Stil zur Rechten. Wade sann über seinen Vater nach. Was *hätte* die Welt Ted Drummond und Männern wie ihm denn zu bieten, einem Mann, dessen Nutzen für die Gesellschaft irgenwann zur Zeit von Windows 95 verpufft war? Golf? Gold? Börsendaten rund um die Uhr? Segelboote? Ein paar Extra-Jahrzehnte Leben? Was hatte so ein Macho denn über einen gewissen Punkt hinaus von der Gesellschaft zu erwarten? Oder auch von Florida – dem Land gigantischer Wissenschaftsvorhaben, die Leute wie sein Vater und dessen Golffreunde ausgebrütet hatten – eine Region, mit der es unübersehbar bergab, jedoch gleichzeitig stürmisch bergauf ging. Wade durchstöberte seinen mentalen Schnappschussindex von dieser Gegend, seine Erinnerungen an schwachsinnige Themenpark-Attraktionen, Crack-Höhlen, das Space-Shuttle, vor wertlosem Krempel berstende Einkaufszentren, Autobahnen, die ineinander verschlungen waren wie Elektrokabel, und die täglichen Abendnachrichten, die ihm vorkamen wie ein immer wiederkehrender Fiebertraum. Er dachte an die sengende Sonne und die schönen, todbringenden Kreaturen, die im trüben Wasser lauerten wie Blutergüsse, die darauf warteten, an dic Oberfläche zu steigen.

Wades Bieper ertönte, und er nahm eine 3TC-Kapsel, die er mit dem Bodensatz einer Dose Orangenlimonade herunterspülte. Er fühlte sich seekrank und schrieb das der Fahrt mit dem Monorail zu, der jetzt in einen großen, A-förmigen Betonbau einlief, den er vor dreißig Jahren mal im Fernsehen gesehen hatte. Früher war ihm das Hotel als die Zukunft erschienen, und jetzt sah es bloß aus wie … irgendein Gebäude. Er hätte nie damit gerechnet, dieses Bauwerk zu Lebzeiten zu Gesicht zu bekommen, und jetzt war er mittendrin.

Die Monrail-Bahn hielt am Magic Kingdom, und sie stiegen aus. Wade fiel das Gespräch wieder ein, das er vor seinem Aufbruch nach Disney World mit Beth geführt hatte: »Keine krummen Sachen, ist das klar? Es interessiert mich nicht, was für einen Deal du für deinen Dad arrangiert hast, aber *du* hältst dich da raus. Kapiert? Und es ist mir egal, wie viel Geld wir der Fortpflanzungsklinik oder wem auch immer schulden – ich will nicht, dass du im Knast sitzt oder auf der Flucht bist. Verstanden?«

»Mir passiert schon nichts.«

»Iss kein Junkfood. Du weißt, was die Klinik über Junkfood gesagt hat.«

»Ich weiß.«

Ted und Bryan suchten sich ein schattiges Fleckchen, wo es keinen Deut kühler war. Um sie herum schäumte eine Gischt von Vater-Mutter-Kind-Familien. Wade fragte sich unwillkürlich: *Wie viele dieser Väter flüstern im Büromaterialienlager Schweinereien in die Ohren von weiblichen Aushilfen? Wie viele verbringen ihre Mittagspausen in Motels? Und die Mütter – wie viele sind dabei, sich zum einsamen Mittagessen in der Küche, ein Glas Chardonnay anzugewöhnen? Wie viele fühlen sich eingesperrt und ungeliebt? Wie viele sind geradezu krank vor Eifersucht auf »dieses clevere junge Mädchen, das gerade die Marketing-Abteilung mit frischen Ideen auf den Kopf gestellt hat«? – Dieses clevere junge Mädchen mit einer Zukunft so groß wie Montana und Beinen wie Bambis Mutter?*

Die Stimme seines Vaters unterbrach seine Gedanken: »Woher kennst du eigentlich diesen Norm?«

»Aus Kansas City.«

»Was macht er?«

Was macht Norm? »Norm verdient seinen Lebensunterhalt mit Norm sein. Er lebt jetzt in Tampa.«

»Er ist unpünktlich.«

»Nein, ist er nicht. Wir sind nur auf die Minute pünktlich – das ist ein bisschen was anderes.«

Wumm! Aus heiterem Himmel lärmte eine Parade los, wie ein Wohnzimmer, das sich in eine Überraschungsparty verwandelt.

»Wenn man in diesen Park einen Stummschalter einbauen

würde, wäre er vielleicht ganz okay«, sagte Ted. Seine Stimme wurde lauter. »Holla, jetzt guck dir die Möpse der Kleinen Meerjungfrau an.«

»Das mit den Meerjungfrauen hab ich nie begriffen«, sagte Bryan. »Ich meine, wie soll man es denen denn besorgen? Und außerdem – sie hat 'n tollen Vorbau und so, aber sie ist zur Hälfte *Fisch.*«

»Bryan, sie ist eine gottverdammte Zeichentrickfigur, du Knallkopf.« Ted war so gar nicht in Bryan-Stimmung. Bald hatten die beiden nur noch Augen für die Schöne, die auf einem fahrbaren Balkon zusammen mit dem Tier an ihnen vorbeischwebte.

Wo ist Norm?

Wade war schwindelig. Die gleißende Sonne und die Menschenmassen machten ihn fertig. *Ich bin in Walt Disney World. Ich hätte nie gedacht, dass ich hier mal hinkommen würde, und jetzt bin ich's. Keine Zeitungen. Kein Müll. Nichts deutet auf die Welt außerhalb dieser Anlage hin – eigentlich wie bei einem Spielkasino. Zahllose Zerstreuungen. Es könnte 2001 sein, 1986 oder 2008. Und all diese jungen Eltern – so viel jünger als ich – keine alten Leute, abgesehen von Dad. Ein paar gelangweilte und verlegene Teenager. Und das soll lebensbejahend sein? Dieser Park ist ein kosmischer Traumvernichter. Alles, was man einem Ort wie diesem abringen kann, ist ein gruseliger kleiner Kitzel, der einen wissen lässt, dass das eigene Kind nie mehr als ein Kunde sein wird – dass die ganze Welt sich in ein Spielkasino verwandelt.*

»Wade.«

Es war Norm, eine Bohnenstange mit Pferdeschwanz, kein Kind im Schlepptau, die Haut von der blassgelben Farbe, wie sie Menschen mit einer überstrapazierten Leber haben. Er hatte einen Diplomatenkoffer in der Hand, einen Gegenstand, der in Disney World aus dem Rahmen fiel wie ein Maschinengewehr. Norm bedeutete Wade, er solle ihm in ein Nostalgie-Restaurant folgen, fort von der Menschenmenge. Wade schnappte sich Ted und Bryan und folgte Norm in das Lokal, wo dieser bereits einen Tisch in der hintersten Ecke besetzt hatte.

»Norm, das ist mein Dad, Ted, und mein Bruder Bryan.«

»Sehr erfreut.« Norm machte keine Anstalten, jemandem die Hand zu schütteln.

Es folgte ein Moment verlegenen Schweigens, und dann fragte Ted: »Also, Norm, was machen Sie so?«

»Ich trete in die Fußstapfen meines Vaters.«

»Was hat Ihr Vater gemacht?«

Wade mischte sich ein: »Dad, ich bin sicher, Norm hat keine Lust, hier ein Bewerbungsgespräch zu führen.«

»Lass nur, Wade. Ist schon in Ordnung«, sagte Norm. Er wandte sich Ted zu. »Nach dem Zweiten Weltkrieg verdiente mein Vater seinen Lebensunterhalt damit, gestohlene Kunstwerke ihren Eigentümern zurückzubeschaffen.«

»Anständig«, sagte Ted.

»Ja, sehr anständig. Sehr edel. Und Sie können sich wohl vorstellen, mit was für Angeboten, Verlockungen und Bestechungsversuchen mein Vater konfrontiert wurde. Und wissen Sie was? Er ist nicht *ein*mal schwach geworden.«

»Im Ernst?«

»Ja, Ted, im Ernst. Und aufgrund dieses Edelmuts haben wir unser Leben in einem Dreieinhalbzimmer-Monopoly-Häuschen in einem der kleineren Vororte von Kansas City verbracht.«

»Verstehe.«

Eine Kellnerin im historischen Kostüm unterbrach sie, um ihre Bestellung aufzunehmen. Sie orderten Eistee, und die Kellnerin ging wieder.

Norm fuhr fort: »Zum Glück hat mich der gute alte Dad oft auf seine Touren mitgenommen. Ich werde nie den Tag vergessen, an dem wir einem KZ-Überlebenden, dem früher eine Kaufhauskette in Baden-Württemberg gehörte, einen Rubens zurückbrachten. Mir wird immer noch ganz heiß und beklommen zumute, wenn ich daran denke. Aber das kommt eigentlich nicht allzu oft vor.«

Vier Eistee wurden auf den Tisch geknallt. Aus seinem Diplomatenkoffer holte Norm einen Flachmann mit Pfefferminz-Schnaps. »Das Lieblingsgetränk von Teenagern in aller Welt. Es macht meine Eingeweide kaputt, aber meinen Atem macht es minzfrisch. Das Leben ist eben eine Ansammlung kleiner Kompromisse.«

»Reden Sie weiter«, sagte Ted. »Sie wollten gerade von Ihrem Vater erzählen.«

Norm hatte offenbar genug Schnaps in seinen Eistee gekippt. »Also – der liebe alte Dad nahm mich mit auf seine Touren, und das größte Geschenk, das er mir je gemacht hat, war, dass es ihm ein moralisches Anliegen war, mich stolz darüber zu informieren, welche von seinen Klienten die größten Schmiergeldzahler, Charakterschweine und Drogendealer der Branche waren.« Er nippte an seinem Tee. »Lasst uns anstoßen –« Die vier Männer erhoben ihre Gläser. »Auf den lieben alten Dad.« Sie ließen die Gläser klirren, und dann nahm Norms Gesicht einen geradezu verträumten Ausdruck an. »Er ist 1981 vor El Paso mit seiner Piper Cherokee in eine Telegrafenleitung geraten, woraufhin ich den Familienbetrieb übernommen habe. Ich brauch wohl nicht zu erwähnen, dass ich nicht in einem Dreieinhalbzimmer-Monopoly-Häuschen wohne.«

Ted sagte: »Der Krieg ist seit über fünfzig Jahren vorbei, Norm. Meinen Sie, Sie können nach all den Jahren immer noch Geld damit verdienen, Kriegsbeute ausfindig zu machen und zurückzugeben?«

»Der Krieg? *Pffft.* Heute mache ich es mir zur Aufgabe –« Er stockte. »Gegenstände zu finden, Menschen zu finden und sie dann einander zuzuführen.«

Bryan sagte: »Dann sind Sie also kein Drogendealer.«

Norm brüllte vor Lachen. Ted versetzte Bryan einen Klaps auf die Brust. »Mann, Bryan, was bist du für ein Vollidiot. Halt besser die Klappe.«

Norm hörte gerade so weit auf zu lachen, dass er sagen konnte: »Nein, Bryan, keine Drogen.«

Am anderen Ende des Restaurant wurde es unruhig. *»Meine Damen und Herren, wir haben etwas Wichtiges bekannt zu geben. Die kleine Cicely an diesem Tisch wird heute acht Jahre alt. Bitte singen Sie ihr mit uns ein herzliches* ›Happy Birthday‹.« Die kleine Cicely, flankiert von zwei fotografierwütigen Eltern, versuchte tapfer, genug Freude zum Ausdruck zu bringen, um die Aufmerksamkeit, die ihr entgegengebracht wurde, zu rechtfertigen. Im Restaurant wie überall sonst im Themenpark erscholl ein Geburtstagsständchen. Am Ende des Lieds klatschten die Gäste, und Ted sagte zu Norm: »Dieser Laden geht mir tierisch auf den Keks. Norm, kommen Sie zur Sache. Wade sagt, Sie beide hätten irgendeinen Coup vor, bei dem ich mitmachen kann.«

Norm zog eine Augenbraue hoch, warf Wade einen verstohlenen Blick zu und sagte: »Einen Coup! Das Wort ist mir nicht mehr begegnet, seit ich das letzte Mal Faye Dunaway mit einer Nerzstola und einer pinkfarbenen Corvette über die Grenze nach Mexiko hab fahren sehen.« Er schaute Wade ins Gesicht: »Was ist denn das für ein Coup, Wade?«

So ein Arschloch. »Schon klar, Norm. Erzähl meinem Vater von diesem Kurierjob, umso schneller sind wir hier wieder raus.«

Norm sagte: »Also dann, Mr. Drummond, gestatten Sie mir, Ihnen und Ihrem Sohn das fragliche Artefakt zu zeigen.« Aus seinem Diplomatenkoffer holte er eine durchsichtige, wiederverschließbare Sandwichtüte. Darin steckte ein weißer Grußkartenumschlag, der wiederum durch zwei zusammengeschraubte durchsichtige Plastikscheiben geschützt war. Er seufzte und reichte den Umschlag Ted, dem prompt fast die Augen aus dem Kopf fielen.

»Heilige Scheiße. Ist es das, was ich denke?«

»Ja, Ted, das ist es.«

Bryan sagte: »Lass mich mal sehen«, und versuchte, sich den Brief zu schnappen, aber Ted schlug ihm mit einem Löffel auf die Fingerknöchel.

»Au! Das tut weh. Jetzt zeig doch mal.«

»Etwas mehr Respekt bitte, du Grünschnabel!«

Bryan betrachtete die Vorderseite des Umschlags. Da stand: *Mummy.* »Na toll. Was ist das – eine Karte, die zu irgendeiner gestohlenen ägyptischen Mumie führt oder so was?«

»O *Mann.*« Ted war vor Ehrfurcht stumm. Auch Wade stand geradezu unter Schock.

»Was ist denn los?«, fragte Bryan. »Das ist doch bloß ein Hallmark-Umschlag mit 'ner Karte oder so was drin. Nur ein –« Er erstarrte. »Der ist von der Beerdigung. Er lag im Sarg … *ihrem* Sarg.«

Norm nahm Ted den Brief aus der Hand und schob ihn in seinen Diplomatenkoffer. »Ja, Bryan, so ist es.«

»Lassen Sie mich noch mal sehen.«

»Nein.«

»Das *ist* doch der echte Brief, oder?«

»Wie gesagt, Bryan, ja, das ist er wirklich. Niemand gibt zehn Millionen Dollar für einen unechten Brief aus.«

Die Drummond-Männer saßen sprachlos da, als die kleine Cicely am anderen Ende des Restaurants ihre Geburtstagstorte anschnitt. Ein weiteres Lied wurde angestimmt, und Wade fiel in eine Art Trance. *»Eigentlich dürfte ich nicht müde sein, aber ich bin es trotzdem, und jetzt werd ich den Rest des Tages auf dem Zahnfleisch gehen. Und was zum Teufel macht Norm mit der Kopie eines Briefs von diesem englischen Prinz William aus dem Sarg seiner Mutter? Und warum muss Bryan so beschränkt sein? Und bitte, lieber Gott, lass Dad sein Geld verdienen, und dann lass ihn weit, weit weglaufen. Die Musik in diesem Laden – sie ist so laut und so nichtssagend. Und meine Lymphknoten tun so weh –«*

»Wade?« Bryan rüttelte Wade an der Schulter. »Alles in Ordnung?«

»Ich hab letzte Nacht nicht geschlafen.«

Ted sprach mit Norm. »Woher wissen Sie, dass der Brief echt ist?«

»O *bitte.*«

»Ist er geöffnet worden?«

»Nein.«

»Warum röntgen wir ihn nicht?«

»Wir röntgen ihn nicht, weil der Umschlag zum hauseigenen Briefpapier der königlichen Familie gehört, hergestellt aus gebleichter Birkenzellulose und innen mit Titanium beschichtet, das sowohl Röntgenstrahlen als auch telepathische Fähigkeiten abblockt. Der Brief da drin könnte genauso gut in 'ner Bleikiste liegen.«

»Wer kauft denn so was?«, fragte Wade.

»Wade, gerade *du* solltest wissen, dass die Leute praktisch jede Summe für fast alles zahlen.«

»Was soll das denn heißen?«

»Hach, sind wir gereizt. Der Käufer könnte ein reicher, statusgeiler Saudi sein, der sich ein soziales Lifting verpassen will. Er könnte auch ein Vertreter einer englandfeindlichen Splitterpartei sein, die mit dem Brief eine politische Gefälligkeit erpressen will. Oder der Erbe einer Billigkaufhauskette, der mal in eine Engländerin verliebt war. Wer weiß? Vielleicht ist es Franklin Mint, das größte Versandhaus für Sammelobjekte, und vielleicht wollen die ihn haben, damit sie lizensierte Kopien herstellen können.«

»Es ist dieser Kraut in Lyford Cay«, sagte Wade. »Stimmt's? Florian.«

»Du hast heute *wirklich* telepathische Fähigkeiten, Wade. Vielleicht kannst du damit den Umschlag durchdringen.«

»Was ist Lyford Cay?«, fragte Bryan.

»Das ist die Reiche-Leute-Gegend der Bahamas«, sagte Wade.

Doch das interessierte Bryan gar nicht. Er fragte Norm: »Können Sie ihn nicht mit Wasserdampf öffnen?«

»Nein«, sagte Norm. »Wir konnten unter anderem nur deshalb zehn Millionen Dollar dafür fordern, weil wir dem Besitzer garantieren, dass der Inhalt des Briefs ihm allein bekannt ist.«

Ted fragte: »Wie kommt man überhaupt an so einen Brief?«

»Sie wurde eingeäschert«, sagte Norm. »Das örtliche Krematorium wurde für einen Abend gemietet. Es ging ziemlich chaotisch zu. Da kommt schon mal was abhanden. Und so weiter.«

»Warum sollten sie sie eingeäschert haben? Ich dachte, sie wurde auf einer kleinen Insel in einem See beerdigt.«

»Bryan, glaubst du ernsthaft, die königliche Familie ist erpicht darauf, dass DNS wie die ihre einfach so herumliegt? Der Geheimdienst hat höchstwahrscheinlich ihr Boudoir nach alten Zehennagelschnipseln durchsucht und sie in der Toilette runtergespült. Prince Charles wird vermutlich ohnehin geklont wie ein Batteriehuhn. Das Königshaus wird von der Biotechnologie entweder enorm profitieren – oder es wird komplett von der Bildfläche verschwinden. Wie auch immer, wir sind Amerikaner. Der Abscheu vor der Monarchie wurde uns quasi in die Wiege gelegt.«

»Ist das traurig«, sagte Wade.

»Och, bu-*hu*. Bringt ihn einfach bis morgen Abend für mich auf die Bahamas. Du weißt ja, wo er wohnt.«

»Was springt für uns dabei raus?«, fragte Ted.

»Ein Prozent des Erlöses. In bar.«

»Wir machen's«, sagte Ted.

»Was meinst du mit *›wir‹*?«, fragte Wade, der sich mehr als über alles andere darüber ärgerte, wie Dad das Ruder an sich gerissen hatte. »Wessen Job ist das hier eigentlich?«

Ted sagte: »Wir hängen alle mit drin, Wade.«

»Was für eine liebevolle Atmosphäre«, sagte Norm mit einem väterlichen Lächeln.

»Norm, warum bringst du ihn nicht einfach selbst hin?«, fragte Wade.

»Weil, kleiner Wade, die Gendarme auf den Bahamas mich viel zu gut kennen. Du weißt doch, wie unangenehm die Leute dort wegen ein paar, wie soll ich sagen, ›nicht bezahlten Strafzetteln‹ werden können. Ihr drei werdet meine Mittelsmänner sein.«

Wade ließ sich nicht aus dem Konzept bringen. »Da ist doch noch was anderes, oder?«

»Ja, allerdings«, sagte Norm.

»*Dachte* ich's mir doch. Und was?«

»Also, die Sache ist die« – Norm senkte seine Stimme um eine Oktave – »eigentlich dürfte ich diesen Brief gar nicht *haben.*«

»Sag's nicht – die Leute, deren Eigentum dieser Brief in Wirklichkeit ist – falls Eigentum in diesem Fall überhaupt das richtige Wort ist – wollen ihn zurück.«

»Das könnte man so sagen.«

Wade sah seinen Vater an, dessen Blick ihm verriet, dass er bereits die Kasse klingeln hörte.

»Ihr drei werdet *richtig* Spaß haben«, sagte Norm. »Ich nehme an, ihr trefft euch nicht allzu oft.«

»Wann haben wir das letzte Mal etwas zusammen unternommen – nur wir drei?«, fragte Bryan.

»O Mann –« Ted hasste solche Fragen.

Wade sagte: »Wir haben im Odeon *Diamantenfieber* gesehen.«

Norm sagte: »Das *muss* ein Witz sein. Der Film ist *spätestens* 1973 angelaufen.«

Wade sagte: »Zum praktischen Teil: Wie kommen wir auf die Bahamas? Wenn wir wirklich mitmachen, schlage ich vor, dass wir uns beeilen, denn wir können nur bei Tageslicht rüberfliegen. Wir sollten so schnell wie möglich an die Ostküste fahren.«

»Wie kommt es, dass du so gut Bescheid weißt?«, fragte Ted.

Wade schwieg.

»Lasst uns einfach in der Stadt einen Jet chartern«, sagte Bryan.

»Ja, wir mit unseren goldenen Kreditkarten«, sagte Ted.

Norm sagte: »Ich muss mal mit meinem kleinen Peter Pan auf die Herrentoilette gehen und ihn ordentlich auswringen.« Er stand auf. »Wade, du übernimmst das Kommando.« Norm setzte sich in Bewegung.

»Junge«, sagte Ted, »der hat ja großes Vertrauen in dich.«

Norm drehte sich um. »Wade ist ziemlich vertrauenswürdig, Mr. Drummond. Sie sollten ihm eine Chance geben, es auch zu beweisen.« Wade grinste spöttisch, und dann fiel der Strom aus. Alle erstarrten.

Norm sagte: »Ein Stromausfall – in *Disney World*?«

Einen Geplapper wie in einem Bienenstock erhob sich im Restaurant. Draußen stand alles still.

»Man vergisst immer, dass Strom an einem Ort wie diesem ein entscheidender Faktor ist«, sagte Ted.

»Ich weiß«, sagte Wade. »Es ist, als würde hier alles mit Tinkerbells Elfenstaub betrieben.«

»Apropos, Peter Pan muss immer noch zum Klo.« Norm ging los, um nachzusehen, ob er die Herrentoilette am hinteren Ende des Restaurants benutzen konnte, kehrte aber gleich darauf wieder zurück. »Zu dunkel.«

»Sie haben Angst vor der Dunkelheit?«, fragte Ted.

»Ja. Ich geh jetzt los und suche eine Herrentoilette.«

Als er aus der Tür war, sagte Ted: »Der ist bekloppt.«

»Dieser *Bekloppte* erlöst dich von deinen Schulden«, erwiderte Wade. »Du könntest ein bisschen höflicher sein, weißt du.«

»Wie weit ist es bis zu den Bahamas?«, fragte Bryan. »Liegen die bei Mexiko?«

»Die liegen hundertzwanzig Meilen östlich von Miami.«

»Das ist ja nicht weit«, sagte Bryan.

Die drei saßen da und warteten darauf, dass Norm zurückkam. Schweigend grübelte Wade über den Brief nach. Was mochte wohl drinstehen? *Ich vermisse dich. Ich hatte dir noch Dinge zu sagen, die ich nie gesagt habe. Komm zurück. Lass mich nicht allein.*

Eine Kellnerin sagte, sie müssten auf Strom warten, bevor sie etwas zu essen bestellen konnten. Minuten verstrichen. Wade wurde langsam bewusst, wie ausgesprochen desinteressiert jeder von ihnen an der Gesellschaft der beiden anderen war. Beth hatte einmal gesagt, zwischen männlichen Wesen innerhalb einer Familie gäbe es nie ein wirklich enges

Verhältnis; nur zwischen Frauen entstünden intensive familiäre Beziehungen. Wade verstand jetzt, was sie gemeint hatte.

Der Strom ging wieder an, und die Restaurantgäste applaudierten. Wade sagte: »Ich geh ihn suchen.« Auf der nächsten Herrentoilette fand Wade nur einen Vater, der eine Windel wechselte, und einen Teenager, der sich die Hände wusch, die Kabinen waren leer. Er fragte den Vater, ob gerade eben ein Typ mit Pferdeschwanz da gewesen sei, und die Antwort lautete nein. Er suchte und fand das übernächste Herrenklo. Kein Norm in Sicht. Dann entdeckte er ein Stück weiter auf der Main Street USA einen kleinen Pulk Menschen, die sich um etwas scharten; Wade wusste sofort, dass das Etwas Norm sein musste. Er drängelte sich durch die Menge und sah eine Ärztin, die gerade mit ihrer Familie in Urlaub war, neben Norms Körper hocken. Sie sagte: »Er ist tot.«

»Tot?«

Die Frau sah ihn an. »Sind Sie mit ihm verwandt?«

Das Letzte, was Wade wollte, war mit Norm in Verbindung gebracht zu werden. »Nein – es ist nur, dass man eigentlich an einem Ort wie diesem nicht *stirbt*, oder?«

»Dieser hier schon. Herzinfarkt, wie's aussieht.«

Wade flitzte schnell wieder zurück zum Restaurant. Er setzte sich mit dem feierlichen Gebaren eines Menschen, der schlechte, aber interessante Neuigkeiten bringt. »Leute, sieht fast so aus, als wären wir jetzt auf uns gestellt.« Er griff sich den Koffer und ließ das Schloss aufschnappen.

Ted fragte: »Wovon redest du?«

Im Koffer, zwischen dem Schaumstofffutter des oberen und des unteren Deckels, lagen eine leere Schnapsflasche und der Brief.

13

Das letzte Mal, dass die Drummonds sich als Familie zusammengefunden hatten, war in einen warmen Juninacht in den 70ern. Ted und Janet Drummond gaben eine Party aus dem einzigen Grund, dass sie einer Menge Leute eine schuldeten. Damals hatten sie noch Freunde, und sie gaben auch noch eine Menge auf deren Meinung. Die drei Kinder gingen zur High-School, und Ted und Janet fühlten sich immer noch eher jünger als älter.

Sarah erzählte Wade später, dass sie und Bryan sich ein paar Stunden mit den Gästen unterhalten hätten, von denen die meisten mächtig einen in der Krone hatten. Dann setzten sie sich oben auf die Treppe und beobachteten die Menschen zu ihren Füßen. Mr. Laine, Teds Steuerberater und ein selbst ernanntes Schlitzohr, baggerte wie blöd Janet an. Ted stand neben der Musiktruhe, die er an jenem Nachmittag gekauft hatte, und erzählte einem Häufchen Menschen unanständige Witze. Wade hatte seinem Vater geholfen, das Gerät anzuschließen.

Kitty Henry fabrizierte ein Zigarettenbrandloch in Moms Lieblingscouch, und Helena, Moms beste Freundin, machte sich schamlos an Russ Hallaway heran, einen allein stehenden Romeo mit einem Baumpflegebetrieb, der Gerüchten zufolge ein ovales Bett hatte.

All das passierte in dem Moment, als der Polizeiwagen mit Blaulicht und Wade auf dem Rücksitz in die Auffahrt einbog. Die Haustür stand an jenem Abend offen, um sowohl frische Luft wie auch verwirrte Motten hereinzulassen. Als die Gäste das Blaulicht des Polizeiwagens bemerkten, lösten sie sich von ihrer jeweiligen Clique und drängten zur Tür. In diesem Moment war die Herb-Alpert-Platte zu Ende, und der schrille Partylärm von eben wurde zu einem leisen und neugierigen Summen.

Ted war zusammen mit ein paar Gästen aus der Tür getreten. Ein Polizeibeamter entriegelte gerade die Hintertür des Streifenwagens, worauf Wade, die langen Haare vor dem Gesicht, aus dem Wagen sackte. Der Beamte und sein Partner sprachen mit Ted, der daraufhin Wade mit der vollen Wucht seines Brustkastens und seiner Schultern einen Schlag in den Nacken versetzte, welcher den Jungen quer über den Rasen schleuderte. Die Gäste verstummten. Wade stand auf, schüttelte den Kopf, machte einen Hechtsprung und riss Ted zu Boden – und brach eine Schlägerei vom Zaum, aus der Fetzen eines unflätigen Dialogs drangen:

»Halt dich aus meinem Leben raus, du gottverdammter Naziarsch.«

»Warum behältst du nicht deinen Schwanz in der Hose, du kleiner Scheißer?«

»Ach, halt die Fresse. Ihr Vater hat sie gezwungen, es wegmachen zu lassen, Dad, und dich interessiert der Verlust eines Enkelkindes doch einen Scheißdreck.«

»Und da musstest du auf ihn losgehen, ja?«

Janet kam schrille Schreie ausstoßend aus dem Haus, und vier Gästen gelang es, Wade und Ted, die voller Grasflecken und Blutspritzer waren, auseinander zu zerren.

Die Cops fuhren wieder los, und die Gäste machten sich einer nach dem anderen zügig auf den Heimweg.

Wade ging nach oben in Sarahs Zimmer und kletterte durch ihr Fenster aufs Dach hinaus. Er hörte, wie Ted neue Platten auflegte, doch die Musik spielte in einem leeren, noch verrauchten Raum. Mom war unten im Fernsehzimmer, und Wade konnte sie weinen hören, während Helena sie mit Mitgefühl und Papiertaschentüchern versorgte.

Gegen zwei kletterte Sarah über die Zedernschindeln hinaus und rauchte eine Zigarette mit Wade – ihre erste und letzte. »Und, wie fühlst du dich – als Beinahe-Vater?«

»Ich weiß nicht. Das Baby war lebendig. Jetzt ist sie – oder er – es nicht mehr.«

Später stellte Sarah Vollkornkekse und eine Flasche Sprite auf die Fensterbank. Sie sagte Wade gute Nacht. »Ich komme mir vor, als würde ich Milch und Kekse für den Weihnachtsmann rausstellen.«

»Schlaf gut, Schwesterchen.«

Sarah sagte: »Wir werden nie wieder eine richtige Familie sein.«

Wade sagte: »Wie meinst du das?«

»Wir alle – zusammen unter einem Dach. Das ist vorbei.«

Wade überlegte. »Ich schätze, du hast Recht.«

Am nächsten Morgen in aller Frühe war er fort.

14

Die drei Männer fuhren mit Wades Mietwagen einen jungfräulich neuen gebührenpflichtigen Highway entlang. Ted saß am Steuer. Der Highway wirkte, als sei er erst vor zehn Minuten eröffnet worden, seine Kurven und Krümmungen wurden von den zahllosen unbezähmbaren Seen und Sümpfen diktiert, die den Staat wie Pockennarben überzogen. Highway-Schilder hatten ein paar Meilen weiter ein Autobahnkreuz angekündigt, das sie dann auf eine weitere, fast identische Straße bringen würde.

Sie waren unterwegs nach Cocoa Beach, südlich von Cape Canaveral. Wade hatte vor, Ted und Bryan dort bei Connor abzuladen, einem alten Pferdewettfreund, dessen Leben auf sein zehn Meter langes Chris Craft beschränkt war und auf das, was er Leuten abknöpfen konnte, die dumm genug waren, sowohl Motorboot als auch Kapitän für eine nachmittägliche Angelpartie zu mieten. Ein letztes Telefongespräch, bevor Teds Handy-Batterien den Geist aufgaben, bestätigte, dass Connor ein kleines Taschengeld gebrauchen konnte und er Ted und Bryan auf die Bahamas bringen würde. Gut. Danach wollte Wade seine Hände von den Idiotien des Tages reinwaschen, ins Hotel zurückfahren und seine Medikamente sowie ein paar zusätzliche Pillen gegen Übelkeit nehmen. Dann würde er seine Kredithaie anrufen und um Aufschub bitten. Mit denen zu verhandeln schien ihm gefahrloser, als sich mit seinem Vater und seinem Bruder herumzuschlagen.

Ihr Wagen war anscheinend der einzige auf den sauberen weißen Fahrbahnen, frei von jeder noch so schwachen Reifenspur. Allein Ted, der schlecht drauf war, weil er nichts gegessen hatte und weit länger mit jungen Leuten zusammen sein musste, als ihm lieb war, schmälerte dieses Vergnügen.

Streitlustig sagte er: »Nur dass ich das richtig verstehe, Wade: Ihr beide werdet ein Kind bekommen, obwohl du jeden Tag sterben kannst.«

Jedem anderen wäre Wade am die Gurgel gegangen und hätte ihn erwürgt. Aber angesichts der Tatsache, dass es sich hier um seinen Vater handelte, bereute Wade nur, dass er von der Schwangerschaft erzählt hatte. »Dad, so schnell werde ich nicht sterben, und Beth ist negativ, ebenso wie das Kind. Es ist alles in Ordnung.«

»Ja, klar.«

»Okay. Dann sei eben ein Arschloch. Mir doch egal. Du kannst mich an dem Zahlschalter da vorn rauslassen und dem Jackpot, der dir den Arsch gerettet hätte, auf Wiedersehen sagen.«

»Beruhige dich. Herr*gott* noch mal. Gib mir fünfzig Cent.«

Wade wühlte in seinen Taschen nach Münzen. Er spürte, wie in Bryan die Eifersucht auf das Kind pulsierte, das Wade erwartete und das nicht abgetrieben werden würde. »Bryan, du könntest auch mal in deinen Taschen nachsehen.« Er schaute sich um: Bryan hatte Prinz Williams Brief aus seiner Plexiglas-Schutzhülle genommen und streichelte ihn.

»Mensch, Bryan, steck den Brief wieder in die Tüte! Wie kommst du bloß dazu, die zu öffnen?«

»Ich wollte nur mal das Papier berühren. Ist das so schlimm?«

Bryan schob den Brief wieder in die Tüte und machte einen schwachen Versuch, Geld in seinen Taschen zu finden. Der Wagen hielt am Schalter, sie zahlten und fuhren durch.

Wade sah seinen Vater an. Das Licht im Auto war hart, und plötzlich bemerkte er in seinem Gesicht eine Zerfurchtheit, die er vorher nicht wahrgenommen hatte. Er wusste, dass sein eigenes Gesicht in dieser Beleuchtung eingefallen und leidend aussah. »Also, Dad, du denkst ernsthaft, dass ich nächste Woche tot bin, ja?«

»Äh – nein. Meine Güte. Tut mir Leid, dass ich überhaupt davon angefangen habe. Ich finde nur, du hättest mal darüber nachdenken können, wer sich in ein paar Jahren um das Kind kümmern wird.«

»In ein paar Jahren.«

»Ja.«

»Ein paar Jahre, was heißt das – fünf? Zwanzig?«

»Ich weiß nicht. *Zwei?*«

»Aha, da hätten wir also eine konkrete Zahl. Du glaubst, dass ich in zwei Jahren tot sein werde.«

»Äh, ja. Ist das ein Verbrechen?«

»Halt an.«

»Sei doch nicht so melodramatisch. Vielleicht bist du nicht in zwei Jahren tot. Dann hab ich Unrecht, und du stirbst nicht. Na toll.«

»Halt verdammt noch mal an, hab ich gesagt!«

Bryan grunzte auf dem Rücksitz.

Wade steckte sich den Zeigefinger in den Mund, zog ihn mit glitzernder Spitze wieder heraus und streckte ihn seinem Vater entgegen. »Halt an.«

»Sei kein Idiot, Wade.«

»Halt an, oder ich berühre dich – und dabei stecke ich dich wahrscheinlich *an*.«

Wade sah eine Ader auf Teds Stirn hervorquellen. Er wedelte mit seinem Finger noch dichter vor Teds Gesicht herum. »Halt an ... *Dad.*«

Wade berührte die Wange seines Vaters. Ted schrie auf und trat auf die Bremse, wodurch der Wagen einen Satz zur Seite machte und sich quer zur Fahrbahn stellte. Ein Quietschen ertönte, das Knirschen von Schotter, und dann vollführte der Wagen einen astreinen doppelten Überschlag wie in einer Polizeiserie aus den 70ern. Er flog über eine niedrige Leitplanke und landete unterhalb einer Böschung in einem Gestrüpp aus scharfkantigen, wilden, piksigen Gräsern. Der Motor schnurrte immer noch ruhig vor sich hin. Eine Straßenkarte flatterte von der Decke herunter auf die Mittelkonsole. Draußen war alles still; der leere Freeway war ebenso außer Sichtweite wie auch aus dem Sinn. Alles war genauso wie vor ein paar Minuten und zugleich vollkommen anders.

Die drei saßen still, als könnte die kleinste Bewegung die Wucht des Geschehens reaktivieren. Sie fluchten und schauten sich langsam um. Bryan begann zu johlen: »O *Mann*, Dad – das ist das Grauenhafteste, was du je verbrochen hast. Du bist *grandios*! Du bist der *Größte*!«

Es war unmöglich, den Wagen hoch und auf die Straße zu bekommen. Der rechte Vorderreifen versank im Rand eines trostlosen, unansehnlichen Sumpfes. Sie waren geradewegs in eine nichtmenschliche Ära zurückversetzt worden. Ted stellte den Motor aus, und sein Körper verfiel in eine Art Schockstarre. Wade öffnete seine Tür, und die Alarmanlage machte *ding-ding-ding*. Er sah sich die Autoleiche von draußen an. »Du Arschloch! Dieser Wagen ist auf Beths Namen gemietet. Hast du irgendeine Ahnung, wie lange sie gearbeitet hat, um ihre verdammte Kreditwürdigkeit zurückzubekommen? Das Dach sieht aus wie ein gottverdammter Käsehobel.«

Teds Erstarrung löste sich ein wenig, er stieg aus und musterte den Wagen. »Entspann dich. Uns ist schließlich nichts passiert.«

»Nichts passiert? Wir sind *erledigt.* Und ich hab ihr auch noch davon abgeraten, den maximalen Versicherungsschutz zu nehmen. Sie wird verdammt noch mal *ausrasten.*«

Bryans Hormone und Enzyme, immer noch unter Schock, flitzten wie Gewehrkugeln in seinem Körper umher. »Dad, du bist *unschlagbar.* Kein einziges kaputtes Fenster. Selbst die Rückfenster sind unversehrt. Mann – das war so cool, es – autsch! Aua! So 'n *Mist* …«

»Bryan«, fragte Wade, »was ist denn jetzt wieder los?«

»Mich hat grad 'ne Ameise gebissen.«

»Eine was?«

»Eine *Feuer*ameise. *Kacke.* Ich sitze mitten in einer Feuerameisenkolonie.« Bryan hatte sein rechtes Bein genau auf den Haupteingang eines Ameisenhaufens gestellt. »He, Bryan – die krabbeln überall auf dir rum – sogar bis hoch zu deinem Hals. Scheiße.«

Quietschend wie ein bremsender Zug versuchte Bryan die Tiere mit energischen, aber wirkungslosen Windmühlenschlägen abzustreifen. Seine Schreie erreichten fast unhörbare Tonhöhen.

Ted sah ein bisschen benommen aus. »Mensch, Dad«, sagte Wade. »Könntest du uns hier draußen vielleicht mal helfen? Bryan wird bei lebendigem Leibe aufgefressen.« Er wandte sich wieder Bryan zu: »Bryan, zieh dein Hemd aus. Die Ameisen kriechen unter den Stoff, dein Geruch macht ihnen Angst, und dann beißen sie nur noch mehr.«

Bryan wurde nur noch hysterischer. Wade riss ihm das Hemd vom Leib und befahl ihm, seine Jeans auszuziehen. Bryan war am ganzen Körper zerbissen; ein paar tote Ameisen baumelten wie blutfarbene Ohrringe an seiner bleichen Brusthaut. Wade klopfte sie ab. »Jetzt sind sie weg, Bry.«

Bryan lief zu einem Felsbrocken und hockte sich wimmernd darauf. Er bedeckte seinen Kopf mit den Händen und begann sich hin- und herzuwiegen.

Ted brüllte: »Hör auf, dich wie ein Mädchen aufzuführen, Bryan, und komm rüber und hilf uns, den Wagen aus dem Schlamm zu ziehen.«

»Ach, wir fahren einfach den kleinen Felsvorsprung dort hoch und zurück auf die Autobahn?«

Wade und sein Vater wetzten die Messer.

»Das reicht, du wandelnde Zeitbombe. Ohne dich und deine kindischen Spielchen wären wir immer noch auf der Straße.«

»Du bist der schlechteste Fahrer des ganzen verdammten Landes. Du hast den Wagen in den Sumpf gesetzt, nur um nicht von mir angefasst zu werden.«

»Du klingst wie 'ne Seifenoper.«

»Das hier ist keine Seifenoper, es ist das wahre Leben, und

eher würdest du uns alle umbringen, als dich von mir berühren zu lassen.«

Ted sagte nichts. Wade ging auf ihn zu. Ted versuchte, cool zu bleiben, aber er begann zurückzuweichen. Genau in dem Moment schrie Bryan: »Der Brief!« Er deutete auf den Sumpf. Der Wind hatte Prinz Williams in der wiederverschließbaren Plastiktüte versiegelten Brief hinaus in den Sumpf geweht und trug ihn zunehmend schneller fort. Ted stand da wie angewurzelt, und Wade packte ihn. Er raffte seine schwindenden Kräfte zusammen und schubste seinen Vater in den Sumpf. »Du holst jetzt sofort den Brief, du Wichser. Das ist deine einzige Chance, deinen Arsch vor dem Bankrott zu retten.«

»Ich bin ganz voller Schlamm!«

»Hol den Brief!«

»Da sind vielleicht Alligatoren drin.«

Wade ging zum Rand des Sumpfs, hustete einen Schleimkloß hoch und spuckte ihn auf seinen Vater, verfehlte ihn jedoch knapp. »Ich oder der Brief. Du hast die Wahl.«

Ted drehte sich um und jagte dem Brief hinterher. Beim dritten Schritt tauchte er brusttief in das braune Wasser ein. Er paddelte ein paar Meter hinaus, packte den Brief, schnappte nach Luft und steuerte zurück ans Land, doch da stand Wade und würgte noch mehr Schleim hoch, spuckte ihn auf den Boden und sagte: »Und jetzt – *entschuldige* dich bei mir.«

»Wofür?« Ted hielt den Brief in der Hand.

Wade rotzte einen Qualster raus, der auf Teds Stirn klatschte wie ein Ei auf eine Windschutzscheibe. Ted schrie auf, tauchte unter und fuchtelte mit der anderen Hand herum, um sich die Rotze abzuwischen. »Für alles.«

Ted kam wieder an die Oberfläche. »Es tut mir Leid. Scheiße – es tut mir Leid.«

Wade hustete einen weiteren Schleimklumpen hoch und feuerte ihn auf seinen Vater ab. »Das *meinst* du nicht so.«

Ted schrie wieder auf und tauchte ab, sodass ihn die Speichelbombe verfehlte. »Wie soll ich's dir denn beweisen? Ich werd noch in diesem Sumpf ertrinken.«

»Nicht, bevor die Blutegel dir das Blut ausgesaugt haben. *Uuh* – Blutegel – daran hatte ich gar nicht gedacht. Dralle, saftige Blutegel, die dein Blut saugen und hübsche große offene Löcher hinterlassen, in denen die Viren aus meinem Speichel gären und sich vermehren werden.«

»Bryan! Dein Bruder hat sich in ein perverses Monster verwandelt. Halt ihn mir vom Leib.«

Bryan saß immer noch auf seinem Stein. »Auf *keinen* Fall werde ich in die Nähe dieses Ameisenhaufens gehen. Da musst du alleine durch.«

»Ach Scheiße. Du hast gewonnen«, sagte Ted.

»Inwiefern hab ich gewonnen?«, fragte Wade.

»Wenn du aufhörst, mich zu bespucken, verspreche ich, dass du das Blutegelloch oder den Kratzer oder die Wunde oder was auch immer das ist, was ich da unten habe, berühren darfst, wenn ich aus diesem Höllenpfuhl raus bin.«

»Woher weiß ich, dass du nicht lügst?«

»Ich lüge nicht.«

»Versprich mir, dass deine Mutter zur Hölle fahren wird, wenn du lügst.«

»O Mann, bist du krank.«

»Sag es!« Wade wusste, dass das Einzige, was auf Ted wie Kryptonit wirkte, die Erinnerung an seine seit ungefähr fünfzehn Jahren tote Mutter war.

Ted brüllte: »Halt verdammt noch mal dein Maul.«

Wade hustete einen weiteren Schleimklumpen hoch – das ging heute schnell und leicht, kein gutes Zeichen, was seine Gesundheit anbetraf – und machte sich bereit, ihn auf seinen Vater rotzen. Stattdessen spuckte er ihn auf den Boden. »Ja, Dad, deine eigene Mutter, Grandma Drummond, die mit lauter Engeln im Himmel umherschwebt, Cremetörtchen isst und Kontrakt-Bridge mit all ihren Freundinnen spielt, bis sie für alle Ewigkeit hinunter in die Hölle gerissen wird, um dort für immer zu schmoren und zu verrotten, wenn *du* dein Versprechen brichst.«

Ted trat Wasser.

Wade wusste, dass er den richtigen Knopf gedrückt hatte. »Ich warte.«

Ted gab nach: »Du hast gewonnen.« Er schwamm an Land. Wade reichte ihm eine Hand, um ihn aus dem Schlamm zu ziehen, der furzte, als Ted sich daraus löste, wobei er einen Schuh verlor. Ted beeilte sich, trockenen Boden unter die Füße zu bekommen. »Gott sei Dank.« Er klatschte den Brief auf die Motorhaube des Wagens.

Wade kommandierte: »Krempel deine Hose hoch.«

»Ach, halt's *Maul.*«

Wade stürzte sich auf Ted. Gras knisterte dort, wo sie in den Dreck fielen. Wade packte Teds sich windendes Bein. Er drückte mit seinem ganzen Gewicht Teds Brustkorb zu Boden und krempelte seinen Hosensaum hoch. Auf seinem Bein entdeckte er eine Vielzahl kleiner, blutender Schnittwunden.

»Du hast gewonnen. Berühre meine Wunden. Was *bist* du bloß für ein Monster. Infizier mich.«

»Das werde ich. Los geht's: Eins, zwei, drei.« Wade berührte eine blutende Wunde mit einer trockenen Fingerspitze und nannte seinen Vater ein ignorantes Arschloch, dann sackte er im Gras zusammen und schloss die Augen.

Eine Stunde später humpelten die drei Männer den Highway entlang – Ted mit nur einem Schuh, Bryan, der, hemdlos und verschwollen, mit gespreizten Beinen ging, damit es nicht so scheuerte, und Wade, der sich noch kränker fühlte als zuvor. Dann merkte Wade, dass etwas nicht stimmte: Die Sonne stand falsch, links statt rechts – was bedeutete, dass Bryan sie in die falsche Richtung gelotst hatte und sie die vielen Meilen, die sie seit dem Unfall zurückgelegt hatten, umsonst gegangen waren. Ted versetzte Bryan einen Schlag auf den Kopf und beschimpfte ihn als Vollidioten, aber Wade ging dazwischen und sagte: »Dad, schlag uns nie wieder.«

Ted zog ein beleidigtes Gesicht. »Das ist immer noch Bryan, und der ist immer noch eine totale Niete.«

Wade stieß ein angewidertes *Pffft* aus und sagte: »Und *du* nicht?«

»Zumindest –«

»Ach, sei still. Wir hören ohnehin nicht mehr auf dich.«

Dann und wann röhrte ein Fahrzeug vorbei, meistens ein Wohnwagengespann, das ihnen keinerlei Beachtung schenkte. Die üblichen Schwärme von Highway-Cops und verschiedenen anderen Gesetzeshütern hatten jenen Tag gewählt, um diesen einsamen Autobahnabschnitt zu meiden.

»Wir sollten zur Mautstelle laufen«, sagte Wade.

Bryan sagte: »Da müssen wir zehn Meilen wieder zurück.«

»Wenigstens würden wir dann in die richtige Richtung gehen«, sagte Ted.

Eine Welle der Übelkeit überkam Wade, und er wusste, dass er keinen Schritt weiter laufen konnte. »Ich muss hier bleiben«, sagte er.

Ted und Bryan wechselten Blicke.

»Ja, ich bin krank. Zufrieden? Jetzt geht ohne mich weiter. Ihr habt die Nummern und Adressen und so weiter. *Geht* einfach. Es kommt bestimmt bald ein Cop und findet mich.«

Genau in dem Moment fuhr ein weißer Viertürer vorbei. Hundert Schritte weiter kam er quietschend zum Stehen.

»Eine guter Samariter«, sagte Bryan. »Gott sei Dank.« Eine ziemlich kleine Frau stieg aus dem Wagen. Es war Shw. Bryan sagte: »Ach du Scheiße.«

»Was zur Hölle macht ihr drei Versager hier draußen auf dem Freeway? *Himmel,* Bryan, du siehst aus wie Schweinchen Dick. Was ist denn mit euch passiert? Warte, sagt's nicht – ich will es wahrscheinlich gar nicht wissen.«

»Nimm uns einfach mit bis zur Mautstelle.«

»Nein. Ich verlasse dich und deine Freakshow-Familie. Idiotisch von mir, überhaupt anzuhalten, um euch drei Versager zu fragen, was ihr hier macht. Was *macht* ihr denn hier?«

»Dad hat sich vor ein paar Meilen mit dem Wagen überschlagen. Wir sind auf dem Weg zu –«

Shw hob die Hand und sagte: »Kein Wort mehr.«

»He – wo hast du das Auto her?« Bryans Ton hatte sich merklich verändert.

»Das hab ich gemietet, du Schwachkopf.«

»Von welchem Geld?«

»Von meinem Geld.«

»Du hast kein Geld.«

»O Mann, bist du blöd, Bryan.«

»Bezahlt man heutzutage tatsächlich Leute dafür, dass sie ihre Babys umbringen lassen?«

»Ich bin weg.« Sie machte die Tür auf.

»Warte!«, rief Wade. »Mir ist hundeelend. Bring uns einfach zu einer Tankstelle und vergiss uns wieder.«

»Ich will euch drei nicht in meinem Wagen haben.«

»Wir setzen uns in den Kofferraum.«

Das schien in Shws Augen tatsächlich irgendwie Sinn zu machen. »Warum sollte ich das tun?«

Ted meldete sich erstmals zu Wort. »Vielleicht nur um uns zu beweisen, dass du keine totale Eff-o-tee-zet-e bist.«

»Ihre honigsüße Rede rührt meine Seele.«

Shw stieg ins Auto und knallte die Tür zu.

Bryan sagte: »Danke, Dad – das war's mit unserer Mitfahrgelegenheit«, aber zur Überraschung aller legte Shw knirschend den Rückwärtsgang ein und raste derart schnell auf sie zu, dass sie einen Luftsprung machten. Sie drückte einen Knopf, und der Kofferraumdeckel ging auf. Durch einen Fensterspalt sagte sie: »Ihr habt zehn Sekunden zum Einsteigen. Zehn, neun, acht, sieben, sechs …«

Die drei kletterten hinein; aus irgendeinem unerfindlichen Grund roch der Kofferraum nach Fisch und scharfen Chemikalien. Als sie auf die Straße einbogen, wurden sie eingequetscht wie Welpen in einem Korb. Wade hob auf der rechten Seite mühsam den Kopf und übergab sich auf das Rücklicht, woraufhin Ted auf der linken Seite versuchte, sich so weit wie möglich von ihm wegzuzwängen. Bryan begann durch die Holztrennwand hinter den Rücksitzen mit Shw zu sprechen. »Ich liebe dich, Shw. Es ist mir egal, was du mit dem Kind machst. Ich liebe *dich*. Ich liebe *dich*.« Shws Reaktion bestand darin, einen Dance-Song von Gloria Estefan voll aufzudrehen. Minuten später bogen sie in eine Citgo-Tankstelle ein, wo Shw sie anbrüllte, sie sollten aussteigen. Ted und Wade gehorchten, Bryan hingegen nicht.

»Bryan, es ist vorbei, okay? Jetzt steig aus meinem Auto.«

»Nein.«

»Wie du willst.« Sie legte mit angezogener Handbremse einen spektakulären Rückwärtsdreher hin und setzte den Wagen dann mit beträchtlichem Tempo in eine Beton-Werbetafel für einen Rundgang durch die Universal-Studios, die hinter der Tankstelle aufragte. Bryan wurde hinauskatapultiert wie ein Springteufelchen. Shw brauste mit quietschenden Reifen los und war im Nu verschwunden.

Wade spülte sich gerade mit einem Schlauch ab, als Bryan auf ihn und Ted zuhumpelte.

»Du hast wirklich einen erlesenen Frauengeschmack, Bryan«, sagte Ted.

Als Antwort bespritzte Wade seinen Vater mit dem Schlauch, und Ted sagte: »O Mann, seid ihr empfindlich.«

In dem Moment verzog Bryan das Gesicht.

»Jetzt sag nicht –«, sagte Wade.

»Ich glaub's nicht«, sagte Ted.

Bryan hatte den Brief im Kofferraum gelassen.

»Ich bin eben eine Niete.«

15

Janet und Nickie kicherten wie Zeichentrickmäuse, als sie eine Biker-Bar betraten, um sich nach dem Überfall einen Cocktail zu gönnen. Nach dem Fiasko am Morgen war eine Biker-Bar ein Kinderspiel für sie. Eine halbe Stunde später hatten sie drei Drinks intus, und eine weitere Runde war in Arbeit. Inzwischen hatten sie sich ein wenig beruhigt. Sie beobachteten den Billardtisch, wo Männer, die garantiert Besitzer von Kampfhunden waren, eine Partie anstießen. Nickie sagte: »Ich frage mich, ob Shw diesen Rowdys hier auch so auf der Nase herumtanzen würde.« Dann stieß sie einen angewiderten Laut aus. »Ach, die kann uns mal.« Sie wandte sich Janet zu: »Janet, erzähl mir mehr von Helena. Um ehrlich zu sein – ich weiß wirklich nicht, was passiert ist.«

»Ach Gott, Helena –« Janet seufzte. »Wo soll ich anfangen? Sie war meine beste Freundin. Wir haben in den 50er Jahren zusammen studiert. In Toronto. Ich war die Verklemmte und sie die Flippige. Wir waren ein gutes Gespann. Als ich Kinder bekam, hat sie sich ein bisschen zurückgezogen – sie war eine Anhängerin des Sixties-Feminismus, und dann stand sie auf New Age und Kunsthandwerk und Umhängetücher und selbst gegossene Kerzen und all diesen esoterischen Kram. Aber wenn Helena da war, hatte ich das Gefühl, dass man im Leben so viele andere Dinge tun konnte außer Hausfrau sein. Sie hat mich davon überzeugt, dass der schmale Pfad, den ich eingeschlagen hatte, keine Sackgasse war.«

Zwei Screwdriver wurden serviert. Janet hob ihr Glas: »Auf alle unmöglichen Freundschaften.« Jede der Frauen nahm einen Schluck, und Janet fuhr fort: »Ich bin mit Ted und den Kindern nach Vancouver gezogen, und sie ging ungefähr zur gleichen Zeit in den Westen – Vancouver war damals eine richtige Hippie-Stadt –, und die Kinder fanden es toll, wenn Helena uns besuchen kam, weil sie so anders war als alles, was sie kannten. Sie hat mir Lust aufs Kochen gemacht. Ach – das war eine ihrer großen Begabungen – sie war eine phantastische Köchin.«

»Was ist denn passiert?«, fragte Nickie.

»Es war so absurd«, sagte Janet. »So verdammt absurd.«

»Red weiter.«

Janet erzählte es ihr, obwohl sie selbst immer noch versuchte, es zu begreifen. An einem todlangweiligen Mittwochnachmittag vor ein paar Jahren hatte sie aus dem Fenster geschaut und Helenas Wagen vorm Haus halten sehen. *Helena ist da – wie herrlich!* Sie hatten sich in letzter Zeit ziemlich entfremdet – Helena hatte eine seltsam säuerliche Abneigung gegen Janets politische Ansichten entwickelt, die, wie Janet zugeben musste, eher lau waren. Als sie den Wagen sah, glaubte Janet, ein Waffenstillstand sei in Sicht, und ihre Stimmung hob sich. Sie öffnete die Haustür und sah Helena nur mit Blue Jeans, Motorradstiefeln und ... sonst nichts bekleidet aus ihrer Chevette steigen. »Ihre Titten wogten einfach so im Wind. Außerdem war es ein kühler Tag.«

»Ach du liebe Güte.«

»Allerdings. Clem und Judy Payne von nebenan hätten beinahe einen Anfall gekriegt. Ich meine, du kannst dir einfach nicht *vorstellen*, was für ein merkwürdiges Bild eine Frau abgibt – dazu noch eine äußerst vollbusige Sechzigjährige –, die praktisch im Evakostüm herumläuft.«

»Ich versuch's, aber –«

»Genau. Das Groteskeste, was ich je gesehen habe. Vielleicht gehen in fünfhundert Jahren alle Mädels oben ohne, aber 1996 in West Vancouver? Schockierend. Schockierend. Einfach *schockierend.*«

Janet hatte die Haustür geöffnet, als sei nicht Ungehöriges an der Situation.

»Hi, Jan.«

»*Helena* – was in Gottes Namen ... Komm *rein* – komm ins Haus.«

»Noch nicht, Jan. Das Wetter ist so schön. Ich möchte mich noch ein bisschen sonnen.«

»Helena, es ist *nicht* sonnig, es ist bedeckt und eiskalt draußen, und du bist *nackt.* Komm ins Haus.«

»Was *bist* du bloß verklemmt, Jan.«

»Ich bin *nicht* verklemmt,.«

»Hör dich doch an.«

Nickie lauschte gebannt der Geschichte, die Janet noch nie jemandem erzählt hatte.

»Natürlich hielt zehn Sekunden später ein Streifenwagen hinter Helenas Auto in der Einfahrt. Das ist ein ständig wiederkehrendes Motiv in meinem Leben – Streifenwagen, die in der Einfahrt halten – so beginnen und enden meine Lebensphasen.«

»Und dann?«

Janet spulte im Kopf den Film ab: die Polizeibeamten – ein Mann und eine Frau – näherten sich in indifferenter, förmlicher Manier der Haustür. Janet machte eine *Was-soll-ich-bloß-tun?*-Geste, während sie beobachtete, wie die Polizisten auf Helena lossteuerten. Sie fragten, ob sie nicht lieber ins Haus gehen wollten, aber Helena sah nicht ein, wieso das nötig sein sollte.

Die Polizisten sagten zu Helena: »Wenn wir einfach hineingehen könnten, Ma'am –«

Helena antwortete nicht.

»Ma'am? Bitte.«

»Nein. Es gefällt mir hier draußen. Ich werde mich auf diese Stufe setzen und das Wetter genießen.«

Die halbwüchsigen Söhne der Familie Kim waren draußen auf ihrer Veranda und beobachteten, wie sich die Dinge entwickelten. Rasch war ein Fernglas zur Stelle. Auch die Paynes wichen keinen Schritt von ihrem Ausguck.

Helena sagte: »Wenn in der Sonne sitzen und die Natur

genießen ein Verbrechen ist, bekenne ich mich schuldig. Verhaften Sie mich. Andernfalls lassen Sie mich in Ruhe. Janet – bitte sag diesen Leuten, sie sollen dein Grundstück verlassen.«

Janet und Nickie nippten an ihren Drinks. Janet fuhr fort: »Die Cops versuchten an ihre Vernunft zu apellieren, aber es war nun mal keine vernünftige Situation, und es kam nichts dabei heraus. Die Kinder der Kims hatten inzwischen per Handy ihre Freunde herbeitelefoniert, und plötzlich standen aus heiterem Himmel etwa ein Dutzend halbwüchsiger Jungs auf der anderen Straßenseite und gafften. Einer von ihnen filmte das Geschehen mit einem Camcorder. Es kam mir vor wie *unter Wasser oder in einem Traum*. Die Polizistin erklärte Helena, sie werde sie verhaften müssen, und Helena antwortete: ›Okay.‹ Ich meine, die Beamten haben sich ein Bein ausgerissen, um ihr jede erdenkliche Chance zu bieten, ihr Gesicht zu wahren, aber nein.«

»Ei-jei-jei.«

»Ich weiß. Also versuchte die Polizistin, Helena Handschellen anzulegen, Helena verlor die Nerven und versuchte sie zu beißen, der Typ kam seiner Kollegin zu Hilfe, Helenas Titten flogen umher, und plötzlich fing sie an, *›Hilfe, ich werde vergewaltigt!‹* zu schreien. Ich stand bloß völlig entgeistert daneben. Dann merkte sie, dass ich keine Anstalten machte, den Polizisten Einhalt zu gebieten, und sie begann mir die übelsten Beschimpfungen an den Kopf zu werfen. Wenn man Söhne im Teenageralter hat, gewöhnt man sich daran, beschimpft zu werden – aber plötzlich fing sie davon an, dass …«

»Was?«

»Sie fing plötzlich davon an, dass sie eine Affäre mit meinem Vater gehabt hatte – jahrzehntelang, wie sich herausstellte. Ich habe ihr nicht geglaubt, aber es ist erstaunlich, wie viele Namen, Daten und Orte eine Verrückte von sich geben kann, während sie versucht, sich der Verhaftung zu entziehen – eine lange Liste von Wos und Wanns – außerdem, wo meine Mutter sich aufgehalten hatte, während die Rendezvous stattfanden – und am schlimmsten: sie warf mir Dinge an den Kopf, die mein Vater über mich gesagt hatte.«

»Au weia.«

»Ich kann dir nicht beschreiben, wie ich mich gefühlt habe. Es gibt einfach keine Worte dafür. Und dann beteiligten sich auch noch die Teenager an dem Stiertreiben – wie in Pamplona. Es war Oktober – auf dem Rasen lag noch Tau. So eine *Sauerei.*«

Das ist alles deine Schuld, Janet Drummond. Du hast dein Geschlecht verraten. Du hast deine Familie verraten und mich, deine einzige wahre Freundin. Du bist eine alte Schreckschraube. Du bist vertrocknet. Das hat dein Vater über dich gesagt – du bist eine vertrocknete, moralinsaure Schreckschraube, die einem jeden Spaß verderben kann.

»Es dauerte ein paar Minuten, bis sie Helena in den Streifenwagen verfrachtet hatten, und ich war sehr erleichtert, dass die Fenster hochgekurbelt waren und ich ihre wüsten Beschimpfungen nicht mehr hören konnte. Die Cops fuhren los, die Nachbarn verdrückten sich, und da stand ich nun vor meiner Haustür. Mein Leben würde nie wieder so sein wie vorher, und ich stand einfach bloß vor meiner Tür. Es war so furchtbar, dass ich Krämpfe bekam.«

Janet leerte ihr Glas. »Ich bin gleich total betrunken. Wir sollten zurück ins Hotel fahren.« Sie holte ihre Karte raus, um zu zahlen. »Weißt du, nachdem Helena den Verstand verloren hatte, war die Scheidung nur noch eine Lappalie. Sie hat mir längst nicht so viel ausgemacht, wie es nach außen hin schien. Wir hätten vermutlich gar nicht erst heiraten sollen. Man lernt nie aus.« Sie zahlte. »Wollen wir gehen?«

Sie fuhren zurück ins Hotel, und beide schliefen auf dem großen Doppelbett ein. Bei Sonnenuntergang wurden sie durch ein adrett von ihrem Fenster eingerahmtes Feuerwerk aus ihrem leichten Rausch geweckt: grellrosa und weiße Chrysanthemen, die erblühten und wieder verwelkten.

Nickie sagte: »So wachen bestimmt reiche Leute auf – mit einem Feuerwerk. Ich wette, es gibt Feuerwerke speziell für Reiche, die wir nie zu sehen bekommen – und die bei Tageslicht funktionieren.«

Janet konnte sich einen kurzen Augenblick lang nicht erinnern, wo sie war und warum, aber dann fielen ihr wieder die Ereignisse vom Morgen ein. *Meine Kinder, wo sind sie?* Wie jedes Mal, wenn sie aufwachte, hakte sie eins nach dem anderen ab: Die Jungs waren noch nicht aus Disney World zurück. Sarah war in Cape Canaveral.

Die zwei Frauen waren von dem morgendlichen Überfall immer noch leicht geschockt. Sie sahen zu, wie die allgegenwärtigen fetten und blöden Feuerameisen sich gegen die Fenster des sechsundzwanzigsten Stocks warfen. *Was wollen die?*

»Was glaubst du, wie es dich verändert hat?«, fragte Nickie.

»Der Raubüberfall?«

»Nein – als du herausgefunden hast, dass du … *es* hast.«

»*Es?* Ach – bei mir brauchst du *wirklich* nicht um den heißen Brei herumzureden, Nickie. Sag HIV.« Janet berührte die Narbe, die die Schusswunde auf ihrem Brustkorb hinterlassen hatte. »Wie es war? Anfangs wie wohl bei jedem: *Das kann nicht wahr sein. Das muss ein Fehler sein. Die verwechseln mich mit jemandem.* Und dann dachte ich: *Moment mal! Die Wissenschaft wird mich retten!* Und das hat sie – in gewisser Weise. Und jetzt bin ich überzeugt, dass die Wissenschaft die Krankheit überhaupt erst in die Welt gesetzt hat. Das waren ein paar Spinner von der UNESCO, die in Afrika aus pürierten Affenhirnen Impfstoffe hergestellt haben. Die ganze Wahrheit werden wir nie erfahren. Ich meine, AIDS *kriegt* man als kanadische Hausfrau über sechzig einfach nicht. Insgeheim nenne ich es auch gar nicht AIDS, sondern Kongolesische Affenhirnpartikel.«

Die Ameisen machten Geräusche, als sie gegen die Fenster prallten – wie Katzenpfötchen. »Und als ich mich vom ersten Schreck erholt hatte, dachte ich mir: *Uuh – vielleicht ge-*

höre ich zu diesen Einer-von-Hundert-Menschen, in deren DNS ein natürliches HIV-Antigen steckt – falls es solche Menschen überhaupt gibt.«

»Erzähl weiter.«

»Ach, *Scheibenkleister* – ich weiß auch nicht. Ich hab versucht, wissenschaftlich an die Sache heranzugehen. Ich habe mich über Impfversuche und Kombinationstherapien informiert – vor allem im Internet.«

»Meine Mutter hat immer ›Scheibenkleister‹ gesagt.«

»Sie ist vermutlich meine Altersgruppe.«

»Stimmt.«

Janet lächelte. »Einmal bin ich sogar runter nach Mexiko geflogen – mit Betty, einer Freundin aus meinem Buchclub. Sie hatte die Hashimoto-Krankheit und eine Form von Kehlkopfkrebs. Wir haben versucht, Laetrile aufzutreiben – dieses Medikament aus den 70ern, das aus Pfirsichkernen hergestellt wurde.«

»Daran erinnere ich mich noch dunkel.«

»Was für ein Schmu. Das Zeug hat Steve McQueen umgebracht. Betty ist tot. Die einzige Option, die ich noch nicht probiert habe, sind Kristalle. In dem Moment, wo man beginnt, sich Kristalle aufs Brustbein zu packen, ist es ganz aus.«

»Aber ich glaube, du hast meine Frage nicht beantwortet. Wie hast du dich *innerlich* verändert?«

Janet seufzte. »Lass mich nachdenken. Das hat mich noch niemand gefragt.« *Wie habe ich mich verändert?* »Weißt du was? Die größte Veränderung ist, dass ich aufgehört habe, an die Zukunft zu glauben – das heißt, ich stelle mir die Zukunft nicht mehr als einen Ort wie Paris oder Australien vor – einen Ort, an den man sich begeben kann. Inzwischen denke ich, wir alle sind die ganze Zeit unterwegs, ohne dass am Ende irgendein Ort liegt. Wir gehen einfach immer weiter. Das ist alles.«

»Gibst du manchmal Wade die Schuld? Oder mir?«

»Wade? Er hat sich vor mich gestellt, um mich vor Ted zu

schützen. Wie könnte ich ihm einen Vorwurf machen? Ob ich dir die Schuld gebe? Nein. Ted ist der Idiot. Inzwischen denke ich, dass Schuldzuweisungen nur was für denkfaule Menschen sind, die nur so dem Chaos einen Sinn verleihen können.«

»Wie meinst du das?«

»Nehmen wir an, dir passiert etwas Seltsames oder Unerwartetes, zum Beispiel, eine umstürzende Zeder zerquetscht deine Katze oder du wirst bei einem Überfall auf ein Billig-Diner als Geisel genommen – oder Mrs. Drummond kriegt durch eine Kugel, die die Leber ihres Sohnes durchschlagen hat, Aids – ich könnte den Baumpflegern vorhalten, dass sie mir nicht empfohlen haben, die Zeder zu beschneiden. Ich könnte dem Justizsystem Floridas die Schuld an – ich weiß nicht – irgendwas geben. Oder ich könnte sagen, dass die Kugel die göttliche Strafe dafür war, dass ich mich nicht intensiv genug bemüht habe, meine Ehe zu kitten. Oder – du verstehst, was ich meine. Niemand ist schuld. Es liegt am Chaos. Einfach bloß am Chaos. Zufallszahlen, die bei einer kosmischen Lottoziehung rauskommen.«

»Glaubst du das wirklich?«

»Mehr und mehr. Was ist mit dir? Du weißt es erst seit vier Tagen. Was geht in *dir* vor?«

»In mir? Ich habe mir immer gedacht, dass ich irgendwas kriegen würde – dass ich es verdient habe –, wenn nicht AIDS, dann Syphilis oder irgendeine Art Superherpes, der meinen Körper in ein einziges wandelndes Geschwür verwandelt. Eigentlich ist es sogar eine Erleichterung. Kein Warten mehr. Das Urteil ist gefallen.«

»Glaubst du wirklich, dass es Wade war?«

»Ja. Mein Ruf vermittelt den Leuten den Eindruck, ich sei irgendeine dahergelaufene Schlampe, aber Wade war seit Jahren mein erster Fehltritt. Es war etwas in seinen Augen, so ein gewisser Blick, den er von Ted geerbt hat, und es war der Ted in Wade, der so verführerisch war. Ich könnte die ganze Nacht lang darüber philosophieren.«

Die zwei Frauen fielen in einen unruhigen Dämmerzustand. Janet malte sich aus, wie Milliarden von Partikeln eines afrikanischen Affenhirnvirus in ihren Adern herumsprudelten wie giftige Sodabläschen. *Ich habe früher mal geglaubt, dass die Menschen sich nie verändern, sondern nur immer mehr sie selbst werden. Jetzt bin ich überzeugt, dass man nichts anderes tut, als sich zu verändern.* Janet dachte an ihren Vater, den Casanova, und an ihre Mutter, die all die Jahre davon gewusst haben musste. *Die Zeit löscht die Besten von uns ebenso aus wie die Schlechtesten.* Sie fand es seltsam, dass die Erinnerung stückchenweise verloren geht, unabhängig von dem Gedächtnis als Ganzem.

»Woran denkst du?«, fragte Nickie.

»Daran, wie ich mal in London war«, erwiderte Janet. »Am Piccadilly. Ich hatte keine Uhr und wollte wissen, wie spät es war. Da stieß ich auf einen Rolex-Laden mit hunderten von Armbanduhren im Fenster. Ich nahm an, dass sie alle auf die Sekunde genau gehen müssten. Aber als ich richtig hinsah, zeigte jede Uhr eine völlig andere Zeit, und für ein paar Sekunden fühlte ich mich, als sei ich auf die andere Seite des Spiegels geraten, hinter dem überhaupt keine Zeit existiert.«

Es klopfte an die Tür, und Nickie brüllte: »Was!«

Es war das Zimmermädchen, das das Bett für die Nacht aufdecken wollte, doch Nickie rief: »Nein danke.« Sie wandte sich wieder Janet zu und fragte: »Worüber hast du dich bei Ted am meisten geärgert?«

Janet lächelte. »Du wirst es mir nicht glauben.«

»Doch.«

»Wir waren draußen im Vorgarten und sprachen davon, dass wir Dünger für die Azaleen kaufen müssten. Ted fragte mich, ob ich Papiertaschentücher dabeihätte, und als ich nein sagte, schnappte er sich eine meiner schönen rosa Päonien – wunderbar zart, eine Haut wie die Augenlider eines Babys –, pflückte sie vom Strauch, schnaubte hinein und warf dann die benutzte Blüte unter den Mammutbaum.«

Nickie wieherte vor Lachen.

»Du lachst! Ich schätze, ich hätte es lustig finden können, aber stattdessen habe ich eine Woche lang nicht mit ihm geredet. Ich köchelte wieder still vor mich hin, wie ich es früher immer gemacht habe. Ich ... *konnte* mich einfach nicht überwinden, mit einem Mann zu sprechen, der *das* getan hatte.«

Die zwei starrten noch eine Weile an die Decke. Dann sagte Janet: »Lass uns Kevin im Krankenhaus besuchen gehen.«

Nickie überlegte einen Moment. »Ja, das machen wir.«

Janet hatte nie viel Glück mit Freunden gehabt. Sie hatte immer gehofft, sie und Ted würden Kumpel sein, wie die Figuren in einem Songtext, aber Ted war eher der Boss in ihrem Leben, der stets auf Distanz blieb und von jeglichen Familienangelegenheiten außer denen, die Sarah betrafen, schnell angeödet war. Von ihren Kindern war Wade der Einzige, zu dem sie eine kameradschaftliche Verbundenheit spürte. Sarah war zu kühl, und während sie Janet zwar keine Sekunde Kummer machte, bescherte sie ihr auch keinen Moment der Seligkeit. Und Bryan – Bryan war immer Kind geblieben. Selbst als Erwachsener, der versucht hatte, sich umzubringen, blieb er in Janets Augen ein Kind.

Als Ted sie verließ und Janet das Haus für sich allein hatte, glaubte sie, vor Langeweile und Einsamkeit verrückt werden zu müssen, im medizinischen Sinne verrückt. Sie war in der Lage, es sich nach außen hin nicht anmerken zu lassen – *das* wusste sie –, aber sie war die ganze Zeit auf der Suche nach jemandem, *irgend*jemandem, mit dem sie sich anfreunden konnte: Supermarktkassierer, Kfz-Mechaniker, Teppichreiniger oder die Teilnehmer an den Kursen im Gemeindezentrum, die sie belegte (keltische Kalligraphie, »Schlank mit Sechzig«; »Die immer währende Relevanz von Feng Shui«; Wiederbelebungstechniken; Spitzenklöppeln). Letzten Endes war das Internet der Ort, an dem sie sich mit Menschen treffen konnte, ohne sie gleich durch den verzagten Ausdruck in ihren Augen oder den Makel des Vermutlich-niewieder-von-jemand-Neuem-geliebt-Werdens zu vergraulen. Im Internet wussten die Leute nicht, dass sie sich tagelang nur von englischen Crackern mit Paprikafrischkäse ernährte oder dass sie zwanghaft ihre Krähenfüße liebkoste.

Wenigstens als sie angeschossen worden war, hatte sie einen kurzen und beschämend befriedigenden Ansturm von Aufmerksamkeit erlebt, doch damit war es ziemlich schnell wieder vorbei. Aber dann, mit ihrer HIV-Diagnose, war eine Flut von Menschen aus einem erstaunlich breit gefächerten und warmherzigen Teil der Gesellschaft über sie hereingeschwappt. Die Erkenntnis, dass der Tod jederzeit kommen konnte, baute schnell viele der althergebrachten Hemmschwellen zwischen ihr und anderen ab, und sie fand heraus, dass sie ein Talent dafür hatte, gesellige Selbsthilfe-Abendessen zu organisieren. Ungefähr ein Jahr nach ihrer Diagnose hatte Sarah ihre Mutter angerufen und sie gefragt, was sie in letzter Zeit so gemacht habe. Janet stellte fest, dass sie, so weit sie sich erinnern konnte, lange nicht mehr so viel zu erzählen gehabt hatte. Sie berichtete, dass am Abend vorher ein Essen mit HIV-Positiven bei ihr stattgefunden hatte, zu dem jeder ein Gericht mitbringen musste. Sarah fragte, wer dagewesen sei, und Janet sagte: »Mahir zum Beispiel. Er ist zwanzig und Perser, und für seine Familie existiert er nicht mehr. Er hat Falafel mitgebracht. Dann Max – er ist einundsiebzig und wurde durch eine Bluttransfusion bei einer Herzoperation infiziert. Er hat seine Ex-Freunde von der Ehrenlegion über ihn reden hören, und jetzt steckt er einer Art ›O mein Gott, was habe ich aus meinem Leben gemacht?‹-Krise. Er hat ein Herz aus reiner Butter, und er kam mit zwei Tage alten Donuts an. Sheila ist in meinem Alter, sie ist lesbisch, und ihre Freundin, mit der sie achtzehn Jahre zusammen war, hat sie nach der Diagnose verlassen. Sie hat sich gestern die Haare abrasiert und war mies gelaunt. Sie hatte diese verdauungsfördernden amerikanischen Kartoffelchips dabei, und wir haben alle herzlich gelacht. Wally ist unser ›einfühlsamer Quotenschwuler‹. Er wollte hinterher mit uns in die Innenstadt gehen, um an Straßenecken Kondome zu verteilen, aber ich glaube nicht, dass ich schon so weit bin.«

»Was hast du gekocht?«

»Das Gleiche wie immer – Lasagne, Salat und Knoblauchbrot.«

»Habt ihr euch gut amüsiert?

»Amüsiert? So betrachte ich das nie, aber doch, es war ein sehr schöner Abend. Das sind unsere Treffen immer. Wir müssen so tun, als seien wir tapfer, aber dann verliert einer von uns die Beherrschung, und ein anderer wird weinerlich, und plötzlich sitzen wir alle im selben Boot. Mir gibt es das Gefühl, lebendig zu sein. Na, wenn *das* nicht paradox ist.«

Aber sie war immer noch einsam, und sie weigerte sich, mit ihrer Tochter oder irgendjemandem sonst darüber zu reden. Das Wort auch nur auszusprechen hätte ihrer Situation eine gewisse Endgültigkeit verliehen, und sie wusste, das konnte noch nicht alles sein.

16

Wade hatte Beth auf der Diabetes-Station im Krankenhaus von Las Vegas kennen gelernt, als er zum ersten Mal einen Positiv-Denken-Workshop für HIV-Positive besuchte. Das erste, was ihm an ihr auffiel, war, was sie anhatte – ein äh … *Muumuu?* Er wusste dieses seltsame Gewand nicht recht einzuordnen – ein braves langes Blümchenkleid, das geradewegs einer High-School-Aufführung von *Oklahoma!* entsprungen zu sein schien. Doch die Frau darin war alles andere als ein apfelbäckiges Bauernmädchen. Sie sah knochig und seltsam verbraucht aus, als wäre sie ihr halbes Leben auf Speed gewesen. Beths altmodisches Kleid schien Wade der Firnis einer inneren Umkehr zu sein. Sie war an dem Punkt gewesen, an dem er jetzt war, aber sie hatte einen Ausweg gefunden.

Beim ersten Anblick hatte er das Gefühl, sein Herz würde zerschmettert und im selben Moment zusammengefügt werden. Er war entschlossen, diese Frau kennen zu lernen, doch er maß dem Ganzen zu viel Bedeutung bei, um sein Tausend-Watt-»Ich will ein Kind von dir«-Gesicht aufzusetzen oder sich seines Standard-Aufreißspruchs (»Ich weiß, was Sie jetzt denken, und es gibt nur einen Weg, das herauszufinden«) zu bedienen. Stattdessen manövrierte er sich auf den Stuhl neben ihr. Wie ein Border-Collie saß er da und wartete, hoffte, betete, dass sie einen Stift oder einen Zettel fallen lassen würde, damit er sich darauf stürzen und ihn ihr zurückbringen konnte. Diese Frau erweckte in ihm ein Gefühl kindlicher Hingabe, und dabei wusste er noch gar nichts über sie.

Sie ließ einen Stift fallen. *Zack!* Im Nu hatte er ihn zurück auf ihr Pult befördert. Sie musterte ihn kühl: »Danke.« Sie spielte nicht die Unnahbare, sie spielte einfach gar nicht.

Die Kursteilnehmer wurden aufgefordert, von ihren Erfahrungen zu erzählen. Debbie, die den Workshop leitete, sagte: »Wir haben ein neues Mitglied. Wade. Wade – erzähl den anderen deine Geschichte – so weit du magst.«

»Ich weiß nicht, ob es da viel zu erzählen gibt«, sagte Wade. »Ich meine, über mich und mein Leben und wie ich dieses Zeug gekriegt habe.«

»Bitte, Wade«, sagte Debbie. »Keine Euphemismen. Es heißt HIV.«

»Also gut, HIV. Ich bin hetero, und ich habe es nie mit einem Mann getrieben, nicht mal in einem Dreier.«

Viele der rund zwanzig Kursteilnehmer kicherten.

»He, was soll das – wieso sollte ich mich zu so einem Kurs durchringen und dann lügen? Die Sache ist die: Ich habe früher ziemlich viel in der Gegend herumgevögelt. Das war mein Leben. So habe ich immer erreicht, was ich wollte. Ich kenn diese reichen Kids, die in ihrem ganzen Leben keinen einzigen Tag arbeiten mussten, weil sie immer bekamen, was sie wollten. Nun ja, statt Geld war es bei mir – tja – wie soll ich das sagen, ohne wie ein Arschloch zu klingen – die Art, wie ich mit Frauen umging.«

Wieder Gekicher. Debbie mahnte die Gruppe zur Ruhe.

»Jedenfalls habe ich durch Zufall von meiner Infektion erfahren. Durch den absurdesten Zufall der Welt.« Wade erzählte – teilweise ein wenig überspitzt – die Geschichte von seiner Schussverletzung. Die Gruppe lauschte stumm. Die Kuriosität des Geschilderten schlug sie in ihren Bann. »Das war's. Ich habe dieses Virus in meinem Körper. Es wird nie wieder verschwinden. Zurzeit kann ich nicht arbeiten – eigentlich wollte ich in diesem schäbigen Spielkasino auf der anderen Seite des Highways Hockey spielen, aber das geht jetzt nicht. Die Monate ticken dahin. Ich habe einfach … keine Ahnung, was ich tun soll.«

Schweigen.

»Was ist mit deiner Mutter?«, fragte Beth. »Wie geht es ihr damit? Habt ihr viel miteinander darüber geredet?«

»Ein bisschen. Ich fühle mich wie der beschissenste Sohn der Welt. Sie tut, als sei das keine Katastrophe, aber das ist es wohl, wie ihr wisst.«

Die Gruppe setzte die Sitzung fort und diskutierte diverse mehr oder weniger akute medizinische Probleme. Neue Behandlungen, Medikamente und Diäten wurden besprochen, und dann ging die Sitzung neben der Küche der Klinik, wo alle Haferflockenkekse mit Rosinen aßen und spülwasserähnlichen Kaffee tranken, zu Ende. Wade schob sich an Beth heran und fragte sie, wie lange sie schon mit HIV lebe. »Drei Jahre. Ich war Junkie, aber jetzt bin ich clean.«

»Ja?«

»Ja. Ich habe Gott gefunden. Mir gefällt zwar nicht, wie anmaßend das klingt, aber es stimmt – ich habe Ihn tatsächlich gefunden, meine ich. Er sorgt dafür, dass ich nicht den Verstand verliere, ein Nebeneffekt, mit dem ich nie gerechnet hätte.« Andere Gruppenmitglieder scharten sich um Wade; Beth verschwand.

Die folgende Woche zog sich hin, während Wade auf das nächste Gruppentreffen wartete. Als Beth am folgenden Dienstagabend aufkreuzte, wirkte sie sichtlich mitgenommen; offenbar stimmte irgendetwas nicht.

»Beth«, sagte Debbie. »Du siehst gestresst aus. Hattest du einen schlechten Tag?«

»Ich weiß nicht recht, wie ich meinen Tag bezeichnen soll.«

»Wieso?«

Beth zögerte. »Ich habe im Laufe der letzten beiden Wochen einige Tests machen lassen. Aber die vollständigen Ergebnisse sind erst heute Morgen eingetroffen. Es hat sich herausgestellt –« Sie biss sich auf die Unterlippe. »Ich habe kein AIDS. Ich bin noch nicht mal in Kontakt mit dem HIV-Virus gekommen. Niemand hat meinen positiven Befund von vor drei Jahren je überprüft, und jetzt stellt sich heraus, dass er falsch war. Ich bin … negativ.«

Es folgte ein langes Schweigen.

Debbie sagte: »Na dann – herzlichen Glückwunsch, Beth.«

»Nein – ihr versteht nicht«, sagte Beth. »Diese Krankheit ist mein *Leben*. Mit ihrer Hilfe bin ich von den Drogen losgekommen. Ich habe aufgehört zu trinken. Durch sie habe ich Gott gefunden. Ihr habe ich es zu verdanken, dass ihr alle meine Freunde geworden seid – und jetzt ist sie weg. Ich weiß nicht, was ich tun soll. Sie war mein ganzer Lebensinhalt. Nun bleibt mir nichts als mein Job als Croupier im Harrah's. Mein Leben ist plötzlich so mickrig geworden, und ich komme mir vor wie unsichtbar. Letzte Woche war ich eine überlebensgroße Überlebende und jetzt bin ich ... eine Mücke.«

Debbie sagte: »Tja, wir werden dich kaum aus der Gruppe werfen, und ich kann mir niemanden vorstellen, der besser als du dazu geeignet ist, bei der AIDS-Hilfe zu arbeiten.« Die Gruppe gab Laute der Bestätigung von sich, Wade hingegen sah Beth, kaum dass sie in sein Leben getreten war, schon wieder daraus verschwinden. »Wie wär's zum Beispiel«, fuhr Debbie fort, »wenn du dich mit Wade hier triffst und ihn damit vertraut machst, welche Hilfsangebote ihm hier in Clark County zur Verfügung stehen.«

Pling! Kein Zweifel – Debbie war ein Engel. Hinterher scharten sich bei der Kaffeemaschine andere Gruppenmitglieder um Beth; Wade wartete. Als sie schließlich zu ihm herüberkam, sagte sie: »Lass uns zu einem Denny's fahren. Ich hab einen Mordshunger.«

Im Restaurant versuchte Wade vergeblich, Smalltalk zu machen. Stattdessen fragte Beth ihn: »Was war bisher die schlimmste Phase deiner Krankheit?«

»Wie meinst du das?«

»Du weißt schon – PCP-Lungenentzündung? Virale Meningitis?«

Wade konnte kaum glauben, welch unromantische Richtung das Essen nahm. »Bisher war der Verlauf eigentlich ziemlich asymptomatisch.« Er war froh, einen medizinischen Fachausdruck parat zu haben.

»Tut mir Leid, dass ich dir gleich solche Symptome an den Kopf werfe. Es ist unhöflich, aber es ist irgendwie zu einer Angewohnheit geworden. Ich könnte ebenso gut nach deiner T-Zellen-Zahl fragen.« Sie warf einen Blick auf die Speisekarte. »Die Hühnchen-Nuggets hier sind gut.«

Sie bestellten, und die Kellnerin servierte ihre Hühnchen-Nuggets. Als Wade sich eins nehmen wollte, fuhr Beth ihn an: »Erst beten.«

Sie nahm seine Hand. Wade konnte die Knochen in ihrem Fleisch spüren, es fühlte sich an, als hielte er Händchen mit Casper, dem freundlichen Geist, weich und trocken und irgendwie gar nicht richtig da.

Sie sagte: »Lieber Gott, der Du uns diesen Tag geschenkt hast und uns unser Morgen und danach die Ewigkeit schenken wirst, wir danken Dir dafür, dass Du uns Prüfungen auferlegst, um unsere Willenskraft auf die Probe zu stellen, und wir danken Dir für die Tage, an denen wir diese Willenskraft offenbaren können. Diese Mahlzeit ist deine Gabe. Wir sind Deine Diener für alle Zeiten. Amen.«

Wade war ganz fromm zumute. Er fühlte sich wohl mit diesem Menschen, den er zu seiner Familie machen würde. Er biss ein Stückchen von einem Hähnchen-Nugget ab und verbrannte sich die Zunge.

Drei Wochen nach dem Abendessen bei Denny's zog Wade zu Beth, deren Religiosität in Sachen wilde Ehe einen blinden Fleck aufwies. Nach dem Einzug schämte sich Wade, wie wenig er besaß und wie schäbig die meisten seiner Sachen aussahen. Als sein Hab und Gut mit Beths verschmolz, blieb kaum noch etwas davon übrig, doch das war ihm ganz recht so. Beths Geschmack hatte etwas Mädchenhaftes, etwas Verspieltes: rosa Sonnenblumen und ein kuhförmiger Fußschemel – es war eine Wohltat, von einer freundlicheren, weniger trostlosen Welt aufgesogen zu werden.

Der Gebäudekomplex, in dem Beth wohnte, war ein heruntergekommener architektonischer Schnellschuss der 60er

Jahre, der Hausmeister ein unzuverlässiger Keno-Spielsüchtiger. Folglich wurde Wade ziemlich häufig von Beth gebeten, irgendwelche Reparaturen im Haushalt zu erledigen. In all seinen Jahren des Schmuggelns und der Gaunereien waren ihm so trostlose Aufgaben wie das Anschließen einer Lampe erspart geblieben.

»Die Lampe anschließen?«

»Die Lampe anschließen.«

Langsam wurde Wade bewusst, dass er, wann immer er einen Schraubenzieher oder einen Spachtel anfasste, automatisch die Schultern verkrampfte und darauf wartete, dass die Stimme seines Vaters ihn einen Nichtsnutz oder einen hoffnungslosen Versager nannte. Sobald ihm klar geworden war, dass diese Stimme nicht ertönen würde, überraschte ihn seine eigene Geschicklichkeit. Bei Beth gab es eine Menge zu reparieren, was ihm durchaus gelegen kam – *unmittelbare, befriedigende Ergebnisse: eine frisch gestrichene Wand; eine Tür, die nicht mehr klemmte; eine korrekt angeschlossene Stereoanlage.*

Eines Abends war Wade, nachdem er zwölf Stunden damit verbracht hatte, einen kleinen Schreibtisch, den Beth auf einem Garagen-Flohmarkt gefunden hatte, abzubeizen und neu zu lackieren, so energiegeladen, als sei er aus einem langen, süßen Schlaf erwacht. Seine Energie war ansteckend, und Beth wurde im Bett, wo sie sonst ausgesprochen ernst, wenn nicht gar traurig war, verspielt und neckisch.

»Du bist mein Superman, Wade.«

»Sag das noch mal.«

»Du bist mein gut aussehender, treu sorgender Superman.«

»Welche Superkräfte habe ich denn?«

»Sag *du*'s mir. Angenommen, du könntest dir nur eine aussuchen, welche würdest du nehmen?«

Diese Frage brachte Wade ins Grübeln. *Die Stärke von tausend Männern? Den Röntgenblick? Übermenschliche Abwehrkräfte, die ihm gestatten würden, durch die gesamten ungeklärten Abwässer Mexikos zu kraulen, ohne krank zu werden?*

»Lass dir ruhig Zeit, Schatz.«

»Ich denke nach, Beth. Das ist eine ernste Frage. Ich will die richtige Antwort geben.«

Eine Minute verging. »Wade?«

»Okay, ich weiß. Welche Fähigkeit ich mir aussuchen würde? Dass ich aus meinen Fingerspitzen Blitze schießen könnte – dicke, fette Blitze aus dem Schulfernsehen –, und wenn jemand von einem dieser Blitze getroffen würde, fiele er auf die Knie, und dann wäre er plötzlich unter Wasser, an dieser Stelle vor der Ostküste der Bahamas, wo einmal Millionen leuchtend blauer Fische auf mich zugeschwommen sind und mich in ihren Schwarm aufgenommen haben – und dann wieder flöge er mit einem Taubenschwarm zwischen Wolkenkratzern umher, in Manhattan, über dem World Trade Center, und dann – dann was? Dann würde er erblinden, und man würde ihn woanders hinbringen – er hätte Heimweh – mehr, als er in seinem ganzen Leben je gehabt hat – so sehr, dass er sich übergeben muss – und er würde allein mitten auf … keine Ahnung … einem abgeernteten Weizenfeld in Missouri zurückgelassen. Und dann könnte er wieder sehen, und von den Rändern des Feldes würden Menschen auf ihn zukommen – alle, die er kennt –, und sie hätten Schwarzwälder Kirschtorten in der Hand und brennende Tiki-Lampen und Ghettoblaster, die alle denselben Song spielen, und am Himmel gäbe es einen Sonnenuntergang wie in den Disney-World-Broschüren, und der Mensch, der von meinem Blitz getroffen wurde, wäre nie wieder allein oder einsam.«

Er und Beth liebten sich in jener Nacht, durch Latexmembranen an all den richtigen Stellen voneinander getrennt, den Speichel auf ein Minimum beschränkend, aber mit einer Innigkeit, die neu für ihre Beziehung war. Hinterher konnte Wade nicht schlafen, weil er die ganze Zeit an die Menschen denken musste, die an den Rändern seines eigenen Weizenfeldes in Missouri auftauchen würden, und er dachte an seine Familie – daran, wie verkorkst sie war – psychisch, physisch und emotional. Und dann dachte er an all die anderen Familien, die er kannte, und daran, dass sie ebenfalls verkorkst waren: Autismus, Lupus, Schizophrenie, Arthritis, Alkoholismus, zu viele Geheimnisse, unausgesprochene Dinge, falsche Entscheidungen, Geldprobleme … die Liste war endlos. Niemand blieb verschont. Bei diesem Gedanken wurde ihm klar, dass sein vierzigster Geburtstag hinter ihm lag, dass er nicht mehr jung war und dass ihm das nichts ausmachte.

An der Tankstelle starrte Wade auf die Risse im Asphalt, der weich und zäh war wie ein Brownie. Ameisen krabbelten hinein und wieder heraus wie in einem verrückten Kunstfilm. *Ich bin nicht wachsam genug; ich passe nicht gut genug auf. Verdammt, ich halte mein ganzes Leben lang unablässig die Augen offen, aber ich bin sicher, genau in dem Moment, in dem ich mich von diesem Fleckchen Teer abwende, wird sich die Erde öffnen – und wenn ich aufgepasst hätte, nur diese eine Sekunde, hätte ich den Kern dieses Planeten gesehen, flüssig und weiß –*

Ted trat Wade in den Hintern. »He, Lord Byron, du kannst ein andermal den sensiblen Poeten spielen. Wir müssen irgendwie unsern Arsch hier wegbekommen.«

Wade übergab sich. Schon wieder. *Nicht mehr viel übrig, was noch hochkommen könnte. Was habe ich heute gegessen? Joghurt, eine Banane, Studentenfutter –*

»Herrgott noch mal, Wade –« Ted spritzte ihn mit einem Schlauch ab.

Wade drehte sich um und sah seinem Vater in das knallrote Gesicht. Bryan massierte sich die sonnenverbrannten und von Feuerameisen zerbissenen Schultern mit den frischen Schrammen, die davon kamen, dass Shw ihn vorhin gegen den Beton gesetzt hatte. Bryan fragte: »Alles in Ordnung, Wade?«

Wade holte tief Luft. »Nein, nichts ist in Ordnung. Genau genommen bin ich schwer damit beschäftig, hier zu sitzen und zu sterben.«

»Sei nicht so ein melodramatisches Weichei«, sagte Ted.

»Ich bin nicht melodramatisch, Dad. Ich sterbe tatsächlich – einen langsamen, schmerzhaften, hässlichen und offen gesagt ziemlich langweiligen Tod.«

»Blödsinn. Steh auf. Bryans geisteskranke Freundin ist gerade mit meiner Chance auf Geld weggefahren.«

Wade krempelte seine Hose hoch und enthüllte eine Haut voller Schwären, die einer mit Rotweinflecken übersäten Tischdecke ähnelte. Bei diesem Anblick verzog Ted angewidert das Gesicht. »Schon gut. Krempel deine Hosenbeine runter. Himmel. Sonst sieht das noch jemand.«

Wade war zu müde, um weiter zu streiten. »Bryan, wo fährt Shw wohl hin – irgend 'ne Ahnung?«

Bryan fragte: »Wo sind wir denn hier?«

»Keine Panik«, erwiderte Ted. »Frauen hinterlassen immer eine Spur. Moment – ›Spur‹ ist das falsche Wort. Was ist noch ein bisschen offensichtlicher als eine Spur?«

»Einem *Hinweis?*«, schlug Bryan vor.

Ted bespritzte ihn mit dem Schlauch. »Ein Hinweis ist weniger offensichtlich als ein Spur, Dummkopf.«

»Ruft ein Taxi«, sagte Wade.

»Und wohin fahren wir?«, fragte Ted.

»Ich weiß, wo wir ein Auto herbekommen«, sagte Wade.

Ein Taxi wurde bestellt, während Wade auf die Herrentoilette ging, um sich zu waschen. Er zitterte, war weiß wie die Wand, und seine Augen waren rot. Das Taxi kam, und der Fahrer fragte, wo es hingehen sollte. Ted stieg vorne ein, Wade und Bryan saßen hinten. Wade nannte ihm die Adresse der Brunswicks.

»Wieso grade dahin?«, fragte Bryan.

»Da wohnt Howie«, sagte Wade. »Bei der Familie Robinson des Weltraums.«

Ted moserte: »*Howie* kann ich jetzt gebrauchen wie ein Loch im Kopf. Dieser kleine Wichser.«

Bryan fügte hinzu: »Er tut immer so, als sei er der Größte. An der High-School war er bestimmt einer von den Typen, die einen immer anlächeln, weil sie sich nicht vorstellen können, dass jemand sie nicht mag, und dabei sind sie allen verhasst.«

Ted sagte: »Herrje, Bryan, hör auf, über die High-School herzuziehen. Du hast den Laden vor fast zwanzig Jahren verlassen.«

Bryan ließ sich nicht einschüchtern: »Du warst immer auf der Seite des Schulleiters, wenn ich bei irgendwas erwischt wurde. Lass mich einfach in Ruhe, ja? Ich fühle mich, als hätte man mich gegrillt, und ich dachte, wir könnten einfach mal nett zueinander sein und uns wie eine echte Familie benehmen.«

Ted biss sich auf die Lippe und warf Wade einen Blick zu. Dieser sagte: »Ich glaube, das kannst du vergessen, Bryan.«

»Wieso?«

Ted fuhr ihn an: »Weil deine schwangere Freundin meine Zukunft in einer Plastiktüte in ihrem Kofferraum hat – deshalb!«

»Bryan, ich glaube nicht, dass sie abtreiben wird.«

Bryan drehte sich zu Wade um. »Woher willst *du* das wissen?«

Wade erzählte ihm, wie Shw am Tag zuvor geduscht hatte, um ihren Körper von allen Conterganspuren zu reinigen. Bryans Gesicht morphte zu einem lebenden Vorher-Nachher-Foto. Wade merkte, dass der Taxifahrer der Versuchung, zu lauschen, nicht widerstehen konnte.

Ted fragte: »Was hat es denn nun mit diesem Florian auf den Bahamas auf sich?«

»Folgendes«, sagte Wade. »Ich habe vor ein paar Jahren für ihn gearbeitet. Er ist der Erbe eines pharmazeutischen Vermögens aus der Schweiz. Er stellt die Hälfte aller Schmerzmittel und Pestizide auf der ganzen Welt her, aber er ist ein totaler England-Freak – sein Gärtner hat mir erzählt, dass sein Kindermädchen ihn jeden Sonntag nach der Kirche versohlt hat –, daher lebt er jetzt auf den Bahamas. Die sind nämlich sehr englisch, und darüber hinaus treiben sich dort die zwielichtigsten Gestalten der Welt herum – das Ganze ist eine Art Themenpark der Kriminalität. Die Leute rutschen da in die Szene hinein, und wenn sie versuchen, sich wieder zum Rest der Welt zu gesellen, erscheint ihnen der immer so langweilig, dass sie am Ende auf den Bahamas bleiben. Die sind wie 'ne Droge. Abgesehen davon kann er von dort aus an jeden beliebigen Ort der Staaten fliegen. Ach ja – außerdem muss man dort keine Steuern zahlen.«

»Es sind immer die Steuern«, sagte Ted.

»Klar, Dad, du kennst dich ja mit so was aus«, sagte Wade.

»Lass die Frotzelei.«

»Willst du nun was über Florian wissen oder nicht?«

Ted war still.

»Wie auch immer, er kennt sich in naturwissenschaftlichen Dingen ziemlich gut aus. All das Zeug, das seine Firma auf den Markt bringt, turnt ihn richtig an, also kann man sich darauf verlassen, dass er das Betriebsvermögen nicht einfach zum Fenster rausschmeißt. Er ist ein gerissener Geschäftsmann. Wenn ich Geld hätte, würde ich in ihn investieren.«

»Woher kennst *du* ihn?«

»Ich habe Kurierdienste für ihn gemacht.«

»Kurierdienste? Was – Drogen und so 'n Zeug?«

Das Taxi kam schlingernd am Straßenrand zum Stehen, vor einer Häftlingskolonne im Arbeitsdienst, die neben der Fahrbahn zerdrückte Limonadendosen, tote Socken und zerknautschte Pommes-Frites-Behälter aus Pappe aufsammelten. Bryan wurde mit der rechten Körperhälfte gegen die Tür geschleudert und heulte auf vor Schmerz. Der Taxifahrer drehte sich wutentbrannt um. »Wenn Sie in diesem Wagen noch ein Wort über Drogen verlieren, sitzen Sie auf der Straße. Kapiert?«

»Himmelherrgott – ja, wir haben's kapiert. Kein Grund, sich so aufzuregen.«

»Ich verbitte mir diese Gotteslästerung.«

»Mein Rücken tut furchtbar weh«, sagte Bryan.

»Wir besorgen dir bei Howie irgendeine Salbe«, sagte Wade. Das Taxi setzte sich wieder in Bewegung, und Wade wandte sich Ted zu. »Nein, Dad, ich habe keine *Drogen* ausgeliefert. Es waren Pflanzenproben. Gefährdete und vom Aussterben bedrohte Arten aus allen Winkeln der Staaten. Für Molekular-Analysen. Zumindest hat man mir das erzählt.«

»*Das* war es also«, sagte Ted.

»Was meinst du?«

»Deine Mutter und ich, wir haben uns immer gefragt, was du gemacht hast, als du einfach so abgehauen bist. Es lief stets aufs Schmuggeln hinaus.«

»Ich hab auch andere Jobs gehabt.«

»Zum Beispiel?«

»Vergiss es.«

Sie verloren kein weiteres Wort darüber. Nach Wades Schätzung mussten sie drei Minuten von Howie und dem Haus der Brunswicks entfernt sein. »Übrigens, Howie hat was mit Alanna Brunswick, daher wird er sich in meiner Gegenwart ziemlich merkwürdig benehmen. In eurer wahrscheinlich auch. Nur damit ihr Bescheid wisst.«

»Du verarschst mich.«

»Nein. Wieso sollte ich? Ich hab sie gestern Morgen beim Knutschen erwischt.«

»Dieser Hurensohn. Er betrügt Sarah?«

»Umbringen ist nicht, Dad. Zumindest solange, bis das Shuttle gelandet ist.«

Das Taxi fuhr bei den Brunswicks vor, auf deren Rasen gerade ein Picknick in vollem Gange war, ein schrilles Weltraum-Fest für eines der zahlreichen Brunswick-Kinder. Überall im Garten saßen Eltern auf Klappstühlen herum und aßen lärmend mit ihren Sprösslingen. Howie bediente den Grill, und als er Wade und Ted aus dem Taxi steigen sah, fielen ihm fast die Augen aus dem Kopf.

Ted humpelte mit seinem unbeschuhten Fuß auf Howie zu. »Howie, bezahl das Taxi.«

»Ted – ich hab mein Portemonnaie nicht dabei – ich …«

Ted goss einen Krug Limonade auf den Grill, woraufhin sich ein Rauchpilz bildete. »Bezahl das Taxi.«

Howie stand einen Moment lang schweigend da. »Okay.« Er machte sich auf den Weg.

Aller Augen waren auf Ted geheftet, der sich jedoch nicht darum scherte, sondern seinerseits Howie böse zwischen zusammengekniffenen Lidern hinterherfunkelte.

Wade ging zum Grill hinüber, ebenso wie Alanna, die sich nun vollends wie ein Cheerleader aufführte. Sie näherte sich Ted, wie man sich einem knurrenden Hund nähern würde. »Sie sind Ted – ich bin Alanna.«

Ted grunzte.

Alanna blickte hinab auf die letzten flüsternden Rauchwölkchen, die sich vom Grill emporkräuselten. »Ich sehe, unser kleines Grillfest hat Ihnen nicht gefallen …«

»Treiben Sie's nicht zu weit, Lady«, stieß Ted halblaut hervor.

Er drehte sich um; Bryan stand im Plantschbecken, den Körper in tropfnasse Handtücher gewickelt, damit die Sonne ihn nicht noch mehr verbrannte. Eins der Kinder begann zu weinen. Howie kam vom Taxi zurück. »Sieht aus, als könnten wir frische Limonade gebrauchen, Alanna.«

Ted sagte: »Gib mir die Schlüssel für deinen Van, Howie.«

»He, Schwiegervater, warum feierst du nicht ein bisschen mit?« Howie kicherte nervös.

»Das würde ich wirklich gern, Howie, aber wenn ich das täte, würde ich vermutlich was trinken, und wenn ich was trinken würde, würde ich anfangen, mich lauthals und ohne ein Blatt vor den Mund zu nehmen darüber auszulassen, dass ihr beide, dieses Weibsstück und du, miteinander bumst wie zwei Dobermänner.«

»Das würdest du nicht«, sagte Howie.

»Ach nein?«

»Nein. Weil Sarah es erfahren würde, und sie würde mit einem Gefühl ins All starten, als hättest du ihr mit einem großen Tacker hundert Klammern ins Herz geschossen. So weit ich sehe, ist sie das Einzige in deinem Leben, was dir heilig ist. Sie ganz allein. Hey – das ist ziemlich erschütternd, wenn man sich's recht überlegt.« Er lächelte. »Eine Putenfrikadelle?«

Ted hatte von Howie offensichtlich nicht solche Unverfrorenheit erwartet und war für einen Moment still. Alanna sah erst Ted an, dann Howie. »Scheint, als wär alles in Butter.«

»Ich glaube schon«, sagte Howie. »Ted wird mir gleich helfen, den Grill wieder anzuzünden.«

»Ich brauche Tylenol«, sagte Wade.

Howie sagte: »Oben im Badezimmer. Du weißt ja, wo das ist.«

Wade ging nach oben und duschte. Als er sich abtrocknete, verspürte er plötzlich einen Energieschub, als habe irgendein Witzbold in einer anderen Dimension einen Schalter umgelegt – er fühlte sich großartig, wie ein Teenager, der am Freitagabend loszieht, um Randale zu machen. *Gott, ich liebe es, wenn das passiert. Früher war ich die ganze Zeit so – wie eine bewegliche Action-Figur: GI Joe mit dem Kung-Fu-Griff – ich werde miterleben, wie meine Kinder groß werden!*

Wades Energie kam in Wellen, deren Länge von Stunden bis zu Wochen variieren konnte, und diese Wellen schienen in keiner Beziehung zu irgendeiner bekannten Form von Ursache und Wirkung zu stehen. Sie kamen einfach.

Er betrachtete seine durchweichten, schmutzigen, öligen Sachen und beschloss, dass er keine Lust hatte, sie aufzuheben – *Moment mal … ich bin zu faul, um die Wäsche aufzuheben – ich bin tatsächlich wieder ganz der Alte!!*

Erneut stand ihm ein vertrackter Garderobenwechsel im Hause der Brunswicks bevor. Er lugte aus dem Badezimmer und entdeckte einen Raum, der vermutlich das Gästezimmer war. *Abgeschlossen.* Ein Stück Kleiderbügel löste das Problem, und er betrat, wie sich herausstellte, das Zimmer, das seinem Schwager für die Wochen bis zum Start der Raumfähre zugewiesen worden war. Er durchwühlte Howies persönliche Sachen. Sie waren in eine Korbente geschmiegt, die früher Geschenkseifen enthalten hatte. *Hey, hey, my, my – Volkswagen-Schlüssel!* Dann durchsuchte er Howies Schrank und wählte ein unauffälliges Hemd und eine dazu passende Hose aus – *sollten die Ereignisse je das Stadium erreichen, in dem es zu einer polizeilichen Gegenüberstellung kommt, will ich nicht allzu einprägsam aussehen.*

Dann rief er vom Telefon neben Howies Bett die Auskunft für die Bahamas an und ließ sich die Nummer der Buckingham Pest Control geben, Florians Niederlassung in Nassau. Bald war er mit einer ausgesprochen desinteressierten weiblichen Stimme verbunden: »Buckingham Pest Control.«

»Hi, ich habe eine Nachricht für Florian.«

»Mh-hm.«

»Hier ist Wade Drummond. Ich habe früher seinen Kricketplatz gemäht.«

»Mmmm.«

»Vor ein paar Jahren.«

»Mmmm.« Die Stimme am anderen Ende hätte ebenso gut einem Patienten an einem Beatmungsgerät gehören können.

»Sagen Sie ihm, ich habe eine Nachricht von seiner *Mutter*. Einen Brief.«

»Mmmm.«

»Es wird ihn sehr interessieren.«

»Mmmm.«

»Richten Sie ihm das bitte unbedingt aus.«

»Mh-hm.«

»Ich rufe in ein paar Stunden wieder an und gebe Ihnen weitere Anweisungen.«

Er legte auf. Dann bürstete er sich die Haare und lief mit federnden Schritten die Treppe hinunter bis zum Rasen vorm Haus, wo Howie grinste wie ein Honigkuchenpferd; Ted stand da und starrte die Gäste so wütend an wie eine angekettete Bulldogge. »Dad, lass uns gehen.«

»Ich werde Howie umbringen.«

»Warte, bis Sarah die Umlaufbahn erreicht hat. Außerdem –« Er hielt einen Schlüssel hoch. »Ich hab hier was.« Er ging hinüber zu Bryan, der mit dem Gesicht nach oben im

Plantschbecken lag. »Bryan, komm da raus. Und bring ein Badelaken mit, in das du dich einwickeln kannst.«

Bryan schnappte sich ein Tweety-im-Weltraum-Handtuch, und die drei Männer gingen hinüber zu Howies Bus. Wade setzte sich auf den Fahrersitz. Howie war vor Unschlüssigkeit wie erstarrt, als Wade sich hinauslehnte. »Howie! Danke, dass du uns deinen Wagen leihst! Ich hab Sarah gesagt, wir bringen ihn in einer Stunde zurück. Sie hat Recht, Mann – du bist der netteste Kerl von Florida.«

Es war irgendwann in den 70ern, als Wade und Janet in einer Zoohandlung standen, um weiße Mäuse für Omar, Sarahs Schlange, zu kaufen.

»Mom, war Dad schon immer so ein Wichser?«

»Wade!«

»Und, war er?«

»Sieh zu, dass du ein paar gute Mäuse findest, Wade.« Sarah sollte am Abend von einem Schulausflug zu einer Physik-Olympiade in Portland zurückkommen, die Mäuse waren eine Überraschung.

»Die da«, sagte Janet, »die sehen …«

»Saftiger aus?«

»Ich schätze schon.«

»Mom, ich glaube, Schlangen haben's lieber ›knackig‹ als ›saftig‹.«

»Tun sie nicht.«

Wade sah seiner Mutter beim Lächeln zu. Er sagte: »Saftige Mäuse brauchen zu lange, bis sie eine Schlange in voller Länge durchwandert haben. Davon kriegt sie Verstopfung.«

»Wade!«

»Du hast meine Frage nicht beantwortet. Seit wann ist Dad so ein Arschloch?«

»Früher war er nett, weißt du. Lustig. Er war *lustig.*«

»Ha-ha-ha.«

Ein Verkäufer kam rüber. »Suchen Sie Futtermäuse?«

»Ja«, sagte Wade. »Ein Dutzend.«

»Diese hier«, sagte Janet und zeigte auf die fetten. »Sind die teurer als die normalen?«

»Ja. Sie sind trächtig, daher kosten sie einen Dollar mehr.«

Wie aus einem Munde machten Wade und Janet *»Igitt«*. Der Verkäufer sagte, er könne ihnen nicht trächtige Hamster für nur $ 1,25 empfehlen.

»Nur Mäuse«, sagte Wade. »Nicht trächtig. Ein Dutzend.«

»Wie kann man bloß trächtige Mäuse an eine Schlange verfüttern?«, fragte Janet mehr sich selbst als in Erwartung einer Antwort.

»Was ich nicht begreife, ist, wieso sie nicht einfach Hackfleisch fressen?«

Der Verkäufer schaltete sich ein: »Es bringt ihnen nichts, wenn sie ihre Beute nicht töten. Das Töten setzt Enzyme frei, die die Verdauung fördern. Hackfleisch kann man nicht umbringen.«

»O je«, sagte Janet. »Ich hätte nie geglaubt, dass es so schwer ist, Mäuse zu kaufen.«

Während der Verkäufer die Tiere einsammelte, gingen Mutter und Sohn in die Vogelabteilung hinüber, in der es schrill und heiß war, die Luft geschwängert von dem scharfen Phosphat-Geruch von Guano. Wade betrachtete die Wellensittiche und fragte sich, wie ein derart spielzeughaftes Lebewesen je in der Wildnis existiert haben konnte. *Sie sind die Pudel der Vogelwelt.* Wade versuchte sich kleine weiße Pudel vorzustellen, die mit Höhlenmenschen auf die Jagd gingen. Er sagte: »Du hast gesagt, Dad war früher mal lustig. Wann? Ich will Beweise.«

»Als er jünger war. Als ich ihn an der Uni kennen gelernt habe. Er war so unspießig. Er nahm nie ein Blatt vor den Mund, und das hat mir an Menschen immer gefallen, vielleicht weil ich selbst so ein Mauerblümchen bin.«

»Was ist ein Mauerblümchen?«

»Du weißt schon. Diese Mädchen, die bei Schulfesten an der Wand stehen und nie zum Tanzen aufgefordert werden.«

»Du?«

»Niemand hat mir je gesagt, wie ich mir die Augenbrauen zupfen muss. Bis ich zur Uni kam, sah ich aus wie eine ostdeutsche Gewichtheberin der 60er Jahre.«

»Gar nicht *wahr.* Ich hab Fotos gesehen.«

»Ich war so passiv. Es wäre mir nie eingefallen, einen Mann zum Tanzen aufzufordern.«

In einem Wellensittichkäfig brach ein Streit aus, offenbar um die Revierrechte auf die Sitzstange neben dem winzigen Spiegel. Janet sagte: »Dein Vater war ein bisschen wie Helena. Sie kann so unverschämt sein. Helena hat meinen Eltern den letzten Nerv geraubt. Ted zwar auch, aber nicht so wie Helena.«

»Hmmm.« Ihm war Helena irgendwie unheimlich; er hatte sie ein paar Wochen zuvor in der Küche dabei ertappt, wie sie ihn von oben bis unten gemustert hatte. Sie war, sogar aus seiner damals noch präsexuellen Sicht, gefährlich. Sie hatte Wade angesehen, die Augen zusammengekniffen und gesagt: »Du bist *genau* wie dein Vater. Du versuchst es zu verbergen, aber das gelingt dir nicht. Du kleiner *Schwindler.*«

Er kehrte wieder in die Gegenwart zurück. »Aber eigentlich haben wir über Dad geredet – hast du denn *irgendeinen* Beweis, dass er kein Arschloch ist?«

»Ich verstehe einfach nicht, wieso ihr beiden nicht miteinander auskommt. Ihr seid euch so ähnlich, weißt du.«

Wade erstarrte. »Nein. Wir sind uns keines*wegs* ähnlich.« *Oh-oh.*

»Da hab ich wohl einen wunden Punkt getroffen, was?«

Hatte sie das? »Er trinkt zu viel.«

»Trinkt zu viel?« Janet machte ein verdutztes Gesicht. »Er trinkt so viel wie jeder andere Mann in seinem Alter.«

»Was beweist das?«

»Ich weiß nicht, worauf du hinauswillst, Wade. Jeder trinkt.«

Die Mäuse standen fertig auf dem Tresen. Janet bezahlte. Auf der Heimfahrt warf Wade einen Blick zu den Tieren hinein, die auf dem Boden einer Kühltasche umherwuselten. »Oh-oh –«

»Was?«, fragte Janet.

»Eine hat's erwischt.« Er hob eine tote Maus am Schwanz hoch.

»Wade, wirf das Ding sofort aus dem Wagen.«

Wade steckte die tote Maus in die Innentasche seiner Daunenjacke. »Ich kann sie nicht einfach wegschmeißen. Das ist weder ein Apfelgriebs noch sonst irgendein Müll. Es war ein Lebewesen.«

»Steck sie im Garten in den Kompost, wenn wir nach Hause kommen.«

Wieder daheim, ging Wade in Sarahs Zimmer. »He, Omar, Zeit für 'ne leckere Maus.«

Hinter ihm sagte Janet: »Nein. Lass ihn noch ein bisschen darben, damit er richtig ausgehungert ist, wenn Sarah ihn füttert.«

»Manchmal hast du irgendwie was Perverses, Mom.«

»Wade, jede Mutter wird dir diese Antwort geben. Was glaubst du, wieso es bei uns immer so spät Essen gibt? Ich will, dass das, was ich euch auftische, auch *verzehrt* wird.«

Ungefähr eine Stunde später kam Ted von der Arbeit nach Hause, genau in dem Moment, als Sarah von ihrem Physiklehrer abgesetzt wurde. Ted trug Sarah auf den Schultern ins Haus. Sie strahlte: »Oh, *Daddy!*«

»Du hast gewonnen, Schatz, du bist mein kleiner Champion. Guck mal, Jan – drei Preise!«

Eine geschäftiges Treiben folgte, während Sarah Geschichten von Brücken aus Maccharoni erzählte, die fünfzehn Pfund schwere Lasten hielten; von einer Linse, die Papier auf der anderen Seite des Zimmers verbrannte; von Fröschen, die in einem Bad aus flüssigem Stickstoff schockgefroren wurden und dann wieder zum Leben erwachten. Wade brachte die Kühltasche mit den Mäusen herein.

»Wade! Du bist mein Held – Omar wird diese Mäuse lieben. Hast du ihn ordentlich gefüttert?«

»O ja.«

Ted öffnete die Tür des Barschranks, holte seinen Lieblingswhiskey heraus und goss sich ein Glas ein. Dann gab er konsterniert klingende Laute von sich. »Was zum –« Er knallte die Flasche auf den Tresen. »Komm her, du kleines Monster.«

»Was ist los, Ted?«

»In der Whiskey-Flasche ist eine tote Maus.«

Wade sah Sarah mit verschwörerischem Blick an, und Sarah sagte: »Dad, der Alkohol im Whiskey hat die Maus garantiert sterilisiert. Er ist absolut trinkbar.«

Ted ignorierte ihre Worte und packte Wade am Kragen, wobei er seine Muschel-Halskette zerriss und die kleinen Perlen in der ganzen Küche verstreute.

»Lass mich runter, du versoffener Vollidiot.«

Ted schleuderte ihn durch die Küchentür in den Flur.

»Ach«, sagte Wade, »das soll wohl der Beweis dafür sein, dass du kein Alkoholiker bist? Aber das *bist* du – du bist ein gottverdammter Säufer, und das weiß ganz Vancouver.«

Sarah stand auf und verbarrikadierte die Tür mit ihren Armen. Nichts auf der Welt konnte Ted dazu bringen, Hand an Sarah zu legen. »Dad, die Maus ist das, was Wade sich unter einem Scherz vorstellt. Du musst lachen, okay?«

»Dieser kleine –«

»Hör auf.« Sarah drehte sich zu Wade um. »Wade, die Maus ist tot, also wird Omar sie nicht fressen. Du schuldest mir eine Maus.«

»Aber sie ist auf dem Weg vom Laden nach Hause gestorben«, sagte Janet.

»Ach so«, sagte Sarah. »Dann sind wir quitt. Komm. Lass uns Omar füttern gehen.«

Die drei Männer waren in dem orangefarbenen Transporter auf dem Weg nach Kissimmee. Es herrschte viel Verkehr, und sie verloren fast eine halbe Stunde an der Zahlstation, wo sie $ 1,25 in Münzen zusammenkratzten. Bryans Haut leuchtete in einem unheilschwangeren gleichmäßigen Kaugummirosa, und Ted stieß sich, gerade als sie ihren letzten Nickel fanden, den unbeschuhten Zeh am Trittbrett des Wagens. Als sie in Kissimmee ankamen, wurden die Schatten der Zypressen, Palmfarne, Pampelmusenbäume und Washingtonia-Palmen bereits länger; die Männer waren verstimmt und gelangweilt und hatten keine Ahnung, wie sie Shw finden sollten. Wade musterte Teds opulente Leih-Unterkunft und johlte: »Viva Las Vegas!«

»Halt die Klappe. Immerhin kostet es nichts.«

In der Diele stand ein Springbrunnen. Ein glänzender, verschnörkelter Triumph des Kunstschmiedehandwerks. Ein pinkelnder Amor sorgte für Geräuscheffekte.

Bryan fragte: »Wann kommt Nickie zurück?«

»Wenn ich das wüsste. Sie ist ausgegangen. Ich hoffe, sie gibt kein Geld aus.«

Bryan stiefelte gleich nach oben, um ein kühles Bad zu nehmen. Ted ging sich frische Sachen anziehen. Wade schaute in den Kühlschrank: eine Familienpackung mit achtundvierzig Hot-Dog-Würstchen und ein 15-Liter-Kübel Salsa. *Ich wusste gar nicht, dass es Salsa in so großen Mengen gibt.* Unverzüglich begann er sich den Magen voll zu schlagen. Er legte sechs Würstchen in die Mikrowelle und schaufelte neben der Spüle mit Tortilla-Chips aus einer angebrochenen Tüte Salsa aus dem Kübel. Die Mikrowelle machte *ping*, Wade holte die Würstchen heraus und beförderte sie nur teilweise zerkaut in seinen Magen. Er vermisste das Gefühl von Hunger, und er liebte die Fähigkeit, ihn leicht und genüsslich zu stillen, wie Sex.

Wade hörte oben Wasser laufen und die Wasserhähne knattern. Voll gefressen setzte er sich auf einen Küchenstuhl. Ted kam in die Küche. »Ich brauche einen Whiskey. Willst du auch einen?« Er nahm eine Flasche aus einem Schrank. »Ich untersuche meine Flaschen immer noch auf tote Mäuse, du Arschloch.«

»Wir müssen ins Hotel fahren. Ich brauche meine Pillen.«

»Entspann dich. Da kommen wir noch früh genug hin. Ich hoffe, diese bekloppte Shwoo oder wie auch immer die heißt hat im Hotel irgendeine Spur hinterlassen. Und hoffentlich hat sie den Wagen nicht in den Everglades versenkt.«

»Dad – wenn ich meine Pillen nicht nehme, geht es mir doppelt so schlecht wie vorhin.«

Ted starrte Wade an; Wade spürte, dass dies das erste Mal war, dass Ted seine Krankheit wirklich ernst nahm. »Okay. Ich hole Bryan, wir können einen Stopp beim Hotel einlegen, damit du deine Pillen einwerfen kannst. Und dann sollten wir zum Krankenhaus fahren und ihm was gegen die Schmerzen besorgen. Er sieht aus wie ein Spanferkel.« Als Ted das Zimmer gerade verlassen wollte, drehte er sich noch einmal um. »Solltest du nicht diesen Kraut Florian noch mal anrufen?«

Wade sah auf seine Uhr. »Gute Idee. Er müsste inzwischen ziemlich neugierig geworden sein.« Wade wählte und geriet erneut an die gelangweilte Frau, aber die Leitung war nach ein paar Sekunden unterbrochen, und als er es ein weiteres Mal versuchte, bekam er keine Verbindung. »Macht nichts«, sagte er zu Ted. »Die Bahamas sind durch eine Angelschnur und eine Menge Wunschdenken mit den Staaten verbunden.«

Bryan kam derart rosa die Treppe herunter, dass Wade sich fragte, wieso Weiße überhaupt als Weiße bezeichnet werden. Sie fuhren zum Peabody Hotel, und als sie oben im Zimmer waren, stieg Ted der Duft von Nickies Parfüm in die Nase. »Was zum Teufel …?«

Bryan durchwühlte Wades Rasierbeutel nach Tylenol, Wade rief noch einmal auf den Bahamas an, bekam jedoch wieder die gleiche unbrauchbare Verbindung, die nach fünf Sekunden versagte. Dann fuhren die Männer zum örtlichen Krankenhaus, wo die Belegschaft einen Blick auf Bryan warf, seinen Zustand erkannte und ihn auf eine Trage packte, um dann eine halbe Stunde damit zuzubringen, seinen Versicherungsstatus zu untersuchen, bevor sie ihn würdig erachteten, als Patient behandelt zu werden. Schließlich bekam er diverse Spritzen sowie ein Rezept für Schmerzmittel und eine Salbe, das mit den letzten hundert Dollar auf Bryans MasterCard bezahlt wurde.

Bryan lag high von Schmerzmitteln auf der Trage, als Wade und Ted ihren Blick durch die Notaufnahme schweifen ließen und Janet und Nickie entdeckten.

Was zum Teufel …? »Mom?«

»Wade? Ted? Was tut ihr denn hier?« Da sah sie Bryan. »Du lieber Gott!« Sie lief zu ihm hinüber.

Ted sagte: »Nur die Ruhe. Es ist bloß ein Sonnenbrand. Im Moment ist er im Land der Träume. Viel interessanter ist, was *ihr zwei* hier macht? Und war das dein Parfüm, das ich oben im Hotelzimmer gerochen habe, Nix?«

»Ja, Ted, das war es. Janet und ich haben eine lesbische Affäre. Von dir lassen wir uns unsere heimliche Liebe nicht verbieten.«

»Sehr witzig.«

Janet sagte: »Wir sind heute Morgen in einen Restaurantüberfall geraten. Jetzt wollen wir den Kellner besuchen, der dabei angeschossen wurde. Wir sind gerade angekommen.«

»Überfall?«, fragte Wade.

»Uns ist nichts passiert. Shw war auch dabei.«

Als Shws Name fiel, horchten die Männer auf. »Wirklich?«

»Ich frage mich ernsthaft, ob diese Frau vielleicht ein durch und durch schlechter Mensch ist«, sagte Janet. »Sie verkauft das Baby an irgendeinen Autoerstatzteilmagnaten in Daytona Beach. Verkauft das Baby! Ted, wir müssen unsere Differenzen beiseite schieben und ein paar Rechtsanwälte engagieren.«

»Daytona Beach …«, sagte Wade.

»Kennt ihr den Namen dieses Typen?«, fragte Ted.

»Nein. Wieso?«

»Ted? Wade?«

»Glaubt ihr, dass sie jetzt auf dem Weg dorthin ist?«

»Wer weiß. Wahrscheinlich.«

Wade und Ted wechselten einen Blick. »Mom«, sagte Wade, »wir müssen los.«

»Wohin?«

»Lange Geschichte.« Wade war bereits auf halbem Weg zur Automatiktür, als Ted Bryan von der Trage zerrte.

»Ted …«, rief Nickie.

»Kann jetzt nicht reden, Nix – wir müssen los.«

Und schon waren sie fort.

17

Als Janet und Nickie durch die Tür der Notaufnahme traten, schlug ihnen ein Schwall heißer Nachtluft ins Gesicht. Am anderen Ende des Geländes rasten die drei Männer in Howies orangefarbenem Transporter davon – kein Howie an Bord. Die Reifen quietschten, als Wade den Wagen auf die Straße lenkte, woraufhin Janet sich zu Nickie umdrehte: »Wie *machen* Männer das bloß? Ich fahre seit vierzig Jahren Auto, und bei mir haben die Reifen noch kein einziges Mal gequietscht.«

Wieder im Krankenhaus erfuhren sie, dass Kevins Zustand stabil war und dass er schlief. Die beiden Frauen kauften ein Bündel silberfarbener, rosé überhauchter Mylar-Ballons und eine Gute-Besserung-Karte und legten beides neben sein Bett. Eine Schwester fragte, ob Janet und Nickie Verwandte von ihm seien. Janet sagte: »Nein, aber –«

Die Schwester legte rasch den Finger auf ihre Lippen: »*Pssssst!* Kein Wort mehr. Ich habe keine Ahnung, welche Rolle Sie im Leben dieses Mannes spielen, aber er braucht ein paar lebenswichtige Medikamente. Wir wissen nicht, wen wir kontaktieren sollen, und irgendjemand muss in seine Wohnung fahren und seine Sachen holen. Könnten Sie das tun?«

»Klar.«

Die Schwester reichte Janet einen Post-It-Zettel mit einer Adresse auf der Rückseite, die von einem Führerschein abgeschrieben war. »Und hier sind die Schlüssel, die er in der Tasche hatte. Einer davon müsste passen.«

Die beiden Frauen fuhren mit dem Lift nach unten. Janet sagte: »Weißt du, das hier war eigentlich als Familienwoche gedacht, bei der wir uns alle näher kennen lernen sollten –

dieser ganze NASA-Klimbim: Frühstück mit Morgenandacht, Schlauchbootfahrten durch die Sümpfe, eine zufällige Begegnung mit einem Mitglied der Kennedys … Du kannst dir gar nicht *vorstellen*, wie die anderen Astronautenfamilien drauf sind. Die sind praktisch selber Astronauten – spiegelblank polierte Schuhe, zu viele Zähne, die Hälfte von ihnen ist beim Militär und hat so einen bellenden Kommandoton am Leib. Ich krieg echt zu viel, wenn ich sehe, wie begeistert die bei der Sache sind. Unsere eigene Familie ist eine Katastrophe.«

Nickie sagte: »Das bezweifle ich. Die Menschen sind ziemlich nachsichtig, wenn es um die Familien anderer Leute geht. Die einzige Familie, die man wirklich entsetzlich findet, ist die eigene. Hey – verstehst du dich gut mit Sarah?«

»Mit Sarah? Ich glaub schon. Ja.«

»Was soll das heißen, du ›glaubst schon‹?«

»Wir zwei haben uns eigentlich nie wirklich gestritten.«

»Das glaube ich dir nicht.«

»Dann eben nicht. Aber es ist mein voller Ernst. Nicht *ein*mal in fast vierzig Jahren.«

»Wieso sagst dann, du *glaubst*, dass ihr euch versteht?«

»Sarah war immer Teds Baby. Ich war so geschockt und verunsichert, als sie geboren wurde. Ted nicht. Er sprang einfach ins kalte Wasser. Er ist in mancher Hinsicht stärker als ich. Er erkannte in Sarah ein Potenzial, das ich nicht sah. Dafür schäme ich mich.« Janet senkte den Blick in ihren Schoß und sagte: »Sarah liest mir irgendwas von den Augen ab; ich weiß nicht, was es ist – aber sie ist mir gegenüber immer sehr reserviert gewesen. *Nett* zwar, aber sie hat sich mir nie richtig geöffnet. Nie.«

Nickie schwieg.

Nachdem sie über einem Stadtplan beratschlagt hatten, fuhren die beiden Frauen in das Viertel, in dem Kevin wohnte. Die Nachtluft war dunkel und blumig, ölig und verseucht. Janet sah zur Rechten einen Schwarm Vögel, und ihr wurde bewusst, wie selten nach Sonnenuntergang noch Vögel zu sehen sind. Sie fuhren an einem schwarzen Mercedes mit Motorbrand und einem Haufen Zitronen vorbei, der ohne ersichtlichen Grund am Straßenrand lag.

Florida.

Minuten später befanden sich die Frauen auf einem Trailerpark im nordwestlichen Teil von Orlando. »Willkommen bei Kevin«, sagte Nickie, als sie die Tür zu dem Wohnwagen öffneten, der ein wenig Schlagseite hatte. Janet setzte sich an den Küchentisch. Eines seiner Beine wurde von einem Stapel ungeöffneter Rechnungen voller Kaffeeflecken und Zigarettenlöcher gestützt. Sie betrachtete Fotos in 5-Dollar-95-Rahmen von WalMart. Auf den meisten alberte Kevin zwischen lauter Fragmenten von Disney-Figuren mit seinen Freunden herum. Offenbar simulierten sie einen Geschlechtsakt – ein Betriebsfest? Auf der Kühlschranktür klebten außerdem aus Magneten gebildete Wörter.

»Dieses Magnetbuchstabenzeugs bringt mich zur Weißglut«, sagte Nickie.

»Wieso?« Nickie goss sich gerade einen Grapefruit-Saft ein; Janet beneidete sie, denn Grapefruit-Saft war für sie tabu – die Säure verätzte ihr Zahnfleisch.

»Niemand bringt je was Gutes damit zustande. Aber es wirft sie auch keiner weg.«

Die Blicke beider Frauen blieben an einem Kalender mit männlichen Pin-ups neben dem Telefon hängen. »Mann, ist das hier schwul«, sagte Nickie. »Zum Schreien.«

»Lass uns einfach die Pillen holen. Ich bin müde. Ich will ins Bett.«

Sie fanden zwei Dutzend Fläschchen mit Kevins Pillen, die sie in eine Supermarkttüte steckten. Nickie setzte Janet am Peabody ab und fuhr dann wieder los, um die Medikamente abzuliefern.

Janet sehnte sich nur nach einer raschen Dusche und Schlaf, doch als sie oben die Zimmertür öffnete, stand sie vor der nur mit Slip und Unterhemd bekleideten Beth. Diese hatte bereits eine Reihe Cocktails intus und war ziemlich mies drauf. Im Zimmer roch es wie in einem Steakhaus.

»Wo ist Wade?«, fragte Janet. »Und was ist das für ein Geruch?«

Sie entdeckte zwei vollständig ausgeweidete Zimmerservice-Teewagen.

»Was ich mir von deinem Sohn für einen Mist gefallen lassen muss – *o Mann.* Er lässt mich im Stich, um nach Disney World zu fahren, und ich vertrödele den ganzen Tag in verdammten Touristenfallen. Als ich zurückkomme, ruft ein Typ von Budget an, der Mietwagenfirma, und es stellt sich heraus, dass er meinen Wagen zu Schrott gefahren hat – meine Kreditwürdigkeit kann ich jetzt für immer vergessen, vielen Dank –, und dann haut er mit deinem schwachsinnigen Ex und Bryan ab.«

Sie ist betrunken. Sie weiß nicht, was sie sagt. Halt dich zurück, Janet.

»Aha.«

»Und schließlich hinterlässt er mir noch diese lahme Ausrede auf dem Anrufbeantworter, er müsse irgendwas für *Norm* erledigen.«

»Norm?«

»Einer von Wades alten zwielichtigen Freunden. Besitzt ein Baseballteam oder so was Ähnliches. Er strahlt Finsternis aus wie die Sonne Licht.« Beth öffnete eine Minibarflasche Tequila. »Wenn man beim Tequila angelangt ist, weiß man, dass man die letzten Reste aus der Minibar kratzt.« Sie goss ihn in ein halbes Glas Wasser, nahm einen Schluck und starrte dann auf den Teppich: »Wade geht zugrunde. Es ist die Hölle für ihn.«

»Tja, wie auch immer. Wer hat das alles gegessen?«

»Ich – Steak – nicht bloß eine Portion, sondern *zwei.*«

Die Vorstellung, dass Steak etwas irgendwie … Exklusives sein sollte, kam Janet überholt und traurig vor.

»Warte, bis er die Hotelrechnung sieht«, sagte Beth. »Er wird sich in die Hose scheißen.«

»Äh, ja, das kann wohl angehen.«

Janet hatte wenig Geduld mit Betrunkenen, doch hier sah sie eine fantastische Gelegenheit, aus Beth die Antworten auf ein paar Fragen herauszuquetschen, die sie schon seit einer Weile bewegten. »Beth, du freust dich bestimmt schon sehr auf das Baby.«

»Ja.« Beth machte ein trotziges Gesicht.

»Vielleicht könntest du etwas anderes trinken als Alkohol. Kann ich dir einen Saft aus der Minibar holen?«

»Nein, meine Mutter war ständig blau, als sie mit mir schwanger war. Wenn ich heute Abend mal was trinke, wird das schon nichts schaden.« Sie umklammerte das Glas fester.

Janet sagte: »Du machst den Eindruck, als hättest du Sorgen.«

»Wade wird bald tot sein und in der Hölle schmoren, und dann hocke ich alleine hier und habe noch ein zweites Maul zu stopfen.«

»Warum wird Wade sterben?«

»Du bist verflucht, genau wie er. Du trägst das gleiche Mal.«

»Das gleiche *Mal?* Beth, Wade und ich haben – genau wie du bis vor kurzem, wie ich hinzufügen möchte – eine chronische Krankheit, die man jedoch in den Griff bekommen kann.«

Beth schnaubte, und ihr Kopf sackte leicht nach vorn, als der Alkohol ihre Muskeln erschlaffen ließ.

»Also gut. Sag mal, Beth, was haben deine Eltern zu deiner Schwangerschaft gesagt? Wade hat mir nichts von ihnen erzählt.«

»Meine Eltern könnten ebenso gut tot sein. Ihre Hirne sind wie verschimmeltes Brot. Der Suff.«

»Beth, du bist betrunken, und diese Unterhaltung führt zu nichts. Der heutige Tag war schon zu lang, und ich habe einfach nicht die Energie, dir alles aus der Nase zu ziehen. Ich gehe ins Bett.«

Janet ging zu ihrem Koffer und holte ihr Nachthemd heraus. Sie war auf dem Weg ins Badezimmer, als Beth sagte: »Er hat Flecken auf den Schienbeinen. Große. Viele. An den Waden auch.«

Janet blieb stehen und drehte sich um. »Seit wann?«

»Seit zwei Monaten. Seine Beine sehen aus wie Gorbatschows Kopf.«

»Aha.«

»Das ist der Anfang vom Ende.«

»Nein, ist es nicht. Es gibt inzwischen Medikamente gegen das Kaposi-Sarkom.«

»Janet –« Beth war plötzlich wieder klar, »– die wirken nicht.«

Janet setzte sich auf einen Stuhl neben der Badezimmertür. »Tut mir Leid, dass ich dich so angeschnauzt habe.«

»Ich hatte es verdient, angeschnauzt zu werden.«

»Spricht er über seine Krankheit?«

»Wade? Was glaubst du?«

»Ich nehme an nein.«

Beth klagte über Erschöpfung und schlief während der Lokalnachrichten innerhalb weniger Minuten vor dem Fernseher ein. Janet verhüllte die beiden Zimmerservice-Wagen mit den dazugehörigen weißen Tüchern, rollte sie in den Flur und machte dann ihre Couch zum Schlafen fertig. Beth schnarchte wie ein Müllzerkleinerer, und trotz des turbulenten Tages fand Janet keinen Schlaf. Um vier Uhr morgens bemerkte sie das blinkende rote Nachrichtenlämpchen am Telefon. Wie Wade in der Nacht zuvor hörte sie die Aufnahme ab.

Wade? Bist du da? Was ist los? Ich habe grade wieder Kaffeepause. Alanna sagt, du, Dad und Bryan seid aufgekreuzt und habt euch Howies VW-Bus genommen – wie ungezogen. Und dann haben ein paar Stunden später zwei Typen an der Tür geklingelt und Howie mitgenommen, aber die Leute von der NASA sagen, sie hätten keine Ahnung, wer ihn abgeholt haben könnte, also …

Außerdem hab ich heute nichts von Mom gehört, dabei ruft sie sonst immer an – vielleicht stimmt auch da irgendwas nicht. Immer diese Dramen bei den Drummonds. Die Familie Brunswick hat vermutlich bis zum Sonnenaufgang Scrabble gespielt, wobei sie sich bestimmt irgendeine Extrawurst ausgedacht haben, um das Spiel anspruchsvoller zu machen, wie zum Beispiel die Hälfte der Vokale auszusortieren.

Nun, großer Bruder, du willst wahrscheinlich wissen, wie ich meinen Tag verbracht habe. Danke der Nachfrage. Zu den Highlights gehörte das Testen von Agar-Emulsionen, die dazu benutzt werden, Hautzellen fürs Klonen in der Schwerelosigkeit zu binden, ein Probetraining nach den neuen Vorschriften für den Druckausgleich und eine Modifizierung der anschnallbaren Pinkelvorrichtung, was etwas peinlich war.

Wade! Ruf mich an! Ich sitze hier – du wirst es nicht glauben, aber ich habe tatsächlich gerade Kaffeepause, und ich trinke Kaffee!

Bis dann.

Sarah hatte eine Nummer hinterlassen, und Janet rief sie sofort zurück. »Sarah?«

»Mom – du bist so spät noch auf?«

»Ich konnte nicht schlafen.«

»Hey – was ist bei euch da drüben so los?«

Wo soll ich anfangen? »Hast du ein paar Minuten Zeit? Setz dich, Schätzchen.«

Janet informierte Sarah über die Kette von Ereignissen, die sich an dem Tag abgespielt hatten – Nickie, der Überfall (dessen drastische Einzelheiten sie auf ein Minimum beschränkte), Shw und ihre blutgetränkten Fünfziger, die Babykäufer in Daytona Beach, die Männer im Krankenhaus, die Fahrt zu Kevins Wohnwagen, Beths Besäufnis und ihre religiösen Aufs und Abs. »Das wär's.«

»Ich glaube, ich brauche einen Moment, um das zu verdauen.«

»Lass dir Zeit, Liebes.« Janet machte es sich auf dem Stuhl ein bisschen bequemer und trank einen Schluck Wasser.

»Du hörst dich heute Abend etwas besser an«, sagte Sarah.

»Der Soor und die Aphthen sind wieder abgeklungen.«

»Das ist eine gute Nachricht, Mom. Ich bin froh, das zu hören.«

»Sarah – ?«

»Ja, Mom?«

»Weißt du, meine Aphthen –«

»Mh-hm?«

»Die sind nicht einfach von selbst weggegangen.«

»Nein? Nimmst du ein neues Medikament?«

»Ja, allerdings.«

»Ach. Was denn?«

Janet hörte es bei Sarah irgendwo im Hintergrund klingeln. *Ich schulde meiner Tochter Aufrichtigkeit.* »Ich nehme Contergan, Sarah.«

Keine Reaktion.

»Sarah?«

»Ich hab schon verstanden.«

»Sarah, es war nichts mehr übrig, was ich nehmen konnte. Und ich muss das gesamte Internet durchforsten, um mir das Zeug aus Ländern wie Brasilien und Paraguay zu besorgen.«

»Schon gut, Mom.«

»Und ...«

»Mom, hör auf, ja?«

»Ich habe in den letzten Wochen solche Angst gehabt ...«

Sarah wechselte das Thema: »Haben Wade und Howie sich gestern gestritten? Oder vielleicht heute?«

Janet musste kurz nachdenken. »Keine Ahnung. Gestern hat Howie Wade vom Gefängnis abgeholt, aber das ist alles, was ich weiß.«

»Alanna klang so komisch, als ich vorhin mit ihr telefoniert habe. Da lag irgendetwas Unausgesprochenes in der Luft.«

»Bei Wade wäre alles möglich, Sarah.«

»Ich glaube, Howie und Alanna haben eine Affäre.«

»Was?«

»Ja.«

»Wie kannst du so was sagen?«

»Aber es stimmt.«

»Du hast keine Beweise.«

»Hör auf, ihn zu verteidigen!«

Janet hatte das Gefühl, langsam den Verstand zu verlieren. So hatte Sarah noch nie mit ihr geredet. *O je, das gottverdammte Contergan hat den Damm gebrochen.* »Du redest dir was ein, Sarah.«

»Tu ich nicht, und sag *du* mir nicht, was ich fühlen oder denken soll.«

»Aber das *tu* ich doch gar nicht –« *Plötzlich, mit neununddreißig Jahren, benimmt Sarah sich wie ein Teenager.*

»Ich habe Howie nur geheiratet, weil er smart und gut aussehend war.«

»Ja und?« *Was um alles in der Welt geht hier vor?* »Warum erzählst du mir das?«

»Glaubst du, ich weiß nicht, was für ein Langweiler er ist? Und was für ein Wichtigtuer? Die meiste Zeit benimmt er sich wie ein King-Charles-Spaniel, der gerade vom Hundefrisör zurück ist. Aber ich dachte, er hätte gutes Erbmaterial, und er glaubte wohl, er hätte durch eine Heirat mit mir bessere Aufstiegschancen – was sich als richtig erwiesen hat. Ich schätze, wir haben beide bekommen, was wir wollten.«

»Du hast Erbmaterial gesagt. Bist du schwanger?« Janet fragte sich, ob ihr Bedauern darüber, dass sie keine Enkelkinder hatte, in ihre Stimme gesickert war und ihr womöglich einen spöttischen Klang verlieh.

Sarah erwiderte rasch: »Nein.« Nach eine Pause fügte sie hinzu: »Weißt du, ich muss mit ihm *leben.* Stell dir das mal vor – das ist vielleicht ein Spaß! *Sarah, wusstest du, dass dein Toyota zu wenig Reifendruck hat? Sarah, ich glaube, das* Journal *wird jetzt auf anderem Papier gedruckt – ich werde sofort eine Beschwerde schreiben* – So geht das die ganze Zeit.«

»Keine Ehe ist vollkommen, Sarah.«

»Tja, unsere hat – ich weiß nicht – Gefrierbrand.«

»Ich dachte, du –«

»Falsch gedacht.«

Janet versuchte ihre Gefühle neu zu ordnen. *Bleib ruhig.* »Das kommt nur, weil ich dir von dem Contergan erzählt habe. Sonst hättest du nie so mit mir geredet.«

»Und wenn schon? Nicht zu fassen, dass du tatsächlich alles daran gesetzt hast, das Zeug aufzutreiben – das schlimmste Molekül des Universums. Wenn –«

»Sarah, *hör auf* – hör sofort auf.«

Sarahs Stimme wurde ruhig. »Mom, wenn du es von vornherein gewusst hättest – hättest du mich dann bekommen?«

»Sarah, wie kannst du –«

»Na?«

»Es war eine andere Zeit. Wir –«

»Kein Wort mehr, Mom. Ein einfaches ›Nein‹ hätte genügt.«

»Sarah, tu mir das nicht an.«

»Meine Kaffeepause ist vorbei. Ich muss wieder in meinen Anzug steigen. Bis dann.«

»Sarah?«

Janet presste das leere Telefon an ihr Ohr, das brannte, als hätte sie eine Backpfeife erhalten; ihr Kopf fühlte sich an wie ein Heliumballon, und sie konnte nicht mal ihre eigenen Gedanken hören. Sie hatte keinen Schaden anrichten wollen, und doch hatte sie jemandem wehgetan. Dieses Gespräch hatte ihr seit Jahrzehnten auf der Seele gebrannt, und es war furchtbar in die Hose gegangen.

Plötzlich – *o Gott – meine Familie. Ich muss zu meiner Familie.* Das Bedürfnis, bei ihren beiden Söhnen zu sein, überkam sie so heftig wie die chemische Reaktion auf eine schnell wirkende Pille.

Im Hotelzimmer schnarchte Beth vor sich hin. Janet

packte schweigend ihre Medikamente und ihre Kosmetiktasche, raffte ihre paar Kleidungsstücke zusammen, warf sie in ihren Koffer und ging hinunter zum Parkplatz. *Zur NASA kann ich nicht, aber ich kann nach – Daytona Beach. Meine Jungs! Meine Kinder! Ich bin allein – das ertrag ich nicht. Hebt mich hoch. Haltet mich. Lasst mich mit diesem Gefühl nicht allein.*

Janet brach in Richtung Osten auf, verwechselte jedoch die Autobahnen und verfuhr sich. Um fünf Uhr morgens fand sie sich auf dem Parkplatz einer hübschen kleinen Einkaufs-Plaza wieder, die niemandem Böses wollte. Sie lag ein paar Meilen südlich von Cape Canaveral, in Cocoa Beach, dem Schlafzimmer der NASA; dort musste sie Halt machen, als ihre Schlaflosigkeit ihren Tribut forderte, und sie legte sich auf den Rücksitz. Ihr hastig gepackter Koffer diente ihr als Kopfkissen; eine Karte der Counties Flagler, Orange und Volusia schirmte ihre Augen gegen das frühmorgendlichen Sonnenlicht ab. Sie wurde von einem piepsenden Lieferwagen geweckt, der rückwärts in die Einfahrt eines Blumenladens setzte.

Wo sind meine Kinder?

Wade und Bryan waren vermutlich auf dem Weg nach Daytona Beach, und Sarah schlief höchstwahrscheinlich in den Titaniumgedärmen der Abschussrampe für das Space-Shuttle. *Sarah!*

Mit einem Ruck wurde Janet richtig wach. *O nein, wir haben uns gestritten!* Ihr Kopf schmerzte. Sie musste mal, und sie hatte Hunger. Zerknittert und benommen entdeckte sie ein Restaurant einer Billig-Fast-Food-Kette auf der anderen Seite des Geländes, lief hinüber, ging auf die Toilette und nahm ihre Medikamente. Als sie wieder rauskam, erblickte sie am Verkaufstresen … Wade und Bryan, *guter Gott!* Die beiden Männer zankten sich gerade darüber, was sie essen sollten. Wade sah elend aus, während Bryan einer rosafarbenen, sonnenverbrannten Vogelscheuche ähnelte.

»Jungs?«

»Mom?«

Janet schlang ihre Arme um beide. Tränen stiegen ihr in die Augen.

»Mom – was ist passiert?« Wade und Bryan waren alarmiert.

»Es ist wegen Sarah –«

Ihre beiden Söhne erstarrten. »Was ist mit Sarah – Mom, was ist passiert?«

»Wir haben uns gestritten.«

Wade sagte: »Ihr habt euch gestritten?«

Janet griff nach einer Serviette und putzte sich die Nase. »Ich habe mich in meinem ganzen Leben kein einziges Mal mit ihr gestritten, und dann, gestern Abend –«

Wade sagte: »Moment mal – es geht ihr gut, oder? Sie ist nicht tot oder so? Der Start ist nicht abgesagt?«

»Nein.«

Die beiden Männern ließen erleichtert die Schultern sinken. Wade sagte: »Mom, wir reden gleich darüber. Erst mal – hast du Hunger?«

»Einen Mordshunger.«

»Dann lass uns frühstücken.«

Bryan fragte: »Worauf hast du Appetit?«

»Pfannkuchen«, sagte Janet. »Fünfzig Pfannkuchen.«

Sie bestellten, und der Kassierer forderte sie auf zu zahlen. »Mom«, fragte Wade, »hast du Geld dabei?«

»Ja, natürlich.« Sie öffnete ihre Handtasche und zählte dem Kassierer lauter Eindollarscheine in die Hand. »Hat denn von euch beiden keiner Geld?«

»Also – um ehrlich zu sein: Nein.«

Janet hielt inne. »Moment – wie wolltet ihr denn euer Essen bezahlen?«

»Wir, ähm –«, wand sich Wade.

»Wir wollten die Zeche prellen«, sagte Bryan.

»*Wie* bitte?«

»Wir sind pleite.«

»Wo ist euer Vater?«

»Er sitzt um die Ecke im Auto.«

»Jungs, wie *konntet* ihr nur?« Das Essen kam, und Janet sah ihre Söhne an. »Großer Gott, ihr beide seid doch erwachsene *Männer.*«

»Wir sind am Verhungern«, sagte Bryan. »Wir haben heute Nacht am Strand geschlafen.«

Wade fügte hinzu: »Wir hätten ja im Wagen übernachten können, aber leider hat Bryan drinnen überall Benzin verspritzt.«

»Das war keine *Absicht*, Wade.«

»He, Mom«, sagte Wade, dessen Radar für ungewöhnliche Vorkommnisse sich meldete, »was ist mit dir? Ich meine, was machst *du* um acht Uhr morgens in so einem schäbigen Laden in Cocoa Beach?«

»Ich habe euch gesucht. Ihr seid auf dem Weg nach Daytona, stimmt's? Stimmt's?«

Ihre Söhne machten ein schuldbewusstes Gesicht.

»Also hatte ich Recht. Aber was zählt, ist, dass ich euch unbedingt finden wollte, und das ist mir gelungen.«

Ihre Bestellung wartete auf dem Tresen. »Kommt, Leute, wir setzen uns.« Wade geleitete sie zu einem Tisch, dessen Platte mit haarschuppenähnlichen Zuckerpartikeln und Kafeerändern übersät war. »Lasst uns essen.«

Sie waren gerade dabei, ihr Frühstück auszuwickeln und aus den Schachteln zu nehmen, als Ted hereinkam. »Was zum Teufel …?«

Er sah Janet überrascht und neugierig an. »Was machst *du* denn hier? Wann bist du –?« Dann fiel sein Blick auf das Frühstück. »Ach, was soll's. Ich hab Mordshunger.« Er setzte sich. »Wo ist am wenigsten Fett drin?«

»Ted, das ist Fast-Food«, sagte Janet. »Selbst die Eiswürfel enthalten Fett.«

»Aha.« Er öffnete eine Schachtel und schob sich einen englischen Muffin in einem Stück in den Schlund.

Wade sagte: »Herrje, Dad, du bist doch nicht Omar, die Schlange. Wie wär's mit Kauen?«

Es folgte ein Moment der Stille, und dann sagte Janet: »Tja, Leute, freut mich, dass ihr euch alle so dafür interessiert, wie ich gestern bei dem Restaurant-Überfall beinahe erschossen worden wäre.«

Die Männer beeilten sich, sich zu entschuldigen. *Es ist nicht so, dass sie nicht in der Lage wären, sich für das Wohl ihrer Mitmenschen zu interessieren – es würde ihnen nur nie in den Sinn kommen. Sie sind so anders als Frauen.*

Janet verbrachte die nächsten Minuten damit, den drei Männern von dem Überfall zu erzählen. Als sie geendet hatte, lehnten Wade und Bryan sich zurück und stießen einen Pfiff aus. Ted schwieg. So viel Anteilnahme hatte ihr seit Jahren niemand mehr entgegengebracht. *Nun ja, zumindest scheinen sie alle einigermaßen froh zu sein, dass ich noch da bin.*

Teds Handy hatte keinen Saft mehr, daher ging er zum Münzfernsprecher, um Nickie anzurufen, kehrte jedoch kurz darauf zurück. »Keiner da. Ich habe eine Nachricht hinterlassen, dass es uns allen gut geht.« Er setzte sich wieder und machte sich daran, die Reste seines Frühstücks zu vertilgen.

Bryan hatte frischen Kaffee geholt. Als er wieder an den Tisch kam, fragte er: »Mom, was ist denn nun mit dem Krach, den du mit Sarah hattest?«

Daraufhin spuckte Ted einen halb zerkauten englischen Muffin auf die verdreckte Laminat-Tischplatte. »*Was* hattet ihr?«

Janet sagte: »Wir hatten Streit, Ted.«

»Was soll das *heißen*, ihr hattet Streit? Ihr zwei könnt euch gar nicht streiten.«

Janet verdrehte die Augen, Wade sagte: »Dad, halt den Mund und iss.« Dann wandte er sich seinem Bruder zu: »Kein Wort mehr darüber, solange *er* dabei ist.«

Ted hakte nach: »Du und Sarah, ihr habt euch nie gestritten, *niemals.*«

»Es gibt für alles ein erstes Mal, Ted.«

»Worum ging es bei dem Streit?«

Janet weigerte sich zu antworten.

Ted sagte: »Ach, du strafst mich mit Schweigen. Verstehe.«

»Ja, Ted«, sagte Janet. »Ich werde hier sitzen und vor mich hin köcheln. Köchel, köchel, köchel, köchel. Bryan, könntest du mir ein Päckchen Salz rübergeben?« Sie knabberte an einem kalten Kartoffelpuffer. Sie sagte: »Wie ich hörte, habt ihr eine erfrischende Nacht am Strand verbracht.«

»Unser Dummerchen hat im Wagen mit Benzin gekleckert. Mich haben die ganze Zeit die Mücken gestochen.«

Bryan warf ein: »Wenigstens hat der Sand meinen Sonnenbrand gekühlt.«

Janet sagte: »Howie ist bestimmt begeistert, wenn er hört, was für Abenteuer ihr mit seinem Wagen erlebt.« Ein verschwörerisches Kichern war die Antwort. Sie setzte ihren Kaffee auf dem Tisch ab. »Also, eigentlich wollte ich euch fragen, was ihr mit Howies Wagen macht und warum ihr auf dem Weg nach Daytona Beach am Strand schlaft, aber wisst ihr was? Ich habe beschlossen, dass es vermutlich am besten ist, wenn ich das nicht weiß.«

Bryan sagte: »Dad hat sich gestern mit Beths Mietwagen überschlagen – die Kiste ist total hinüber. Hey – weißt du was? Shw wird das Baby behalten!«

»Wie schön«, sagte Janet. Sie sah Wade an und zog die Augenbrauen hoch: *Weiß Bryan von dem drohenden Baby-Verkauf?* Wade schüttelte den Kopf: *Nein.*

Bryan fuhr fort zu erzählen: »... und dann mussten wir zur nächsten Tankstelle laufen, aber Shw hat uns gesehen, uns aufgelesen und in ihrem Kofferraum mitgenommen.«

»Was du nicht sagst.«

»Unser kleines Dummerchen hat sich beim Fußmarsch auf dem Freeway einen Sonnenbrand geholt«, fügte Ted hinzu, »daher unser kurzer Besuch im Krankenhaus gestern Abend.«

»O *nein.*«

Die Männer hatten am Hotel gehalten, um Wades Pillen zu holen, und waren dann in Richtung Daytona Beach weitergefahren, hatten jedoch irgendwo unterwegs eine falsche Ausfahrt genommen, und dann war ihnen das Benzin ausgegangen. Da keiner von ihnen mehr Geld hatte, hatten sie die Nacht am Strand verbracht.

»Was seid ihr bloß alle clever.« Sie wartete auf eine Gesprächsflaute, um eine Reihe von Fragen zu stellen: *Wie kommt ihr an Howies Wagen? Wo ist Howie geblieben? Warum liegt euch dreien so viel daran, dieses groteske kleine Wesen Shw zu finden?* Farbenfroher, fettiger Müll lag auf der Theke rund um ihre Sitzecke verstreut. »Mom«, sagte Wade, »ich brauche Geld.«

Janets Gesichtsausdruck verriet nicht das geringste Erstaunen.

»Wenn du uns ein bisschen was leihen könntest, wäre das toll«, sagte Wade. »Wir *müssen* diese Tour machen, sonst werden wir vermutlich immer größere Dummheiten anstellen, bis einer von uns wieder im amerikanischen Gefängnissystem landet. Und das kannst du doch nicht wollen.«

»Jetzt erzähl schon von deinem Streit mit Sarah«, sagte Ted. »Was ist passiert?«

Janet gab klein bei: »Wenn du's unbedingt wissen willst – ich hab ihr erzählt, dass ich Contergan gegen meine Aphthen nehme. Ich fand, so viel Aufrichtigkeit schuldete ich ihr.«

Ted fiel die Kinnlade herunter. »Du nimmst *Contergan?* Das kann nicht wahr sein. Ach du *Scheiße.*«

»Halt den Mund, Ted. Ich habe schließlich nicht vor, mich schwängern zu lassen.«

»Diesen Mist zu schlucken ist doch pervers. Man sollte jedes einzelne Molekül von diesem grässlichen Zeug verbrennen.«

Dass Ted dieses Thema so nahe ging, verblüffte Janet. »Ted, ich versteh nicht, wieso *du* dich deswegen so aufregst.«

»Natürlich nicht. Herrgott noch mal.«

»Dann erzähl ich dir eben nichts mehr.«

»Es geht noch weiter?«

»Ja, es geht noch weiter. Sie hat mich gefragt, ob ich sie … abgetrieben hätte, wenn ich das mit ihrer Hand gewusst hätte. Ich hab nicht wie aus der Pistole geschossen mit ›nein‹ geantwortet. Natürlich *wollte* ich ›nein‹ sagen, aber ich habe eben so gesprochen wie sonst auch, und dann war sie beleidigt und –«

»Und *was?*«

»Sie hat aufgelegt. Das ist alles.«

»Mein kleines Mädchen hat einen Weltraumflug vor sich, und du sagst ihr, dass du sie gar nicht wolltest?«

»Sei kein Idiot, Ted. Du weißt, dass das nicht stimmt.«

»Ach ja? Seit wann kannst du Gedanken lesen?«

Ihre Stimmen wurden immer lauter. Wade schnappte sich Janet und sagte: »Lass uns fahren, Mom.« Als sie zur Tür hinausgingen, schirmte Bryan sie gegen Ted ab, der ihnen nach draußen folgte und dabei weiter auf Janet einpöbelte.

»Wie konntest du ihr das antun?«

»Ich hab ihr *gar* nichts angetan, Ted. Das spielt sich alles nur in ihrem Kopf ab.« Inzwischen standen sie draußen auf dem Parkplatz neben dem orangefarbenen VW-Bus.

»Du hast nie eine echte Beziehung zu ihr gehabt«, sagte Ted. »Du hast dich ihr nie geöffnet. Du warst kalt.«

Janet blieb abrupt stehen und drehte sich um. »Wie bitte?«

»Du hast mich schon verstanden«, sagte Ted. »Du hattest Schuldgefühle wegen ihrer Hand. Du hast dich geschämt –«

»Wie kannst du es auch nur im *Traum* wagen, mir vorzuwerfen, ich –«

Wade schritt ein. »Dad, du entschuldigst dich bei Mom. *Sofort.*«

»Nein. Tu ich nicht. Weil es stimmt. Sieh ihr in die Augen. Ihr Blick sagt alles. Ich habe in Sarah wenigstens die Zeichen erkannt, dass sie es zu etwas Großem bringen würde. Für eure Mutter war sie einfach nur gezeichnet.«

»Das reicht«, sagte Wade. Er rammte seinen Vater in die Magengegend und brüllte: »Bryan, hol das Seil.«

»Was tust du?«, fragte Janet.

»Lass micht *los*, du verdammter Schwachkopf.«

Bryan holte rasch eine Rolle Seil aus dem Pannenset des Wagens, während Wade seine Füße auf die Schultern seines Vaters setzte und Teds Arme im Polizeigriff hinter seinem Rücken festhielt. Blitzschnell traten Bryans pfadfinderische Fähigkeiten in Aktion, und Teds Füße wurden so säuberlich gefesselt wie die eines Rodeo-Stiers, während er fluchte wie eine ganze Kompanie.

»Schnapp dir seine Arme«, sagte Wade. »Bind sie zusammen.«

Mit beachtlicher Kunstfertigkeit verschnürte Bryan seinen Vater vollends zu einem Bündel.

»Das Seil tut mir weh, du Vollidiot. Bind mich los.«

Bryan sagte: »Nein, das werd ich nicht.«

Ted sagte: »Jan, ruf diese Gorillas zurück. Himmel noch mal.«

Janet musterte ihn von oben bis unten und sagte: »Weißt du was, Ted? Ich denke, das werde ich nicht tun.«

Wade sagte: »Bryan, nimm seine Füße. Wir werfen ihn in den Wagen.« Die beiden Männer holten Schwung – eins-zwei-drei-*hopp!* –, und Ted landete wie eine alte Sporttasche auf dem Boden des Transporters. »So«, sagte Wade. »Du bist unsere Geisel.«

»Wovon wollt ihr mich denn abhalten?«

Mutter und beide Söhne dachten kurz nach. Dann sagte Janet: »Sarahs Start. Der Lift-off wird ohne dich stattfinden, Ted.«

»Ihr verdammten Arschlöcher, ihr geisteskranken kleinen –«, doch seine Beschimpfungen wurden von Bryan erstickt, der in Howies gut bestücktem Erste-Hilfe-Kasten herumgeraschelt und eine dicke, korallenrote Bandage gefunden hatte, die er seinem Vater auf den Mund klatschte.

»Voilà.« Bryan strahlte.

Es folgte ein kurzer Augenblick der Ruhe, während Janet

und ihre Söhne vor dem Transporter standen und Ted betrachteten. »Mom«, sagte Wade, »steig ein.«

Janet zögerte für den Bruchteil einer Sekunde und sagte dann: »Okay. Aber lass mich meine Sachen aus meinem Mietwagen holen.« Ihre Söhne halfen ihr dabei, und Janet fühlte sich ... *fantastisch,* als sie auf die Straße einbogen. »He, ich dachte, ihr hättet kein Benzin mehr –«

Wade und Bryan lächelten.

Frag nicht.

»Wade, könntest du so lieb sein, mir ein bisschen mehr über das zu erzählen, was hier vorgeht?«

Wade zuckte mit den Schultern, und er erzählte seiner Mutter von Disney World, Norms Herztod, dem Brief, Shws Kofferraum, dem Wettrennen nach Daytona Beach ... Als er fertig war, starrte Janet schweigend auf die vorbeiziehenden Marschwiesen, Schilder, die den Bau von Eigentumswohnungen ankündigten, und plattgefahrene Tiere.

»Nun, Mom, was denkst du?«

Janet dachte an den Brief – die perfekte Kristallisation all dessen, was zwischen Mutter und Kind unausgesprochen geblieben war. Und dann sah sie oben am Himmel einen Wall kartoffelbreiähnlicher Columbia-Pictures-Wolken. Sie hatte eine Idee – oder den Keim einer Idee. »Ich denke, wir sollten beim nächsten Einkaufszentrum halten.«

»Warum?«

»Wir müssen Umschläge kaufen und den Brief vervielfältigen.«

»Wovon redest du?«

»Wade, schau mir in die Augen. Sieh mich an und sag mir, dass du einen so kostbaren Brief irgendeinem Ungeheuer aushändigen würdest, das tatsächlich Geld für so etwas ausgibt.« Janet wartete einen Moment. »Siehst du? Das kannst du nicht. Wenn du es könntest, wärst du nicht mein Sohn.«

Wade ließ ihre Worte sacken. Janet fand, dass er den Vorschlag recht gut aufnahm. Er sagte: »Okay. Klar. Aber warum sollten wir ihn dann kopieren?«

»Sollen wir uns so eine gute Gelegenheit zum Geldverdienen durch die Lappen gehen lassen? Ich bin vielleicht deine Mutter, aber ich bin nicht verrückt.«

Bryan sagte: »Gut. Dann brauchen wir uns nicht die Mühe zu machen, das Original in Shws Kofferraum zu suchen.«

»Nur über meine Leiche. Dieser Brief wird gerettet.«

»Aber das königliche Briefpapier –«, sagte Bryan.

»Unsinn. Das ist von Hallmark oder einer ähnlichen Firma. Norm wollte nur nicht, dass ihr die Karte selbst behaltet. Habt ihr sie gemessen?«

»Ich«, sagte Wade. »Achtzehn mal zwölf.«

»Hast du dafür ein Lineal benutzt?« Janet kam sich vor wie ein Mafiaboss.

»Meine Finger. Von der Spitze meines Zeigefingers bis zur Spitze meines Daumens sind es genau zwölf Zentimeter. Von meinem kleinen Finger bis zu meinem Daumen sind es achtzehn.«

»Fahr bei dem Einkaufszentrum da rein.«

Das nächste Shoppingcenter an der Straße war etwas touristischer. Sie parkten und ließen Ted auf dem Boden liegen wie eine volle Einkaufstüte. Der Grußkartenladen machte gerade auf, als sie ankamen. »Siehst du?«, sagte Janet. »Ein gutes Zeichen – das Universum *will*, dass wir den Brief kopieren.«

Sie gingen durch den Laden und hatten schließlich mehrere Schachteln Umschläge für Hochzeitseinladungen zusammen, die fast genauso aussahen wie der des Originals, Dutzende dazu passender Karten und diverse Stifte und Kladdeblöcke.

»Was jetzt?«, fragte Bryan.

»Da rein.« Sie gingen in einen Discount-Buchladen und fanden schon bald Bücher über Prinzessin Diana, eins davon mit einem Foto des Umschlags auf dem Sarg. Sie kauften es und gingen in einen Starbucks-Klon, holten sich Kaffee und ließen sich mit einer Auswahl von Schreibstiften an einem Tisch nieder.

»Okay, Jungs«, sagte sie. »Jetzt lasst uns Schönschreiben üben. Als Erstes müssen wir den Umschlag richtig hinkriegen. Um die Karte, die da hineinkommt, können wir uns nachher kümmern.«

Sie begannen, wieder und wieder das Wort »Mummy« zu schreiben, wobei sie versuchten, dem Original so nahe wie möglich zu kommen. Bryan sagte: »Wade, müsstest du nicht Beth anrufen? Ich meine, du hast sie praktisch im Hotel sitzen lassen.«

Wades Gesicht wurde rot, und er sah Janet an. »Der Akku von Dads Handy ist leer. Im Moment möchte ich nur diese Umschläge beschriften.«

Mummy

Mummy

Mummy

Mummy

Mummy

Janet dachte an ihre Mutter, die in den 70er Jahren während eines Urlaubs am Lake Huron an einem Schlaganfall gestorben war. Ihr Tod an sich machte Janet nicht traurig. Was sie traurig machte, war, dass sie nie wirklich gewusst hatte, was ihre Mutter für ein Mensch war. Janet hatte Angst, dass es vielleicht gar nicht möglich war, ihre Mutter und darüber hinaus auch alle anderen Menschen richtig kennen zu lernen. Das Leben ihrer Mutter war zu einem sehr großen Teil von ihrem Mann vereinnahmt worden. Einmal, als Janet bereits mit Ted verheiratet war und drei Kinder mit ihm hatte, fragte sie ihre Mutter, ob sie ihren Mädchennamen vermisse.

»Meinen Mädchennamen vermissen? Gute Güte, nein. Den habe ich in dem Moment weggeworfen, als ich ›Ja‹ gesagt habe.«

Weggeworfen? So viel Selbstverleugnung war Janet unbegreiflich. Sie musste an Bilder von Nonnen aus Quebec denken, die sich aus einem fehlgeleiteten Aufopferungsideal heraus hatten einmauern lassen. Doch trotz alledem hatte Janets Mutter sich für ein menschliches Wesen, das im Jahr

1902 ohne Penis geboren worden war, eigentlich ganz gut geschlagen, während Janet, der unendlich viel mehr Optionen und Freiheiten zur Verfügung standen, auf ganzer Linie versagt hatte. *Versagt? Nach welchem Maßstab? Wenn ich mich geschickter angestellt hätte, wäre ich heute … tja, was – Richterin? Die Schulterpolster tragende Chefin irgendeines Elektronikkonzerns? Besitzerin einer Muffin-Bäckerei? Das soll Erfolg sein? Erfolg ist Versagen, Versagen ist Erfolg. Wir haben so viele verschiedene Signale zugleich erhalten, dass am Ende nichts aus uns geworden ist. Meine Tochter hingegen – sie hat es geschafft.*

Schnitt …

»Vielleicht sollten wir Dad zur Toilette gehen lassen«, sagte Bryan.

»Nein«, erwiderte Wade.

Janet sagte: »Es war sehr ungezogen von euch beiden, ihn so zu fesseln.«

»Er hat es verdient, gefesselt zu werden.«

»Ich hab nicht gesagt, dass er es nicht verdient hat.«

»Aha. Na dann.«

Sie fuhren mit ihren Schönschreibübungen fort. Bryan war zu Janets Überraschung der Beste von den Dreien. »Du bist sehr gut, Bryan.«

»Danke. Durch das Gitarrespielen bin ich fingerfertiger geworden.«

»Das sehe ich.«

»Woran denkst du?«, fragte Wade seine Mutter. »Du machst ein Gesicht, als hättest du ein Geheimnis.«

»An nichts Besonderes. Nun ja, ehrlich gesagt an meine Mutter. Du hast sie nie richtig kennen gelernt.«

»Ein bisschen schon«, sagte Wade. »Grandma Kaye. Sie hat nie ein Wort gesagt, und sie roch nach Hautcreme.«

»Nein, sie hat nicht viel gesagt«, sagte Janet. »Nicht wahr?«

Wade fuhr fort: »Woran genau hast du gedacht?«

»Dass ihr Leben nicht besonders dramatisch war – woran

nichts auszusetzen ist – schau dir *meins* an. Dabei hoffe ich nach wie vor, dass ich, wenn ich mir mein Leben lange genug ansehe, irgendeine globale Logik darin finden werde – ein Schema. Andererseits glaube ich nicht, dass dieses Schema wirklich existiert.«

»Macht dir das Angst?«, fragte Wade.

»Nein. Und ich glaube auch nicht, dass die Zukunft einen Sinn hat.«

»Mom«, sagte Bryan, »du hörst dich an wie die Sex Pistols.«

»Diese grässlichen Punkrocker.« Janet schürzte die Lippen.

»Mom«, sagte Wade, »was ich an dir nicht begreife, ist, wie es sein kann, dass du bei all deiner Tugendhaftigkeit und deiner Art, dich wie eine Fernsehmutter aufzuführen, an nichts glaubst. Ich verstehe das nicht.«

»Wie kommst du darauf, dass diese Fernsehmütter an etwas glaubten, Wade?«

»Ähm –«

»Das taten sie nicht. Nicht wirklich. Wir waren keine Roboter, aber wir waren auch keine kompletten Menschen.« Kleine Vögel flatterten um Janets Füße herum. »Wie auch immer, das ist schon so lange her. Dass ich im Jahr 2001 noch lebe, kommt mir wie Betrug vor. Ich sollte eigentlich gar nicht mehr dazugehören.« Sie legte den Stift nieder und betrachtete die Fälschungsversuche ihres Sohnes. »Bryan, du wirst unser offizieller Kalligraph.« Sie reichte ihm einen Stapel Umschläge. »Beschrifte die hier, bitte.«

Bryan, glücklich, dass ihm eine Aufgabe übertragen wurde, schrieb mit wissenschaftlicher Gelassenheit vor sich hin. Janet wandte sich Wade zu. »Beth sagt, du hast Hautveränderungen an den Schienbeinen. Darf ich die mal sehen?«

»Warum nicht?« Wade krempelte seine Hose hoch, und seine Mutter betrachtete die violetten Flecken, geformt wie die miteinander verquirlten Staaten und Counties der USA.

»Tut das weh?«, fragte Janet.

»Nein. Überhaupt nicht. Aber es ist schlimm, sie anzuschauen. Ich fühle mich wie ein Apfel, der einen Monat zu lange im Korb gelegen hat. Ich verfaule von innen her.«

»Darf ich mal anfassen?«

»Bitte sehr.«

»Zeig her.« Janet bückte sich und berührte die Schienbeine ihres Sohnes, und sie dachte an den Konfirmandenunterricht und an Jesus, der seinen Jüngern die Füße wusch, und wurde erneut wütend darüber, wie ihre Vergangenheit sich ständig in die Gegenwart drängte. »Kann man dagegen was tun?«

»Ja. Nein. Sie gehen nicht wieder weg, falls du das meinst.«

»Tut mir Leid, Wade.«

18

Wades und Beths Reise nach Mailand war eine bedrückende, von Geldknappheit überschattete Erfahrung – auf dem Charterflug saßen sie in winzige Sitze gequetscht, was dazu führte, dass Wade den Großteil des Fluges über schlecht war. Er halluzinierte schon fast, als sie in der winzigen *pensione* in Mailand ankamen – einer Stadt in den Farben von Vollkornkeksen und Ruß, die eher Toronto ähnelte als Wades Vorstellung von rustikalen Fischerdörfern, in denen jedermann Chianti trank und winzige Autoscooter-Vehikel fuhr. Die Taxifahrt zur Fortpflanzungsklinik hatte etwas Science-Fiction-haftes. Sie führte durch die Industrieviertel am Mailänder Stadtrand, die bar jeder Farbe und jedes pflanzlichen Lebens waren und ihm das Gefühl gaben, er befände sich im Jahr 2525. Als sie angekommen waren, wurde Wade aufgefordert, mit dem Taxi zurück in die Stadt zu fahren, man werde »Beth schon verarzten« – eine beunruhigende Wortwahl – und sie müsse den ganzen Tag dableiben. Er könne so gegen fünf wiederkommen.

Wade lief den ganzen Tag durch die Straßen und bekam entsetzliches Heimweh. Und wenn er gerade kein Heimweh hatte, machte er sich Sorgen ums Geld und um den Erfolg des Eingriffs. Er verstrickte sich in einem Gewirr aus unzusammenhängenden Gedanken. *Kann Europa noch trostloser aussehen? Wo ist diese ganze Geschichtsträchtigkeit, von der ich so viel gehört habe?* Stattdessen begegneten Wade andauernd nur Dinge die … *alt* wirkten. Die Geschäfte waren nicht einfach geschlossen, sondern mit graffitibeschmierten Metallläden verbarrikadiert. *Graffiti? Das ist dermaßen 1992.* Die Straßen wirkten grauenhaft trist. Läden schienen aufgrund unerklärlicher Launen der Kultur zu öffnen und kurz danach wieder zu schließen. *Wie lange kann es dauern, eine Samenzelle in ein Ei zu pfropfen? Und könnte dieses Land teurer sein, wenn es sich darum bemühen würde?*

Um fünf holte er Beth ab, die völlig erledigt war, und die beiden gingen ins Bett. Beth begann mit Wades Augenlidern zu spielen. »He, Wade – woran denkst du?«

»An eine kleine Babywachtel, die auf meinen Lidern tanzt.«

»Wünschst du dir einen Jungen oder ein Mädchen?«

»Ein Mädchen. Jungs sind Wichser – nein, warte – vielleicht doch einen Jungen, damit ich all die schrecklichen Gemeinheiten wieder gutmachen kann, die mein Dad mir angetan hat.«

»Zum *Beispiel?*«

Wade dachte nach. »Nichts Spezielles. Ich meine, er hat mich *andauernd* geschlagen, aber das ist gar nicht mal das, was mir heute noch im Magen liegt.«

»Nichts davon ist noch von Bedeutung, Wade. Deine Eltern sind dem Untergang geweiht. Sie können nichts mehr für dich tun. Sie träumen und fühlen nicht mehr. Der einzig maßgebliche Gesichtspunkt für jede Entscheidung ist die Ewigkeit.«

»Nein, Beth, warte –« Wade öffnete die Augen und setzte sich auf. Er suchte Beths Blick. »Das haben wir doch schon mal durchdiskutiert. Wenn ein Elternteil dich deine ersten fünfzehn Jahre lang ignoriert – nicht mal Hallo sagt, geschweige denn dich in den Arm nimmt oder dir beibringt, dich zu rasieren, oder mit dir zu einem Ballspiel geht – und nur Schläge für dich übrig hat – das ist grausam – es ist, als würde man ein Kind in Einzelhaft stecken.«

»Ich hätte lieber deine Form der Grausamkeit erlebt.«

Wade ließ sich auf die Matratze plumpsen. »Wünsch dir niemals, grausam behandelt zu werden. Nicht mal theoretisch.« Er drehte sich zur Seite und streichelte Beths Wangen. Sie hatte als Teenager schlimme Akne gehabt, und die Narben machten Wade traurig. »Niemals.«

Beth sagte nichts.

»Unser Baby wird nie Angst haben«, sagte Wade. »Unser Baby wird nie angeschrien werden. Unser Baby wird für immer und ewig geliebt werden. Wir trinken nicht. Wir nehmen keine Drogen. Wir halten keine Predigten. Wir –«

»Hör auf.«

»Hä? Wieso?«

»Wir werden es vermasseln. Du und ich, wir sind keine normalen Menschen mehr, Wade. Wir sind zwar nicht dem Tode geweiht, aber wir –«

»Wir sind was?«

Beth setzte sich auf, zündete sich mit einem rosafarbenen Bic-Feuerzeug eine italienische Zigarette an, nahm einen Zug und stieß den Rauch aus. »Als ich klein war, hatten wir hinter dem Haus einen Garten. Das hatten dort alle, ich meine, wir wohnten in South Carolina. Meine Eltern – vor allem meine Mom – waren als Gärtner völlig unfähig, aber das Gemüse kam jedes Jahr recht gut durch: langweiliges Zeug wie Kartoffeln und Kohl – ein bisschen Salat, ein paar Tabakpflanzen und Kürbisse, die mein Dad jedes Jahr anzubauen versuchte. Keine Blumen.« Sie zog wieder an ihrer Zigarette. »Doch dann kam irgendwann der Suff, und da fingen sie so richtig an, sich gehen zu lassen und sich gegenseitig die Hölle heißzumachen. Irgendwie haben sie die Gartenarbeit schleifen lassen. Sie ignorierten sie einfach. Ich war erst ungefähr zwölf, und ich fand, Gärtnern sei nichts für Zwölfjährige. Ich stand auf Rauchen und ältere Jungs mit Autos. Aber ich habe den Garten immer im Auge behalten. Sehr bald breitete sich Unkraut aus. Und Kaninchen. Der Kohl verwilderte, und wenn Kohl verwildert, sieht er irgendwie aus wie, ich weiß nicht – ein Obdachloser. Dann fraßen die Käfer ihn auf. Und die Erbsen kamen nie wieder. Immer, wenn Möbel durch die Luft zu fliegen begannen, ging ich im Garten eine rauchen. Ich ging erst dann raus und beobachtete, was passierte, als er nicht mehr gepflegt wurde. Nur Bruchstücke überlebten hier und da – eine Kartoffelpflanze, ein bisschen Schnittlauch. Minze.«

»Und?«

»Dieser Garten ist wie du und ich, Wade. Wir sind ein Garten, der seine Gärtner verloren hat. Der Garten lebt weiter, aber er wird nie wieder ein richtiger Garten sein.«

»Beth, das ist doch überhaupt nicht wahr.«

»Wade. Du bist bereits in Gottes Haus. Jetzt geht es nur noch darum, dein Zimmer zu finden.« Drei Stockwerke weiter unten heulte ein Polizeiwagen an ihrem *pensione*-Fenster vorbei. Beth wandte den Blick ab. »Ich kann Europa auch nicht leiden.«

»Was hast du denn, Beth?«

»Psst, Wade. Ich weiß, wir haben in unserer HIV-Gruppe diesen ›Ein Kurs in Wundern‹-Kram durchgenommen, aber es ist nun mal meine Überzeugung: Wir sind ein ungepflegter Garten.«

Wades Herz zerbrach wie ein Ei auf dem Küchenfußboden. Die Zeit schien schneller zu verstreichen. Dies war der Moment, in dem der Hammer auf den Amboss trifft, die Kette geschmiedet und die Liebe nur noch stärker wird, echter, tiefer und dauerhafter. Wade erkannte die Wahrheit in Beths Worten. Im Grunde seines Herzens gab er ihr Recht, und er dachte an sein Kind, das, lange nachdem die Kaninchen und Rüsselkäfer ihn entsorgt hätten, blühen und gedeihen würde.

»Gott hat mich heute in diesem Inseminationsraum gesehen, Wade. Wirklich. Er sah die Reagenzgläser und den Edelstahl und das Ultraschallgerät und –«

»Und was?« Wade stützte sich auf den Ellenbogen und malte Kreise auf Beths Stirn.

»Er sieht alles. Ich weiß nicht, was ich davon halten soll. Er hat mich gesehen. Er hat die Reagenzgläser gesehen. Die Spermaschleuder. Die *News at Six.* Eisberge in der Antarktis. Mein Innerstes. Alles.«

»Ich will ein Mädchen«, sagte Wade.

»Ich will einen Jungen«, sagte Beth. »Mädchen haben kein gutes Leben. Gott hasst Mädchen.«

* * *

Bryan und Janet schrieben weiter Mummy-Karten, und Wade schlurfte zu einem Münzfernsprecher.

»Wade?«

»Beth, mein Gott, es tut mir so Leid, Schatz.«

»Das weiß ich, Baby.«

Wade schämte sich. »Ich bin ein Weichei. Ich bin ein Scheißkerl. Ich *bin* Scheiße. Du bist zu gut für mich.«

»Nein, du bist zu gut für mich. Ich habe gestern Abend wieder getrunken. Vier Jahre, drei Monate und zwei Tage Enthaltsamkeit – alles für die Katz.«

»Beth, du hast getrunken, weil ich dich allein gelassen habe. Ich hab kurz reingeschaut, um meine Pillen zu holen, aber du warst noch nicht zurück. Du warst einkaufen oder so was.«

»Was ist los, Liebling? Da stimmt doch irgendwas nicht. Hat dieser Norm euch in Schwierigkeiten gebracht?«

»Norm? Äh, nein, aber wir sind ihm bei einem Geschäft behilflich.«

»Was für ein Geschäft – Drogen etwa? Denn wenn es Drogen sind, verlasse ich dich, Wade. Das haben wir vereinbart.«

»Drogen? Gott, nein. Sogar Mom macht mit.«

»Mom? Deine Mutter? *Janet?*«

»Genau.«

»Tja, hier ist sie nicht, dann wird sie wohl bei euch sein. Wann kommst du zurück?«

»Heute Abend, schätze ich – ich versprech's.«

Beth blieb unbeeindruckt. »Also, nur damit du's weißt, ich dachte, ich fahr vielleicht zum Kennedy Space Center. Ich –«

Beths Stimme verlor sich, als Wade zur anderen Seite des Parkplatzes blickte und sah, wie die vertäfelten Türen des orangefarbenen Transporters aufglitten und das verschnürte Bündel, das Ted darstellte, auf das Pflaster fiel. »Ich muss dich später noch mal anrufen, Schatz.« Er lief hinüber zum Wagen, gefolgt von Bryan und Janet. »Was soll *das* denn werden, Dad?«

Ted murmelte etwas in die Bandage auf seinem Mund. Eine adrette Famlie ging auf dem Weg zu einem Sportartikel-Outlet vorbei.

»Hier gibt's nichts zu sehen«, sagte Wade, aber das schien die Familie nicht zufrieden zu stellen. »Gehen Sie weiter.«

»Alles in Ordnung«, sagte Janet mit ihrer Hostessenstimme von 1965. »Er leidet an Klemperer-Plegie. Manchmal hat er diese Anfälle.«

Als sie weg waren, sagte Wade: »Klemperer-Plegie?«

»Nach Werner Klemperer, dem Darsteller des Oberst Klink in *Ein Käfig voller Helden.* Ich hab's mir gerade ausgedacht.«

Wade blickte hinunter zu Ted. »Komm, Bry – lass uns das perverse Hinkebein wieder in seinen Käfig sperren.« Ted wand sich wie von Sinnen. »Dad, beruhige dich. Es hilft dir gar nichts, wenn du dich so anstellst, und uns erschwert es unseren Job.«

»Unseren *Job?*«, fragte Bryan.

»Ja«, sagte Wade, während sein Vater wieder auf dem Boden des Wagens landete. »Wir müssen Florian diese gottverdammte Fälschung verkaufen.«

»Aber dazu brauchen wir Dad nicht.«

»Bryan, wir können ihn nicht einfach an der Autobahn rausschm –« Wade verstummte, und er merkte, dass seine Mutter und sein Bruder ihn ansahen. Ted, dem schwante, was ihm womöglich bevorstand, quiekte.

»Wie soll er denn nach Hause kommen?«, fragte Bryan.

»Er ist doch schon ein großer Junge«, sagte Janet.

»Schon«, sagte Bryan. »Aber er und Nickie brauchen ihren Anteil für all ihre Arztrechnungen.«

Wade bereute prompt, dass er Bryan von Nickies HIV-Infektion erzählt hatte.

Janet musterte Ted. »O Gott. Ausgerechnet jetzt, wo ich

mich gerade dazu durchringe, ein herzloser Mensch zu werden.« In Teds Augen spiegelte sich das Wissen, dass ihn sensationelle Neuigkeiten erwarteten. Janet setzte sich hin und entfernte die Bandage von seinem Mund. Bevor sie ein Wort sagen konnte, schaltete Wade sich ein: »Wenn du Mom irgendwie beleidigst oder ihr was tust, werde ich deinen ganzen Körper mit Isolierband bekleben, nicht nur jetzt, sondern für den Rest deines Lebens. Kapiert?«

Ted interessierte sich mehr für das, was Janet ihm mitzuteilen hatte.

»Ted, du kannst es ebenso gut jetzt gleich erfahren. Nickie wollte es dir eigentlich selbst sagen, aber was soll's.« Sie holte tief Luft. »Nickie ist HIV-positiv –«

Keine Reaktion.

»– und ich muss sagen, Ted, sie ist eine Seele von Mensch, und du hast verdammtes Glück, dass du sie gefunden hast, oder vielmehr, dass sie es mit dir aushält. Oder wie auch immer das bei euch läuft.«

»Er wird ausrasten«, sagte Bryan in die Runde.

»Ich weiß nicht, Bry –«, sagte Wade.

Ted sagte keinen Mucks.

Janet fuhr fort: »Das muss nicht heißen, dass du auch HIV hast, Ted, aber es besteht die Mög –«

Ted begann im Wagen zu randalieren. Er fluchte aus vollem Halse und schlug so unkontrolliert um sich, dass Janet, Wade und Bryan auseinander stoben wie Glasscherben.

»Herrje, Dad, reg dich ab.«

Janet blieb ruhig und sagte alles, was ihr in den Sinn kam, um ihn zu besänftigen. Wade warf ein: »Mom, könnten wir dieses Gespräch auf der Fahrt an der Küste entlang weiterführen?«

Sie setzten sich in Bewegung, und eine halbe Stunde später hatte Dad sich in sein Schicksal ergeben. Wade saß am Steuer und Janet auf dem Beifahrersitz, während der orangefarbene Transporter Floridas Space-Coast hinaufbrummte. Die Sonne spielte wie jeden Tag ihre Rolle als Dauer-Blitzlichtwürfel, der über einer Welt aus Vitaminpillenkiosken, Golfläden, Stripbars, Autowaschanlagen und Tankstellen glitzerte.

Diese Landschaft gehört zu einem Vergnügungspark. Ich sitze grad in einer Achterbahn in Form eines orangefarbenen VW-Busses.

Bryan und der von seinen Fesseln befreite Ted hockten auf dem Rücksitz. Was die drei Männer zusammenhielt, war keinesfalls Liebe – sondern allein die Aussicht auf schnelles Geld.

Janet nippte an einer Flasche Volvic, die sie immer in ihrer Handtasche hatte, nahm eine 3TC-Kapsel und schloss mit einem trotzigen Klicken ihre Pillendose.

»Ist das 3TC? Leihst du mir eine, Mom? Meine liegen hinten im Wagen.«

»Klar.«

Ted sagte: »Ich begreife wirklich nicht, wieso wir diesem Kraut einen gefälschen Brief unterschieben müssen. Danke, Jan. Auf dich ist Verlass – kaum passiert mal was Gutes, kommst du daher und verdirbst alles.«

»Danke *dir*, Ted«, sagte Janet, »was hattest *du* heute Morgen für einen tollen Plan – Frühstück klauen und am Strand schlafen. Du bist wirklich ein Genie.«

»Dad«, sagte Wade, »ich rufe Florian erst an, wenn wir den echten Brief geborgen haben. Egal, was du davon hältst. Es wäre falsch, wenn er den kaufen würde.«

»*Du* und Moral. Das hat uns noch gefehlt.«

... Polizeiwache ... Matratzen-Discount ... eine Schmerzklinik ... Spirituosen ... Tierfutter.

Wade ließ sich nicht aus der Ruhe bringen.

19

Janet spürte, dass ihre Einstellung zum Leben sich wandelte. Noch vor zwei Tagen war es ihr bloß wie ein Malspiel für Kinder vorgekommen – ein paar unzusammenhängende, weit auseinander liegende Punkte, die eine Kritzelei ergaben. Doch jetzt? Jetzt bestand ihr Leben aus nichts *anderem* als Punkten, Punkten, die sich am Ende zu einem prächtigen Bild verbinden lassen würden – die Arche Noah? Ein Kornblumenfeld? Ein Sonnenuntergang auf Maui? Das genaue Motiv war ihr noch unbekannt, aber dass ein Bild im Entstehen war, stand fest – ihr Leben war nun eine Geschichte. *Leb wohl, wirres Gekrakel.*

Sie hörte, wie Bryan zu Ted sagte: »Holla, Dad, du hast die Flasche schon ausgetrunken?«

»Ich brauche noch eine.« Ted hatte einen Flachmann Gold-Rum geleert, den er im Kühlschrank des Wagens gefunden hatte.

Wade sagte: »Dich zu besaufen nützt gar nichts.«

»*Du* hältst den Mund. Von dir hab ich mir schon genug anhören müssen.«

»Nein, Dad, ich werde *nicht* den Mund halten.« Der Wagen stoppte an einer roten Ampel, und Ted hechtete aus der Tür und lief zu einem kleinen Einkaufszentrum hinüber. Wade wollte ihm hinterherrennen, aber Janet hielt ihn zurück. »Lass ihm doch seinen kleinen Drink, Schatz.«

Von der Tür des Spirituosengeschäfts aus brüllte Ted Wade zu: »Deinetwegen kriechen mir *Käfer* unter der Haut herum, du kleiner Wichser.«

»Ja? Na, dann heul doch, du brutales Arschloch.«

»Wade«, sagte Janet, »nicht solche Ausdrücke. Bitte.«

»'tschuldige, Mom.« Er steckte seinen Kopf aus dem Fenster: »Kauf dir Schuhcreme und Mundwasser, schluck's runter und *krepier* dran, und dann wollen wir mal sehen, ob das irgendeinen von uns kümmert.«

»Wir werden sie nie finden«, krächzte Bryan.

»Hör auf, Trübsal zu blasen. Das ist doch kinderleicht.«

»Inwiefern?«

Janet lehnte sich aus dem Fester und fragte einen Passanten nach dem Weg zur Stadtbücherei. Ted kehrte mit einer Flasche Gin zum Wagen zurück: »Martinis satt.«

»Womit hast du die bezahlt?«, fragte Janet.

»Gar nicht.«

»Ach du lieber Himmel.« Sie stieg aus, ging in den Laden, um zu zahlen, und kehrte mit den Gelben Seiten zurück.

Minuten später waren sie in der Internet-Browser-Abteilung der Stadtbücherei. Im Innern der Bibliothek war es kühl, und alles wirkte durch und durch normal. Hier kamen Menschen hin, in deren Leben es nichts Ungeplantes gab, deren Familien einander zu Weihnachten CD-Boxen und originelle Pullover schenkten und die nie Unterschriften fälschten oder Affären mit Pool-Boys namens Jamie oder Buchhaltungsmiezen namens Nicole hatten. Vor der Bücherei lag Ted unter einer uralten, mit spanischem Moos bedeckten Eiche.

Während Janet auf der Tastatur klapperte, dachte sie laut: »... Wenn dieser Babykäufer in Kfz-Ersatzteilen macht, ist er höchstwahrscheinlich Republikaner. Autohändler und Autofans lieben die Republikaner – all diese Rotarier- und Kiwanier-Mittagessen und Händeschüttelfotos mit Vizepräsidenten. Also spendet er vermutlich großzügig und wohnt in einer Gegend mit vornehmer Postleitzahl.« Sie suchte weiter.

Bryan sagte: »Ich glaube, ich war noch nie in einer Bücherei.« In seiner Stimme lag nicht die geringste Spur von Ironie.

»Ich schon«, sagte Wade. »In Las Vegas, als ich krank geworden bin. Ganz schön merkwürdig hier, was? Ich meine, all diese … *Bücher.*«

Die beiden Brüder verstummten.

Nach ein paar Minuten, in denen Wade in einem *Teen People*-Magazin blätterte und Bryan sich Fotobände von Punkrockstars anschaute, verkündete Janet, dass sie die Auswahl auf drei Kandidaten eingeengt hatte, und sie verließen das Gebäude. Draußen fanden sie Ted in tiefem Schlaf; zwei kleine Jungen in Privatschuluniformen benutzten seine Nase als Ziel für Papierflugzeuge. Wade versetzte seinem Vater einen Tritt in den Hintern. »Mann, Dad, du bist echt der letzte Penner. Du blamierst uns ja – steh auf.« Ted übergab sich prompt auf den zundertrockenen Rasen.

»Schmeißt ihn in den Van«, sagte Janet. »Legt ihn auf diese gestreifte Plane, die Howie beim Grillen immer über die Wagentür hängt.«

Als sie alle im Wagen saßen und fuhren, rollte Ted wie ein Baumstamm auf dem Boden herum, was Bryan unterband, indem er ein Schaumstoffkissen zwischen seinen Vater und die Tür legte.

»Ich finde, wir sollten uns in Daytona Beach ein Hotelzimmer nehmen«, sagte Janet. »Dein Vater ist nicht in der Verfassung, uns zu helfen.«

»Ich glaube, du hast Recht«, sagte Wade.

Janet wühlte im Handschuhfach und holte einen Gegenstand mit einer schwarzen Schnur daran heraus, den sie in den Zigarettenanzünder steckte. »Bryan, gib mir mal das Handy deines Vaters rüber.« Bryan nahm das Gerät aus Teds rechter Brusttasche, und Janet stöpselte es ein. Es piepste wie ein munterer Spatz, und Janet verkündete, dass sie wieder mit der Menschheit verbunden seien.

»Ich wusste nicht, dass Howie ein Ladegerät hat«, sagte Wade.

»Man muss nur suchen, Wade.«

Das Telefon auf dem Armaturenbrett begann sich wieder aufzuladen. Die Nordküste Floridas zog vorbei. Von Westen her, aus den Reißbrettsiedlungen von Orange County, stieg Janet Brandgeruch in die Nase. Sie sah plötzlich alles in Schwarzweiß und wurde von der Gegenwart in die Vergangenheit versetzt. Sie hasste dieses Gefühl. Sie betrachtete die billigen Hotels, die mit trister Putz-Mayonnaise beschmiert waren, Küstenlandschaften, die von den unaufhörlichen Atlantik-Winden sauber gescheuert worden waren, sodass nur Palmenstümpfe und struppige Meertrauben übrig blieben. Es kam ihr vor, als habe sie den drittbesten Badeort eines Landes wie Libyen vor sich, wo die prüden Vorstellungen gutbürgerlicher Freizeitgestaltung alle seit Ewigkeiten überholt waren. Die Welt hatte was Ordinäres. Sie stellte sich vor, dass in den Hotels, an denen sie vorbeifuhren, *echte Crackhuren live!* im Trash-Fernsehen lief und Aufzüge irgendwo in den oberen Stockwerken festgerostet waren. Sie sah Bilder von türlosen Zimmern, bewohnt von Propheten, denen man ihre Visionen genommen hatte, Bilder von Teenagern, die auf von Bierbrauereien entworfenen Handtüchern vögelten, verrottete Holzfußböden, deren Bohlen trocken und spröde geworden waren – eine Welt, die ihrer Werte, ihrer Ideale und ihrer Richtung beraubt war. Und dann fühlte Janet sich, als sei sie nun offiziell in der Zukunft angekommen, einer Zukunft, die so weit von den Träumen ihrer Jugend in Toronto entfernt war, dass sie sich an Vorträge auf dem Discovery Channel erinnert fühlte, über das Reisen mit Lichtgeschwindigkeit, über junge Männer und Frauen, die ins Universum geschossen wurden, und, als sie zur Erde zurückkehrten, feststellen mussten, dass alles, was sie je gekannt hatten, tot, fort, vergessen oder diskreditiert war, und diese Welt war Janets Welt.

»Wade, begreifst du diese Gegend hier?«

»Hä? Ja, klar – die US 1 geht immer an der Küste lang.«

»Nein. Das habe ich nicht gemeint. Ich meine – warum gibt es eine Gegend wie diese?«

»Fühlst du dich unwohl hier?«

»Ja. Erklär's mir. Erklär mir Daytona Beach.«

»Daytona ist ein Vergnügungsort – ein Ort, an dem –«

»Hör auf, Wade. Hör sofort auf. Das kannst du besser. Tu so, als wäre ich nicht deine Mutter. Tu so, als wäre ich betrunken und du auch, und als ob du weißt, dass du, wenn du nur noch ein Glas trinkst, zu beduselt sein wirst, um irgendwas zu erklären, aber im Moment besitzt du den übermenschlichen Scharfblick, den man direkt vor diesem letzten Drink hat.«

Wade holte ein paarmal Luft. Er nahm die Frage offensichtlich ernst. »Ich habe einen Freund, Todd, der durch eine Scheidung all sein Geld verloren hat, und nun sitzt er in einem kleinen Kiosk draußen in Richmond und verkauft Lotterielose. Er hat mich einmal gefragt, an welchem Tag des Lotteriezyklus sich die Lose wohl am besten verkaufen würden. Ich hab gesagt, *Keine Ahnung, wahrscheinlich wenn es einen richtig großen Jackpot gibt* – aber er meinte, keineswegs, es ist der Morgen *nach* dem großen Jackpot. Die Leute rennen ihm die Tür ein, sobald er den Laden aufmacht. Sie wollen das Los so lange wie möglich in der Hand halten. Solange sie mit leeren Händen dastehen, können sie nicht hoffen, aber sie brauchen diese Hoffnung.«

... Nagelstudio ... Wet-T-Shirt-Contest ... Bierdosenkühler zum halben Preis ... Zimmer frei ... kein Zimmer frei ... Citgo-Tankstelle ...

»Und so glaube ich, Daytona Beach ist für all jene Menschen gedacht, die am Morgen nach der Ziehung der Lottozahlen als Erstes zum Kiosk rennen. Sie wissen, dass die wirklich *guten* Strände vor mindestens einem Jahrhundert von den Reichen vereinnahmt worden sind. Sie wissen, dass dies vermutlich der einzige Strand ist, den sie je abkriegen werden – aber sie glauben auch, dass sie vielleicht *ein*mal eine tiefe tropische Bräune bekommen statt eines schweinchenrosa Sonnenbrands, dass die Margaritas sie *ein*mal witzig anstatt schrill und langweilig machen und dass sie vielleicht in der Hotellobby dem Fick ihres Lebens begegnen werden, rattenscharf und zu allem bereit. Wenn nicht Daytona

Beach, dann ist es Lake Havasu, und wenn nicht Lake Havasu, dann ist es, ich weiß nicht – irgendwo auf Long Island.«

... Krabben satt ... Autofriedhöfe ... Helikopterflüge ... Biker willkommen!

»Die Reichen – Scheiße, die werden vermutlich nie den Fuß nach Daytona Beach setzen, selbst wenn sie noch hundertmal reich wiedergeboren werden. Vielleicht fliegen sie drüber. Vielleicht werden ihre Drogen hier durchgeschleust. Aber das ist auch schon alles. Also, ich schätze, Daytona Beach dient auch dazu, den Mittelstand und die Armen in ihre Schranken zu weisen.«

... Taco Bell ... Golfartikel-Discount ... Akupunktur ...

Sie fanden ein Hotel, ein pfauenblaues, gesichtsloses zwölfgeschossiges Gebäude, für das sie sich entschieden, weil hier vermutlich niemand Fragen stellen würde, wenn das Empfangs- personal zum Beispiel mitbekäme, wie zwei Männer einen Bewusstlosen durch den Seiteneingang in den Fahrstuhl trugen – eine Annahme, die sich als richtig erwies. Sie legten Ted aufs Bett. Aus dem Fenster konnte man den Ozean sehen, den Himmel und sonst nichts – ein blaues Rechteck über dem anderen, nicht mal ein Vogel. Janet zog die Gardinen zu.

Das Handy, inzwischen halb aufgeladen, zirpte; es war Nickie. Mit gespielter Höflichkeit fragte sie Janet: »Hallo, Jan, wie *geht*'s euch denn?«

»Wie es uns geht, Nickie? Uns geht's superkalifragilistikexpialegorisch. Und wir hocken alle zusammen in einem Hotel in Daytona Beach – das ist eine lange Geschichte – und du würdest nicht die Hälfte davon glauben. Wo bist du?«

»Ich bin bei Kevin – mit Beth.«

»Bei Kevin? Mit Beth?«

Janet schrieb Kevins Telefonnummer auf und rief vom Festnetz aus zurück, während das Handy weiter lud.

Wade sagte: »Was ist denn los? Mom, was –?«

In das Haus in Kissimmee war eingebrochen worden, als Nickie zum Schaufensterbummel bei Dillard's war. Ungefähr zur gleichen Zeit war Beth zum Kennedy Space Center gefahren, hatte jedoch ihren Asthma-Inhalator vergessen, und als sie ins Zimmer hochging, um ihn zu holen, musste sie feststellen, dass auch dieses durchwühlt worden war. Sie hatte in Tränen aufgelöst Nickie angerufen. Das Seltsame war, dass bei keinem der beiden Einbrüche etwas gestohlen worden war. In Panik hatten sie beschlossen, sich bei Kevin zu verstecken.

Wade nahm den Hörer und hielt ihn dann von seinem Ohr weg: »– dieser schwachsinnige Norm und sein hirnverbrannter Plan, und jetzt hängst du so tief mit drin, dass ich vor Angst fast verrückt werde.«

»Beth, bleibt einfach, wo ihr seid. Ich komme euch holen.«

»Uns *holen?* Du wirst uns vermutlich ins Grab bringen. Hast du noch nie von einer Erfindung namens Rufnummerkennung gehört? Du hast einen von Norms eiskalten Schlägern von unserem Telefon aus angerufen? Was hast du dir nur dabei *gedacht?*«

»Ich hab gar nichts gedacht, Beth – niemand wird zu Schaden kommen«, sagte Wade, wie Janet fand, nicht ganz überzeugend.

»Wie konntest du uns das nur *an*tun, Wade?«

20

»Wo sind die Jungs?«

»Sie sind unten, Ted.« Janet lag neben ihrem Ex-Mann auf dem Hotelbett.

»Hast du sie runtergeschickt?«

»Ja. Ich wollte meine Ruhe.«

»Gut.« Ted wandte den Kopf zu dem hinter Gardinen verborgenen Fenster. »Wie spät ist es?«

»Früher Nachmittag. Ungefähr.«

»Ich fühle mich grauenhaft.«

»Kann ich mir vorstellen.«

»Wieso sind die Vorhänge zu?«

»Willst du das wirklich wissen, Ted?«

»Ja.«

Janet zögerte. »Weil ich Angst vor dem Tod habe. Ich habe aus dem Fenster geschaut, und da war dieser große, leere Himmel und dieser große, leere Ozean, und er sah nicht mal aus wie ein richtiger Ozean, sondern wie ein großes Becken mit destilliertem Wasser – sauber, aber steril ... *tot.* Da habe ich die Vorhänge zugezogen.«

Beide schwiegen, und die kühle Luft im Zimmer fühlte sich auf Janets Armen und Gesicht wie Babypuder an.

Ted sagte: »Ich hab ja selbst eine Scheißangst vorm Tod.«

»Tja, darauf läuft es am Ende immer hinaus, nicht wahr?«

»Ich werde sterben.«

»Ted, jetzt erwarte nicht allzu viele Tränen von mir.«

»Hm? Nein, natürlich nicht.«

Janet fragte: »Ist dir noch schwindelig?«

»Solange ich den Kopf nicht zu schnell bewege, geht es. Mir ist eher von der Sonne schlecht geworden als vom Saufen. Den Gin hab ich kaum angerührt.« Er stockte. »Hast du es Nickie erzählt? Ich meine, weiß sie, dass ich es weiß?«

»Nein – warum?«

»Nur so. Du glaubst, dass ich sauer auf sie bin, oder? Dass ich sie verlasse oder rausschmeiße.«

»Der Gedanke ist mir allerdings gekommen.«

»Bin ich nicht. Sauer, meine ich. Und ich werde sie nicht verlassen.«

»Jetzt bin ich aber *wirklich* überrascht.«

»Es ist nicht so, wie du glaubst«, sagte Ted.

»Das ist es nie.«

»Ich habe Leberkrebs.«

»Aha.« Janet rieb sich die Arme. Im Nebenzimmer begann ein Telefon zu klingeln. »Es ist nicht zu warm hier drinnen, oder?«

»Es ist angenehm.«

»Wie weit ist er fortgeschritten?«

»Ich bin erledigt.«

»Kannst du mir eine Zahl nennen?«

»Neun Monate vielleicht.«

Das Telefon nebenan hörte auf zu klingeln. »Du bist ein Mann voller Überraschungen, Ted Drummond.«

»Ich wünschte, es wäre anders.« Er schloss die Augen. »Sag's Nickie nicht.«

»Dafür kann ich nicht garantieren, Ted. Ich kenne schon zu viele Geheimnisse. Irgendwann ist das Fass voll.«

»Egal. So viel liegt mir auch gar nicht dran. Ich wollte nur meine Rechnungen bezahlt haben, bevor ich gehe. Diese HIV-Geschichte macht es, wenn ich's mir recht überlege, fast ein bisschen leichter – es ist, als gehörten wir alle einem großen Todesclub an.«

»Darf ich dich darauf hinweisen, dass das eine oder andere Baby unterwegs ist?«

»Ach ja. Die Kinder haben auch lange genug dafür gebraucht.«

Ein Stück den Flur hinunter erwachte ein Staubsauger

fauchend zum Leben. Janet sagte: »Ich bin hier drinnen so ruhig, Ted. Du auch?«

»Ja.«

»Es kommt mir vor wie das Ende von *Unsere kleine Stadt*, wenn die Leute aus Grover's Corner sich aus ihren Gräbern heraus miteinander unterhalten.«

»Hm.«

»So habe ich mir den Tod immer vorgestellt«, sagte Janet. »Ich – an deiner Seite – wir beide zusammen – und wir unterhalten uns leise. Vielleicht für immer.«

»Das Stück hat mir immer eine Heidenangst eingejagt.«

»Oh, ich weiß. Mir auch. Es sollte mit einem Warnhinweis versehen werden. Aber ein Gutes hatte es: Es hat mir klar gemacht, wie der Tod sein würde. Und gleichzeitig brachte es mich dazu, nicht an den Tod denken zu wollen.«

Ted sagte: »Ich versuche auch, nicht zu viel an den Tod zu denken. Aber ich kann einfach nicht damit aufhören. Und ich kann mich nicht überwinden, Nickie von meiner Leber zu erzählen.«

»Warum denn nicht?«

»Sie sollte mir als Beweis dafür dienen, dass ich lebendig bin, unbesiegbar und immer noch jung. Sobald sie denkt, dass ich mich vom Acker mache, werde ich selber daran glauben.«

Janet kicherte. Ted fragte sie: »Was ist daran so lustig?«

»Es ist wirklich paradox. Wie in einer Kurzgeschichte von O. Henry. Sie glaubt, dass du *sie* fallen lassen wirst.«

»Ach herrje.« Ted lächelte: *große amerikanische Zähne.* Er streckte die Hand aus, Janet nahm sie, und sie blickten gemeinsam gen Himmel. Menschen gingen an ihrem Zimmer vorbei; irgendwo knallte eine Tür. »Wade und Bryan hätten mich schon vor Jahren fesseln sollen, aber es war gemein von dir, dass du sie nicht daran gehindert hast.«

»Ach ja?«

»Nein. Eigentlich nicht. Ich bin hier der Mistkerl.«

»Da kann ich dir nicht widersprechen.«

»Wann bin ich ein schlechter Mensch geworden, Jan? Sag's mir, denn ich war nicht immer so ein mieser Typ. Ich war doch ganz in Ordnung, als wir beide ein Paar wurden, Jan? Hörst du mir zu?«

»Ja. Nein. Ich bin schockiert. Diese Frage hätte ich aus *deinem* Mund nie erwartet.«

»Stell dir vor, wir sind tot. Wir können alles sagen, was wir wollen. Wir können einander alles fragen, was wir wollen. Wäre das nicht das Größte? Wenn das Leben so wäre?«

Janet dachte nach: »Wir beide – tot – das gefällt mir.«

»Ja.«

Eine Horde Harleys jaulte zwölf Stockwerke unter ihnen die Promenade hinunter. Janet sagte: »Ich glaube, du hast angefangen, ein schlechter Mensch zu werden, als du begonnen hast, mich zu betrügen. Ich schätze, das war ein paar Jahre nach Sarahs Geburt – kurz nachdem wir in den Westen gezogen sind – mit Violet – deiner Rezeptionistin, die immer zu nett zu mir war.«

»Du bist echt clever«, sagte Ted. »Eins, zwei, drei, *peng!*«

»Man musste kein Genie sein, um sich das zusammenzureimen. War sie die Erste?«

»Ja. Aber es hat nicht lange gedauert. Ich hab das Interesse verloren, sie hat angefangen, mich zu erpressen, darum hab ich ihr gesagt, ich würde ihrem Vater Nacktfotos schicken, die ich mit einer Instamatic von ihr gemacht hatte. Hab nie wieder von ihr gehört.«

»Eine Instamatic?«

»Ja – das ist schon ewig her –, aber so hab ich mein Faible für Pornos entdeckt. Davon hattest du keine Ahnung, was? In meinem Büro – *wow* – eine riesige abschließbare Anrichte voll mit dem perversesten Scheiß, den es gab.«

»Du solltest es mal mit dem Internet probieren, Ted.«

»Ja. Nun, das Zeug turnte mich irgendwann nicht mehr an, und ich habe es so um 1975 rum weggeschmissen. Ich weiß noch, dass ich extra länger im Büro geblieben bin und das Zeug kistenweise in dem Müllcontainer unten an der

Straße entsorgt hab, damals, als das Büro noch in der Dunsmuir Street war. Aber dann, als es weg war, fühlte ich mich noch schmutziger und ausgebrannter als vorher, als ich es noch in meinem Büro eingeschlossen hatte. Ich schätze, in dem Moment wusste, ich, dass es kein Zurück gab. Und ich fing an, mich wie ein Arschloch aufzuführen.«

»1975. Das kommt ungefähr hin. Mir war nicht klar, dass dein Leben so Sex-gesteuert war. Ich dachte, es wäre die Arbeit, die dich stresste – ich meine, du bist aus der Raumfahrt ausgestiegen, um Öl-Pipelines zu entwerfen. Ich dachte, du hättest vielleicht das Gefühl, als wären dir die Flügel beschnitten. Du hättest vielleicht deinen Lebenssinn verloren.«

»Hast du mich je betrogen?«

»Nein. Aber ich hätte es beinahe. Mit Bob Laine, deinem ehemaligen Steuerberater, bei der Party, als du vorm Haus diesen Krach mit Wade hattest. Ich war ganz nah dran.«

»Was war *das* bloß für eine katastrophale Nacht.«

»Ich hab den ganzen nächsten Tag geweint – auf der Bank vom Tenniscourt.«

»O je, das tut mir Leid. Du hättest es einfach tun sollen.«

»Das *kann* nicht dein Ernst sein.«

»Doch. Ein Seitensprung hätte dir gut getan.«

»Du hast Recht, das *hätte* er.«

»Hey – wusstest du von meinem Drogenproblem?«

»Deinem Drogenproblem?«

»Anfang der Achtziger. Koks. Schaufelweise.«

Janet seufzte. »Ich bin viel zu naiv, um auf so etwas zu kommen, Ted. Aus diesem Grund hab ich dir wohl auch so viel durchgehen lassen.«

»Ziemlich viel.«

Janet ging ein Licht auf: »*Da* sind unsere Aktienerlöse also geblieben – das war gar nicht der Börsencrash von 1987.«

»Bingo. Entschuldige.«

Janet seufzte. »Verjährt.«

»Dass ich im Moment nicht ganz so ein Arschloch bin,

liegt nur daran, dass ich keine Drogen nehme. Zum einen könnte ich sie mir nicht leisten, und zum anderen möchte ich clean sterben. Ganz schön sentimental, was?«

In Janets Kopf fügte sich ein Puzzleteilchen ans andere. »Du bist bankrott, weil du dein ganzes Geld für Drogen rausgeschmissen hast – stimmt's?«

»Tja, so sieht's aus.«

»Hm.«

Im Flur kabbelten sich die Zimmermädchen darum, wer die Handtücher vergessen oder nicht vergessen hatte und ob es die richtige oder die falsche Sorte war.

»Ich würde dich jetzt gern in den Arm nehmen«, sagte Ted.

»Im Ernst?«, fragte Janet.

»Ja, im Ernst.«

Janet wog das Pro und Contra seines Ansinnens ab. »Ich habe dich von ganzem Herzen geliebt, Ted Drummond.«

»Ich habe dich auch von ganzem Herzen geliebt, mein Schatz.«

»Du willst mich in den Arm nehmen?«

»Ja, ich will dich in den Arm nehmen.«

»Unser kleines Mädchen fliegt ins All, Ted.«

»Unser kleines Mädchen.«

Kurz darauf schliefen sie, wie Zwillinge im Mutterleib, Arm in Arm ein.

21

Aus einer Telefonzelle unten an der Hauptstraße von Daytona Beach rief Wade Sarah unter ihrer Privatnummer an. Bryan stöberte in einem Laden in der Nähe, in dem es NASCAR-Fanartikel zu kaufen gab.

»Sarah?«

»Ach. *Du* bist's.«

»Hä? Wie meinst du das, ›Ach, *du* bist's‹?«

»Genau wie ich gesagt habe.«

»Alles in Ordnung?«

»Ja, mir geht's gut.«

Irgendwas stimmt hier nicht. »Was ist los, Schwesterchen?«

»Wade, das ist wirklich der Gipfel, dass du mich einfach so anrufst.«

»Wie – hast du gerade Training? Hätte ich um vier Uhr morgens anrufen sollen?«

»Das mein ich nicht.«

»Sarah, was ist los?«

Sarah äffte ihn nach: *»Sarah, was ist los …«*

Wade war so schwindelig, als hätte er gerade eine Fahrt mit dem Shaker hinter sich. »Sarah, jetzt komm – das ist nicht fair. Ich hab keine Ahnung, was los ist.«

»Ich weiß jetzt über Howie und Alanna Bescheid.«

»Oh.«

»Ja, *oh.*«

»Wie? Wer hat dir das denn gesagt?«

»Spielt das eine Rolle?«

»Ja, allerdings.«

Sarah verstummte am anderen Ende. Sie schniefte einmal und war den Tränen nahe.

Wade sagte: »O Mann, Sarah, es tut mir Leid. Es tut mir so gottverdammt Leid, dass ich kotzen möchte, und mir ist wirklich zum Kotzen. O Mann. O *Mann.*« Sarah schniefte erneut. Im Hintergrund waren Lautsprechergeräusche zu hören. Wade fragte: »Von wem weißt du's?«

»Gordon.«

»Gordon Brunswick?«

»Ja – Commander Gordon Brunswick, Alannas Mann.«

Fang bloß nicht an, dich zu verteidigen. »Warum? Wieso?« Wade spürte, wie Sarah sich wieder sammelte.

»Alanna hat es ausposaunt. Weil du sie erwischt hast – sie *beide.* Weil sie ein schlechtes Gewissen hatte. Weil sie eine impertinente Kuh ist.«

»Aha.« Weitere Hintergrundgeräusche – irgendwelche militärischen Kommandos über die Lautsprecheranlage. Wade versuchte sich vorzustellen, wie es ihm gehen würde, wenn Beth ihn betröge. Er sagte: »Es tut mir so Leid, Sarah.«

»Du kapierst es nicht, oder?«

»Kapieren? Was kapieren?«

»Es geht mir nicht um Howie.«

»Jetzt komm ich nicht mehr mit, Sarah. Es geht dir nicht um Howie?«

Sarah seufzte, die Tränen, was auch immer sie ausgelöst hatte, waren versiegt. »Wade, du hältst mich für unfehlbar, oder?«

»Na ja, bisher schon.«

»Ich ertrag das nicht länger.«

»Tja, ich meine, niemand ist vollko –«

»Halt den Mund, Wade.«

»Sarah?«

»Gordon und ich hatten eine Affäre. Es war das Befreiendste, was mir je passiert ist.«

Kawumm. Jetzt wird mir einiges klar. »Als ob *ich* mir da ein Urteil erlauben könnte, Sarah.«

»Wir wollten uns in der Schwerelosigkeit lieben.«

»O *Mann* ...«

»Jetzt hat Gordon alles abgesagt und zieht sich von mir zurück. Er könnte ebenso gut mein Chemielehrer aus der zehnten Klasse sein.«

»Ach, Sarah.«

»Ich war in ihn verliebt, Wade. Quatsch, ich bin es *immer* noch. Meine Gefühle für Gordon sind *vollkommen* anders als alles, was ich meiner Erinnerung nach je für Howie empfunden habe. Howie war okay, aber ich bete ihn nicht an. Hab ich nie getan. Betest du Beth an?«

»So hab ich das noch nie betrachtet. Ich schätze schon.«

»Mir ist diese Expedition total egal. Wirklich.«

»Sarah – sag doch nicht so was. Sie *darf* dir nicht egal sein.«

»Wirklich nicht?«

Das ist alles meine Schuld. Es ist alles meine Schuld. Ich musste ja unbedingt saubere Klamotten fürs Hotel anziehen.

»Sarah, du hast dein ganzes *Leben* lang darauf hingearbeitet.«

»Falsch: Alle *anderen* haben mich mein ganzes Leben lang dazu gedrängt. Vor allem Dad.«

»Du kannst nicht einfach die Flinte ins Korn werfen. Schließlich gibt es bei der NASA keine Zweitbesetzung. Das hier ist keine High-School-Produktion von *Bye, Bye Birdie.*«

»Keine Sorge, ich werd nicht kneifen. Ich mache meinen Job schon. Aber das ist auch *alles.* Ich könnte ebenso gut einen Abgastest an einem Audi durchführen. Es ist bloß ein Job.«

»Sarah, ich würde dich gern besuchen. Kriegst du in dieser Phase noch eine Stunde frei? Können wir einfach reden?«

Sarah seufzte. »Ich weiß nicht, Wade. Das ist alles irgendwie neu für mich.«

»Warst du deshalb gestern Nacht so – Verzeihung – pissig zu Mom?«

»Ja. Ich hätte sie nicht anschreien dürfen. Das ist das Letzte, was sie jetzt braucht.«

Gut. Sie interessiert sich noch für anderer Leute Gefühle.

Im Hintergrund schrillte eine Klingel. »Ich muss Schluss machen, Wade.«

»Wann kann ich dich wieder anrufen?«

»Ich rufe dich an. Ich versprech's. Hat denn keiner von euch ein Handy?«

Wade gab ihr Teds Nummer. »Das verdammte Ding wieder aufzuladen ist wie die Nahostkrise lösen. Ich meld mich heute Abend.« Dann fiel ihm Howie ein. »Was ist eigentlich mit Howie – ist er nicht gestern von zwei NASA-Männern abgeholt worden?«

»Ja, scheint so. Was soll's. Er plant vermutlich gerade ein Überraschungspicknick oder organisiert eine lustige Luftballonparty oder sonst irgendwas Beknacktes.«

»Ich hab dich lieb, Schwesterchen.«

»Danke, Wade. Bis dann.«

Klick.

Au weia.

Bryan war aus dem Laden gekommen und stand neben Wade an der Telefonzelle. »Lass uns Mom und Dad holen und Shw suchen fahren.« Bryan war über und über mit Zinksalbe eingeschmiert; er hatte sich ein T-Shirt über den Kopf drapiert und es mit einer Miami-Dolphins-Baseballkappe festgeklemmt. Der Rest seines wunden schweinchenrosa Körpers war in heruntergesetzte *Après*-Beach-Klamotten gehüllt, die Janet spendiert hatte. Er sah aus wie die Altkleidersammlung der Heilsarmee.

»Nicht so schnell«, sagte Wade. In seinem Kopf drehte sich alles.

»Wie geht's Sarah?«, fragte Bryan.

»Gut. Gut. Prima.«

»Alles in Ordnung, Wade?«

»Ja.«

»Ruf diesen Deutschen an.«

Ablenkung! »Genau. Ich rufe Florian an.« Autos dröhnten vorbei, die meisten auf der Hauptstraße des Touristenviertels von Daytona. *Das ist wie in Reno – nein – es ist wie in Laughlin – Laughlin, wenn es am Meer liegen würde.* Wade knallte einen Haufen Vierteldollarmünzen auf das Münztelefon und wählte die Nummer der Buckingham Pest Control auf den Bahamas. Wieder meldete sich die zutiefst gelangweilte weibliche Stimme: »Buckingham Pest Control.«

»Hi. Hier ist Wade. Ich möchte Florian sprechen. Es geht um den Brief von seiner … *Mutter.* Ich hab gestern schon mit Ihnen telefoniert.«

Ein Hauch von Dynamik schlich sich plötzlich in die Stimme. »Ich stelle Sie durch. Einen Moment.«

Wade war froh, den Wachhund passiert zu haben.

Ein sarkastischer deutscher Akzent, gefiltert durch unzählige Mobilfunksender, Satelliten, Glasfasern und Kupferkabel, ertönte: »Ja, hal*lo*, ist das wirklich der kleine Wade?«

»Hi, Florian.«

»Uff! Das gibt's ja nicht. Wie um alles in der Welt kommt ein kleiner Pisser *comme toi* an *meine* Ware?«

»Die Frage ist vielmehr: Wieso durchwühlt ein Haufen Eurotrash wie du verdammt noch mal das Hotelzimmer meiner Familie?«

»Gemach, *gemach,* Wade. Dir wird aufgefallen sein, dass ich gewartet habe, bis niemand mehr da war. Wurde jemand verletzt? Nein. Wurde etwas gestohlen? Nein.«

»Nur, weil du nichts finden konntest.«

»Warum für etwas bezahlen, das ich gratis haben kann?«

»Du skrupelloser Mistkerl –«

»Ach, halt den Mund. Ich bin nicht skrupellos, ich bin nur sehr, sehr reich, und weil ich sehr, sehr reich bin, lebe ich nach anderen Regeln. So läuft das eben.«

Nicht aufregen. Bloß nicht aufregen.

»Wade, sag doch was! Ich kann praktisch deinen Therapeuten durchs Telefon hören, wie er dich beschwört, dich zu beherrschen.«

Er ist ein blödes europäisches Arschloch. Er ist meine Zeit nicht wert.

Florian fuhr fort: »Da du immer noch schweigst, gehe ich davon aus, dass ich den Nagel auf den Kopf getroffen habe. Machst du etwa einen Konfliktmanagement-Workshop? Da bist du bestimmt unter lauter Siegertypen. Übrigens, die Bahamas vermissen dich. Der Buschfunk hat mir zugetragen, dass du in Kansas City gelandet bist. Man reiche mir eine Spucktüte. Mein lieber Junge, du hättest mich anrufen – *uups* – mir eine *E-Mail* senden – und mir von deiner Misere erzählen sollen. Ich hätte dir ein Kultur-Carepaket geschickt – Karten für Café-Theater in der Gegend, Bilder von weinenden Clowns, gemalt von Mr. Red Skelton, dem gefeierten Witzbold.«

»Halt's Maul, Florian. Willst du den verdammten Brief oder nicht?«

»Oho, was für ein *Teufelskerl.*«

»Nun?«

Florian schlug eine andere Richtung ein. »Man hat mich darauf hingewiesen, dass im Badezimmer deines Hotels ein Fläschchen ddI stand, Wade. Das nimmst du wohl kaum zur Entspannung.«

Ich hab mein ddI vergessen. Mist, Mist, Mist. »Versohlt dein Kindermädchen dich immer noch abends vorm Einschlafen?«

»Autsch, Wade, jetzt hast du's mir aber gegeben. Also was ist nun mit dem ddI, hm?«

»Was glaubst du?«

»Mumps? Pseudokrupp? Mandelentzündung?«

»Du bist wirklich ein kluger Kopf, Florian.«

Ein Lastzug rülpste vorbei. Florian fragte: »Hab ich da grade einen Lkw gehört?«

»Ja, hast du.«

»Wade! Du bist in Zimbabwe, nicht wahr? Und hast heißen, dampfenden, ungeschützten Sex mit zentralafrikanischen Truckern.«

»Florian, lass uns übers Geschäft reden.«

»Wie männlich!«

Ich sag ihm lieber nicht, dass Norm tot ist – am besten erwähne ich ihn gar nicht erst. »Bevor du weiter auf mir rumhackst, Florian, ich bin bei diesem Geschäft nur der Kurier, okay? Ich bin nur der Mittelsmann.«

»Soll das heißen, Donald Duck hat unseren Freund Stormin' Norman von den Toten zurückgeholt?«

Mist.

»Weißt du, Wade, all diese Tänzer, die in Small Town USA herumspazieren – junge Zigeuner mit einem Lied im Herzen und einem Handy im Umkleideraum – na*türlich* habe ich es erfahren. Wenn du auf einer Disney-Latrine sitzt und deine Scheiße zur Seite rauskommt, weiß das jeder Student in einem Minnie-Maus-Kostüm, noch bevor du gespült hast. Und sag mir eins, Wade, hat Norman dir erzählt, dass es noch andere Leute gibt, die diesen Brief unbedingt haben wollen?«

Wade schwieg.

Florian fuhr fort: »Ich nehme an, das heißt ›Ja‹. Und hat Norman dir auch die Mär vom königlichen Briefpapier aufgetischt, das aus Titan und den recycelten Unterhosen der Queen hergestellt wird?«

»Also –«

»Was bist du bloß für ein Dummkopf, Wadie.«

»Es gab bei Disney World einen Stromausfall, und plötzlich war er … *tot*.«

»Wade, ich habe zwar schon einige fragwürdige Dinge in meinem Leben getan, aber ich habe noch nie das Stromnetz von Disney World sabotiert oder Giftpfeile auf Vollidioten abgeschossen, die einen Haufen höchst profitabler Sport-Franchises besitzen. Und der einzige Grund, weshalb der arme Norman nicht selbst auf die Bahamas kommen konnte, war, dass er letztes Jahr dabei geschnappt wurde, wie er gestohlene Cézanne-Skizzen verdealte, was zugegebenermaßen auf den Bahamas so verbreitet ist wie bei Rot über die Ampel zu gehen, aber nicht, wenn der Käufer einer der besten Kricketfreunde des Gouverneurs ist.«

»Es geht um Bargeld, Florian.«
»Wade, du beginnst mich zu langweilen.«
»Ich muss Schluss machen, Florian. Bye.«
Klick
»Und?« Bryan versuchte sich in den dünnen, trägen Schatten eines Telefonmasts zu stellen. »Können wir los?«
»Ja, lass uns fahren.« Wade fiel ein, dass er vergessen hatte, nach Howie zu fragen.
»Wir müssen Mom Pflaster für ihre Fersen kaufen. Sie hat gesagt, sie tun ihr weh.«
»Ich weiß, ich weiß.«
»Dieser Deutsche hat dir aber ganz schön die Laune verdorben. Klingt so, als würdet ihr zwei euch ziemlich gut kennen. Woher? Hast du für ihn gearbeitet?«
... hab Delphinen, die nach North Carolina geschmuggelt wurden, Defibrillatoren eingesetzt ...
»Wade?«
... Wade, das Einzige, was auf dem Boot schwer genug ist, um einen Körper unter Wasser zu ziehen, ist der Anker ...
»Es stimmt – du kennst ihn *wirklich.*«
... Ja, sie ist sechzig, Wade. Also mach die Augen zu und denk an Fort Knox ...
»Na gut, ich habe schon mal mit dem Kerl zusammengearbeitet. Da ist doch nichts dabei.«
»Und was hast du da gemacht?«
... Keith hat sich einfach flüssigen Stickstoff über die gottverdammte Hand gekippt. Wirf ihn aus dem Truck, bevor die Dukes of Hazzard uns auf die Spur kommen ...
»Nichts. Was geht dich das an, Bryan?«
... Wir hatten die Wahl: Entweder die Päckchen runterschlucken oder die nächsten dreißig Jahre in einer Haftanstalt in Montego Bay verbringen. Also haben wir die Päckchen geschluckt ...
»Muss ja was ziemlich Schlimmes sein, sonst würdest du's mir sagen.«
»Bryan, ich sollte –«

»Nein, du solltest *gar* nichts, Wade. Lass uns einfach die Fersenpflaster für Mom besorgen, und ich vergesse, dass wir diese Unterhaltung hatten. *Tsssk.*«

Bis zum nächsten Drugstore war es ein längerer Fußmarsch, als die beiden erwartet hatten. Wade musste die ganze Zeit an Sarah denken und machte sich zwischendurch immer wieder Sorgen, weil er sein ddI vergessen hatte und sich fragte, ob es den langsamen, unvermeidlichen Zerfall seines Körpers beschleunigen würde, wenn er es nicht nahm. Ihm fiel wieder ein, wie er als Kind die glatte weiße Haut von Golfbällen entfernt und beobachtet hatte, wie sich die kleinen, nervenähnlichen Gummibänder darin langsam zersetzten. *Wie konnte ich bloß so dumm sein, das Zeug zu vergessen.*

Als sie im zwölften Stock des Hotels ins Zimmer traten und Wade sagte: »Wir haben dir deine –«, da lagen seine Eltern schlafend nebeneinander und wie zwei alternde Schäferhunde.

Janet schlug die Augen auf: »O hallo, ihr Lieben.«

Wade fehlten die Worte, und seine Mutter sagte: »Was hast du erwartet, Wade, dass wir die Türen aus dem Badezimmerschrank reißen und uns hier gegenseitig die Köpfe einschlagen? Wir sind Menschen, keine Zeichentrickfiguren.«

Ted schlief immer noch und röchelte in regelmäßigen Abständen, als wenn feuchte Hautfalten in seinem Inneren erschlafften und sich wieder zusammenzogen.

»Aber –«

»Nach dem Leben, das du geführt hast, findest du das hier überraschend?«

Bryan sagte: »Wade hat diesen Deutschen angerufen – den Blumentypen. Er hat früher alle möglichen krummen Sachen für ihn gedreht.«

»Da haben wir's«, sagte Janet. »Jahrzehnte voller Missetaten, aber der Anblick von Mom und Dad im Bett ist für ihn immer noch ein Schock.«

Ted erwachte mit einem Ruck: »Macht er dir Schwierigkeiten?« Wade hatte den Eindruck, dass eine Tracht Prügel im Anzug war.

»Lasst mich in Frieden. Meine Güte, das ist ja, als würd ich auf einmal vor Gericht stehen.«

Bryan fragte: »Was war das Allerallerschlimmste, das du je getan hast?«

»Halt den Mund, Bryan.«

Janet sagte: »Nein, warum antwortest du nicht, Schatz? Ich meine, seien wir ehrlich, ein bisschen neugierig waren wir die letzten zwanzig Jahre schon.«

»Ich bin ein verheirateter Mann! Ich habe eine Frau und bald ein Kind – meine Vergangenheit ist nicht mehr von Bedeutung!«

Ted sagte: »Ha!«, und Janet kicherte.

»Was? Was ist daran so lustig?«

»Schätzchen«, sagte Janet, »die Vergangenheit ist nichts, wovor man weglaufen kann. Deine Vergangenheit ist das, was du *bist.«* Seine Eltern setzten sich auf und stopften sich Kissen in den Rücken.

Bryan hatte es sich auf einem Stuhl bequem gemacht. Er fragte Wade: »Hast du je jemanden, ähm, *umgebracht?«*

»Das ist ja wirklich die Höhe.«

Janet sagte: »Und?«

»Na schön. Ja, aber nicht mit Absicht. Es war ein Unfall, und es geschah in internationalen Gewässern, daher bin ich unschuldig, und man kann mir nichts vorwerfen.«

»Was ist passiert?«, fragte Janet.

»Ron, dieser Vollidiot, kriegte auf einem Törn nach Kuba einen Klüverbaum an den Kopf.«

Janet fragte: »Auf einem Törn nach *Kuba?«*

»Ja. Wir hatten ungefähr fünftausend WonderBras an Bord, die wir gegen Zigarren tauschen wollten. Das war vor dem Fall der Mauer, und die Sowjets stellten sich beim Schmuggel von Damenartikeln besonders an, weil sie viel schwerer wieder loszuwerden sind. Ein Nachbar von Florian kaufte von dem Geld, das ein mit Kotex-Binden beladener griechischer Sardinen-Trawler abgeworfen hatte, eine Da-Vinci-Skizze. Und ein anderer Typ, Rainer, zog sich aus dem Geschäft zurück, nachdem er eine Bootsladung Raps an eine private Produktionsanlage südlich von Havanna geliefert hatte. Davon schaffte er sich einen 36er Cord an.« Wade hatte keine Lust, noch mehr von seiner Vergangenheit preiszugeben. »Sollten wir nicht lieber Shw suchen?«

»Ich schätze schon«, sagte Janet. »Aufstehn, Ted, hopphopp.«

Ted quälte sich hoch und schleppte sich dann ins Badezimmer, um sich erneut zu übergeben.

Janet zog ihre Schuhe an und massierte sich die Handgelenke. »Ich möchte Sarah anrufen.«

»Lieber nicht«, platzte Wade heraus. »Das ist jetzt kein guter Zeitpunkt.«

»Nein? Warum nicht?«

»Ich hab grade mit ihr geredet – unten, aus der Telefonzelle. Sie, äh, äh« – *denk, denk, denk* – »füllt grade Kaulquappen in einen Spezialtank, glaube ich.« *Hey, das klang gut.*

Janet fragte nicht weiter nach. »Oh. Okay. Ted, komm schon, lass uns fahren und die Mutter deines Enkelkindes suchen.«

In dem orangefarbenen Transporter war es fast, als schliefen die Drummonds halb, eingelullt von der drückenden Nachmittagssonne. Alle Vögel waren verschwunden, und das Verkehrsaufkommen war nahe null. Die Hotels wirkten mehr als tot – Hotel-Mumien. Wade fragte sich, wie eine Gegend wie Florida überhaupt besiedelt worden war – die dornigen, insektenverseuchten Dickichte und Sümpfe, die fauligen Gewässer, Raubtiere – der Mangel an Klimaanlagen und Freeways – mit Macheten und Bibeln vermutlich. Seiner Ansicht nach fuhr man nicht nach Florida, um sich neu zu erfinden, sondern eher, wenn man nicht mehr gefunden werden wollte.

»Bieg hier links ab.« Janet deutete auf eine Straße vor ihnen. »Es müsste auf der linken Seite sein, in der Mitte. Ja – da ist es – 1650.«

»Das ist Shws Wagen!« Bryan ließ sich noch während der Fahrt aus der Wagentür gleiten.

»Bryan, du verdammter Idiot –« Sofort war Ted wieder hellwach.

Wade sprang aus dem Wagen, rannte Bryan hinterher und stürzte sich in der Einfahrt auf ihn.

22

Das Leben ist so viel leichter, wenn wir es einfach auf uns zukommen lassen. Vielleicht können wir uns, wenn wir es richtig anstellen, soweit überlisten, dass wir auch den Tod einfach auf uns zukommen lassen. Oder ist das eine zu simple Strategie?

Aus dem Wagenfenster heraus beobachtete Janet Wade, der auf der Terrakottaziegeleinfahrt des Königs der Auspuffhöker Bryan vermöbelte. Sie machte sich ein paar Gedanken über diesen Auspuffkönig und das, was sie in der Bücherei über ihn im Internet gelesen hatte: *Na ja, der König der Auspufftöpfe ist er eigentlich nicht. Er ist eher der König der Zigarettenanzünder oder der in allen Farben erhältlichen Spritzgussvinyleinsätze für den Fensterkurbelknopf – oder der standardisierten Kleinteile, die in einem jener winzigen Äquatorialländer hergestellt werden, die weder Menschenrechte noch eine typisch regionale Küche besitzen. Aber* Auspufftöpfe? *Nichts als Auspufftöpfe herstellen – nicht die geringste Diversifikation? Wie vorsintflutlich. Wie sentimental. Ein Patentrezept für den Misserfolg.*

Ted schien unterdessen mit gleicher Wut auf seine beiden Sprösslinge einzutreten. *Na toll – was wohl als Nächstes kommt?*

Als *Nächstes* kam ein Deutscher Schäferhund, der Bryan wie aus der Kanone geschossen ans Bein sprang und seine Reißzähne und Kiefer wie einen Häcksler einsetzte. Hinter dem Hund tauchte Shw in einem weißen Frottee-Bademantel auf einer von Palmen umschmeichelten Treppe auf, die Haare in ein weißes Handtuch gewickelt. »Kimba! *Aus!*« Kimba ließ von Bryans Schienbein ab, setzte sich hin und machte ein entspanntes, zufriedenes Gesicht, während

Bryan sich in einen zusammengekrümmten, zuckenden Klumpen Schmerz verwandelte. Mitleid erregte er bei Shw damit jedoch nicht. Sie hüpfte die Treppe hinunter, warf Kimba einen Hundekeks zu und sagte: »Mann, Bryan, das war ja klar, dass du deine Familie herschleppen würdest. Wie seht ihr bloß aus – als würdet ihr auf dem Jahrmarkt arbeiten.« Sie steckte eine Sandpapierfeile in die rechte Brusttasche ihres Bademantels. »Verduftet. Auf der Stelle. Bevor ich Kimba das Signal zum Angriff gebe. *Aber dalli.*«

»Shw – du darfst unser Baby nicht verkaufen – es ist etwas Heiliges. Das Baby ist meine Mensch gewordene Liebe zu dir –«

»Bryan, halt die Luft an.« Shw bemerkte, dass Wade und Ted den Mietwagen beäugten. »Was guckt ihr denn so?«

»Ich habe meine Medikamentenliste im Kofferraum gelassen, als du uns gestern mitgenommen hast.«

»Eine Medikamentenliste? Was ist das?«

»Es ist ein Ausdruck aller Medikamente, die ich nehmen muss.«

»Ach je. Besorg dir eine neue.«

»Kann ich nicht. Diese ist –« Es war nicht zu übersehen, dass Wade nach einer Lüge suchte.

»Diese ist *was*? Schau mich an – du verarschst mich, oder? Du lügst. Was habt ihr da drin gelassen, Geld?«

»Nein.«

Shw war eindeutig x-mal gerissener als Wade und immun gegen seinen Charme. »Nein, du bist kein Geldtyp, was? Nun ja, was immer es war, Gayle hat es vermutlich in den Müll geschmissen. Sie hat den Wagen für mich sauber gemacht.«

»Gayle?«, fragte Bryan.

»Ja. Die werdende Mutter. Die beiden beten mich an, und sie tragen mich auf Händen. Ich hab hier das große Los gezogen, und ihr Versager werdet mir alles vermasseln, also macht, dass ihr wegkommt.« Sie drehte sich zu dem Hund um: *»Kimba!«* Der Hund reckte sich und erwartete ihr Kommando.

Bryan jammerte: »O Gott, ich liebe dich, Shw, ich liebe dich. Weißt du nicht mehr, wie wir zusammen den GAP angezündet haben? Wir haben gemeinsam ein Feld Frankenstein-Bohnen zerstört – das war doch kein *Traum.* Hat dir all das *nichts* bedeutet?«

»Bryan, wir hatten einen Moment, aber er ist vorbei.«

»Okay, hetz den Hund auf mich, tu was du willst, aber verkauf das Baby nicht.«

Das Blutbad wurde durch ein fröhliches »Ahoi, Leute« verhindert, das in der unbekümmerten Stimme eines Reiseleiters erscholl.

»Mist –«, sagte Shw. »Das ist Lloyd. Benehmt euch ganz normal. Wenn das möglich ist.«

Janet schaute sich das Spektakel vergnügt an.

»Emily!«, brüllte Lloyd, »du hast tatsächlich die Familie Drummond mitgebracht. Ich bin« – er legte seine Hand aufs Herz – »*tief* gerührt.«

Wie aus einem Munde sagten Bryan, Wade, Ted und Janet: *»Emily?«*

»Emily ist die rücksichtsvollste Leihmutter, die man sich nur wünschen kann, und Sie« – er machte eine Geste, als wolle er die gesamte Familie Drummond in seine Arme schließen – »als die genetischen Vorfahren sind die Menschenfreundlichkeit in Person. Kommen Sie! Kommen Sie ins Haus. Ach, das wird ein Fest heute Abend.« Er drehte sich um: »Gayle! Gayle! Die kleine Emily hat uns die gesamte Familie Drummond hergeholt!«

Gayle, eine hübsche Frau in den Vierzigern, streckte ihren Kopf aus dem Fenster: »Gott segne Sie, Familie Drummond! Kommen Sie rein! Kommen Sie rein! Achten Sie nicht auf das Chaos hier. Es ist schrecklich unaufgeräumt.«

Shw musste sich sehr zusammennehmen, um nicht zu explodieren, als das Grüppchen Lloyds Haus betrat, ein funkelnagelneues Musterexemplar des Software-Modernismus: »Ich habe es mithilfe eines Programms aus dem Büromarkt entworfen«, sagte Lloyd. »Mal was anderes, hm?«

Offenbar waren alle Gegenstände im Raum … *spiegelblank*. Oder rosa. Oder plüschig. Oder aus Messing. Nirgends ein rechter Winkel zu sehen. *»Reizend«,* sagte Janet.

Gayle erschien, breitete die Arme aus und knickste wie in einem Kinderballett: »Die Großmutter meines Adoptivkinds!« Sie umarmte Janet mit animalischer Kraft. »Ach, was wird das für ein kluges Kind werden – und so ein hübsches.« Und zu Ted gewandt: »Beziehungsweise gut aussehend. Lloyd! Lloyd! Lass uns was trinken – mach die Flasche aus Frankreich auf.« Sie drehte sich zu den Dummonds um: »Echt *französisch.«* Dann sagte sie zu Shw: »Emily, komm, hilf mir beim Einschenken.«

Die Familie frohlockte insgeheim über Shws Demütigung, während Gayle ihr nicht von der Seite wich. »Pass auf, dass du die Sektflöten nicht umkippst. Und nicht die Flasche schütteln, sonst schäumt dieser schöne teure Champagner über – das wäre doch schade drum. Und für dich, werdende Mutter, *nur* Apfelsaft.« Shw sah die Drummonds an und schenkte ihnen ein gequältes Lächeln. Janet nahm an, dass sie die liebende Tochter nur spielte, weil sie auf noch mehr Geld spekulierte. *Gott sei Dank ist Bryan so schlau, den Mund zu halten.*

»Ich würde gern von Ihrem Telefon aus meine Frau anrufen«, sagte Ted.

Gayle warf ihm einen kurzen, aber unmissverständlich eisigen Blick zu.

»Es ist ein Ortsgespräch«, fuhr er fort und wandte sich Bestätigung heischend zu Janet um. »Stimmt's?«

»Nickie ist ein Ferngespräch, Ted.«

»Haben Sie eine Telefonkarte?«, fragte Gayle.

Janet sagte: »Ted, ich habe zwar dein Telefon dabei, aber die Telefonnummer liegt im Auto. Nickie und Beth sind in Kevins Wohnwagen gut aufgehoben.«

»Was hat Nickie noch mal gesagt, wann sie wieder anruft?«

»Ich weiß nicht, Ted.«

Lloyds Blick fiel auf Bryan, der durch die Schmerzen von den Hundebissen und dem Sonnenbrand halb ohnmächtig war. »Sieht aus, als hättest du dir ziemlich wehgetan, Bryan – darf ich du zu dir sagen? Es kommt mir schließlich vor, als wärst du mein eigener Sohn.«

»Codein. Vicodin. Percocet. *Schnell*«, ächzte Bryan.

»Ich werd mal sehen, was ich auftreiben kann.« Lloyd verließ den Raum.

Wade sagte: »Hey, Gayle, Emily hat so von Ihnen geschwärmt.«

Shws Körper verkrampfte sich sichtlich, aber Gayle strahlte übers ganze Gesicht, als sie die Champagner-Flöten herumreichte. »Oh, aber das wäre doch wirklich nicht …«

»Nein«, fuhr Wade fort, »sie konnte gar nicht genug Gutes über Sie sagen, nicht wahr, Mom?«

»O ja. Sie meinte sogar, sie hätte ein schlechtes Gewissen, so viel Geld dafür zu nehmen, dass sie als Leihmutter fungiert. Sie sagte, so eine große Summe fände sie nicht *richtig* – sie fühle sich Ihnen inzwischen so nah, dass es ihr unrecht vorkäme – *unchristlich.*«

»Na, so was!« Gayles Schnäppchenradar schaltete sich ein.

Shw funkte dazwischen: »Ach, Janet nimmt uns wie üblich auf den Arm.« Sie wandte sich Gayle zu. »Sie ist eine richtige Ulknudel.«

Janet sagte: »Oh, nein, Shw … *Emily* – jetzt stell doch dein Licht nicht unter den Scheffel.« Zu Gayle sagte sie: »Sie meinte sogar, wenn sie könnte, würde sie ihre Gebärmutterdienste gratis spenden, aber schließlich müssen ihre Unkosten gedcckt werden.«

Gayle sagte: »Natürlich, deine Auslagen musst du wirklich wieder hereinbekommen. *Das* versteh ich.«

Lloyd kam mit einem Fläschchen Tylenol ins Zimmer.

Gayle platzte mit vor Freude über die Möglichkeit eines Preissturzes geradezu quiekender Stimme heraus: »Einen Toast! Auf meine liebe, großzügige Emily und den gesamten Drummond-Clan.«

Alle leerten ihre Flöten in einem Zug. Dann bombardierten Gayle und Lloyd Ted mit Fragen zur NASA, die dieser mit der Akkuratesse einer Informationsbroschüre beantwortete. Janet, die an diesem Gespräch nicht beteiligt wurde, fragte nach der Toilette. Am Ende des Flurs riss ihr die wutschäumende Shw brutal einen Arm auf den Rücken: »Okay, was muss ich zahlen, damit Sie die Schnauze halten?«

»Shw – *Emily* – glaubst du wirklich, dass du mich damit beeindrucken kannst? Eher nicht, würde ich sagen.«

Von hinten presste Wade seine Hand auf Shws Mund. »Ich glaube, Bryan ist derjenige, um den du dir Gedanken machen solltest, du kleine Hexe. Im Moment ist er noch außer Gefecht gesetzt, aber in ein paar Minuten wird er Krach schlagen. Und das ist auch gut so.«

Shw biss zu, ließ aber rasch wieder los.

»Au, *Mist.*« Wade hätte fast aufgejault. »Was soll *das* denn?«

»Ich hab doch deine Haut nicht verletzt, oder?«

Wade sah nach. »Nein, du bist nicht infiziert, vielen Dank.«

»Sei leise«, sagte Shw. »Sonst hören sie uns.«

Wade entdeckte eine Stahltür neben dem Frisiertisch. »Eine Stahltür? Warum baut sich jemand eine Stahltür ein?«

Shw sagte: »Keine Ahnung. Ein Luftschutzraum, glaube ich.«

»Ein Luftschutzraum?«

Wade öffnete die Tür; sie gab den Blick auf eine steile, pilzig riechende Treppe frei. »Wir sind hier in Florida. Hier haben die Leute keinen Keller.«

»Zwanzig Meilen in Richtung Süden liegt die NASA, du Knallkopf. Diese Gegend war vierzig Jahre lang eins der Hauptziele für mögliche Atomangriffe. Das ist sie vermutlich immer noch.«

Janet folgte ihnen. *Faszinierend. Einfach faszinierend, das alles.* Sie gingen die schwach beleuchtete, nach Beton riechende Treppe hinunter. An ihrem Ende stießen sie auf eine weitere Stahltür.

Wade sagte: »Na, wenn das nicht kurios ist. Wir gehen rein.«

»Sie ist abgeschlossen. Ich hab's schon versucht«, sagte Shw.

»Die reinste Hobbydetektivin, was?« Wade zog seinen Schlüsselbund hervor und stocherte mit einem der Schlüssel in dem Schloss herum; innerhalb weniger Sekunden war die Tür offen. Er legte gleich dahinter einen Lichtschalter um, und die drei traten ein. Drinnen stand ein Gebärstuhl, einsam und kalt wie die Apparatur zur Verabreichung der Todesspritze in einem Gefängnis in Mississippi – offenbar sollte hier eine Hausgeburt stattfinden. An der Wand hinter dem Stuhl fand sich ein ganzes Arsenal von medizinischen Instrumenten aus Edelstahl, Handschellen und Ledergurte. Zur Rechten sahen die drei hinter einem Tierkäfiggitter aus Stahl ein komplettes kitschig eingerichtetes, in Rosatönen gehaltenes Schlafzimmer für eine Person.

Keiner von ihnen sagte ein Wort. Nach einer flüchtigen Besichtigung eilten sie hinauf in den Hausflur. Gayle rief: »Haben Sie das Bad gefunden, Janet?«

»Ja. Sie haben wirklich ein reizendes Haus. Es verrät Geschmack und Sinn für Ästhetik. Und außerdem ist es sehr elegant. Wer ist für die Inneneinrichtung verantwortlich – Sie oder Lloyd?«

»Lloyd würde ich nicht mal in die Nähe einer Farbmusterkarte lassen. Er würde Schulbusgelb oder Irrenanstaltgrün aussuchen, und dann könnten wir ebenso gut in einem Trailerpark wohnen und Frühstücksfleisch rösten, auf dem Ananasringe mit Zahnstochern festgesteckt sind.«

»Was für eine anschauliche Analogie.«

»Sie haben hier vierhundert Quadratmeter Gayle vor sich.« Sie drehte sich zu Shw um. »Emily, komm ins Wohnzimmer. Ich hab deinen Brief an mich im Kofferraum des Wagens gefunden – wie aufmerksam von dir. Ich dachte, wir könnten ihn jetzt als eine Art Zeremonie zur Besiegelung unseres Bundes öffnen.«

»Einen Brief?«

Sie ist nicht blöd. Und sie weiß, dass sie jetzt auf uns angewiesen ist. Janet nahm Shws Arm. »Ja, Schatz, du hast mir doch davon erzählt. Wirklich eine großzügige Geste.«

»Ach der. Natürlich.«

Sie gingen ins Wohnzimmer. Janet sagte: »Ted ... Bryan ... Gayle wird uns einen Brief von Emily vorlesen.«

»Brief?« Die Männer horchten auf.

Gayle plapperte weiter: »Emily, du kluges Ding. Du hast ihn sogar zwischen zwei Plastikscheiben gesteckt, damit er nicht schmutzig wird. Und du hast ›Mummy‹ draufgeschrieben – auch ich habe meine Mutter so genannt.«

»Mir liegt sehr viel an diesem Brief«, sagte Shw, woraufhin neben Ted am anderen Ende des Zimmers ein ohrenbetäubendes Krachen ertönte; er hatte eine Gazellenstatue aus massivem Messing auf ein gläsernes Beitelltischchen fallen lassen. Der Krach verfehlte die beabsichtigte Wirkung nicht. Gayle ließ den Brief los, und Janet stürzte sich darauf. Gayle stürmte zu Ted hinüber, kurz davor, hysterisch zu werden. »Ich habe diesen Tisch zum *Ladenpreis* gekauft.«

»Kann ja kein so toller Tisch sein, wenn man nicht mal ein kleines Stück Messing draufstellen kann.«

»Er ist *ruiniert*.«

Ted betrachtete die Scherben und sagte: »Ich glaube, das Bein der Gazelle sieht auch verbogen aus«, woraufhin Gayle einen weiteren Anfall bekam; Lloyd ging zu ihr, um sie zu trösten, und auf die anderen achtete niemand mehr.

Wade griff sich eine Briefattrappe aus Janets Handtasche und warf sie ihr zu, doch aus Versehen erwischte er zwei, die aneinander klebten; sie fing beide auf.

Dann nahm Janet den echten Brief aus der Hülle, malte mit ihrem Stift einen blauen Punkt auf die rechte obere Ecke, schleuderte ihn zu Wade hinüber und steckte einen gefälschten Brief zwischen die Plastikscheiben. Es ging alles blitzschnell. Die überschüssige Attrappe schob sie unter das Sitzpolster der Couch.

Gayle machte sich wie eine Glucke mit Staubsauger, Papiertüten und einem Besen zu schaffen, während Bryan, der auch etwas zu dieser konzertierten Familienaktion beitragen wollte, seine Sektflöte umstieß, um Janet und Wade noch ein bisschen mehr Zeit zu verschaffen.

Janet sagte: »Keine Sorge, Gayle, das wird schon wieder.« Die Situation entspannte sich, obwohl Gayles anfängliche Freundlichkeit messbar fadenscheinig geworden war.

Janet sagte: »Sie wollten uns einen Brief vorlesen?«

»Ja.« Gayle nahm das Duplikat, strich sich eine Haarsträhne aus dem Gesicht und schaltete ihr Lächeln ein. »Von der kleinen Emily.« Sie öffnete den Brief etwas ungeschickter, als sie es vermutlich getan hätte, bevor Ted den Tisch zerstört hatte. Im Umschlag steckte eine Karte mit dem Aufdruck: *Für den besten aller Söhne zu seiner Bar-Mizwa.* Im Innern der Karte war der ringförmige Abdruck einer Kaffeetasse zu sehen. »Emily?«

Shw schaute sie an und sagte: »Was hat es denn mit dem rosa Kerker da unten auf sich, hm?«

Zuerst sah es so aus, als würden Gayle und Lloyd eine gut gelaunte *Wer? Ich?*-Unschuldsmiene an den Tag legen wollen, aber ihr Gesichtsausdruck morphte schnell zu einem ausdruckslosen, geschäftsmäßigen Starren.

»Kerker?«, fragte Bryan.

Janet sagte: »Ja, wir haben ihn gerade besichtigt – Gebärstuhl, Handschellen, Ledergurte und ein süßes kleines rosa Schlafzimmer in einem Gorillakäfig.«

Wade sagte: »He, Lloyd, he, Gayle – Sie sind ganz schön pervers, was?« Lloyd und Gayle hatten nichts zu sagen.

Janet wusste, dass dies der Punkt war, an dem gegebenenfalls Waffen ins Spiel kämen. Sie sagte: »Wade ... Ted ... Bryan ... Emily ... könntet ihr bitte Lloyd und Gayle festsetzen? Vielleicht sollten wir sie in ihr eigenes Gefängnis sperren. Kimba ist glaube ich im Zwinger hinterm Haus.« Es folgte ein Moment des Schweigens, dann kommandierte Janet in einem Ton, als spräche sie zu Kimba: *»Hopp hopp!«*

... Hektik ... Beschimpfungen ... Gerangel ... zerbrochene blitzblanke Möbelstücke, und schon saßen Lloyd und Gayle unten im rosa Zimmer hinter Gittern. Lloyd meldete sich zu Wort: »Ihr *habt* sie wohl nicht mehr alle. Ich werd dafür sorgen, dass jeder verdammte Cop von hier bis Atlanta Hackfleisch aus euch macht, bevor ihr wisst, wie euch geschieht. Mir doch egal, ob eure Tochter den Nobelpreis gewonnen hat – eure beschissenen Kinder sind doch alle nicht ganz *dicht*.«

Janet begutachtete in aller Ruhe den Kerker und sagte: »Nicht solche Ausdrücke, Lloyd. Ach, seht mal – na so was, ein elektrischer Viehtreiber. Die Geburtshilfe hat sich ganz schön weiterentwickelt, seit meine Kinder geboren wurden. Und dazu noch Handschellen. Wie clever. Wer hätte das gedacht?«

Shw zog einen Stuhl an das Gitter heran und starrte Lloyd und Gayle finster an. »Was hattet ihr vor, hm? Wann wäre ich in eurem kleinen Barbie-Gefängnis gelandet?« Bryan stand neben ihr und bespuckte die beiden.

»Du solltest hier doch gar nicht rein«, sagte Gayle.

»War dieser Raum vielleicht für jemand anders reserviert?«

»Ich versteh ja, wie das für dich aussehen muss ...«

Shw fuchtelte mit dem elektrischen Viehtreiber zwischen den Gitterstäben herum, woraufhin Lloyd und Gayle sich rasch an die Wand flüchteten.

Wade sagte: »Shw, lass gut sein. Wir haben Wichtigeres zu tun.«

Shw wirbelte herum. »Und was hat es mit diesem Brief auf sich, hm? Ihr lest doch wahrscheinlich noch nicht mal die Sonntagscartoons, also wieso liegt euch so viel an einem Brief? Hm? Hm? *Hm?«*

Janet sagte: »Na gut. Wir sagen's dir, aber du musst versprechen, dass du dein Baby weder abtreibst noch an die Meistbietenden verkaufst.«

Bryans Miene hellte sich auf.

Shw fragte: »Springt dabei was für mich raus?«

»Ich schätze schon.«

»Abgemacht.«

23

Janet sagte: »Ich halte es für das Beste, wenn wir nach handfesten Beweisen suchen, mit denen wir sie erpressen können. Findet ihr nicht auch?« Und damit begann die Familie Schubladen und Schränke zu durchwühlen und nach Hinweisen über die Kombination aus Babyfabrik und Kerker, die Lloyd und Gayle sich da eingerichtet hatten, zu stöbern.

Wade war sich der Tatsache bewusst, dass seine Familie bereits tief in einer Welt aus unsauberen, schmierigen und illegalen Machenschaften versunken war, aus der sie womöglich nie wieder auftauchen würde. Gab es überhaupt noch ein Zurück? Gab es noch irgendwas, *wohin* sie zurück konnten? Wade war über zwei Jahrzehnte lang durch den Schmutz gewatet – das war sein Leben – und sein Vater wahrscheinlich ebenso lange. Bryan? Fünfzehn Jahre. Sarah? Wie sich letzte Woche herausgestellt hatte, ungefähr ein Jahr. Aber *Mom*? Sie, die immer so anständig und unfehlbar gewesen war, benahm sich jetzt, als sei sie dazu geboren, durch die warmen, furzigen Gewässer der Unmoral zu navigieren – sie kippte auf der Suche nach irgendwelchen Schweinereien im ersten Stock die Potpourri-Schalen aus und leerte die Blumenvasen. Sie rief nach Wade, der unten in der Küche die Schränke durchsuchte.

»Ja, Mom?«

»Hier oben hängt ein hübsches Hemd, das aussieht, als hätte es genau deine Größe.«

»Mom, wir sind hier nicht im Kaufhaus. Ich brauche kein neues Hemd.«

»Doch, tust du, und dieses hier ist wunderbar weich, und das Karomuster steht dir bestimmt.«

»Ich will Lloyds Hemd nicht, Mom. Allein schon das Karma …«

»Du würdest hier nicht von Karma schwafeln, wenn du die Depression und den Krieg mitgemacht hättest, Freundchen. Es ist ein schönes Hemd. Gute Qualität. Und ich will nur, dass du es mal anprobierst.«

»Das werde ich *nicht* tun.«

»Dann *lass* es, aber heul dich nicht bei *mir* aus, wenn du wieder in die Suppenküchen gehen musst.«

Ted rief aus dem Hobbyraum: »Jetzt nimm das verdammte Hemd, Himmelherrgott noch mal. So was lässt man sich doch nicht durch die Lappen gehen.«

»Dad, das ist Diebstahl. Ich hätte mir nicht träumen lassen, dass *du* so bedenkenlos anderer Leute Sachen klaust.«

»Wie kannst ausgerechnet *du* so etwas sagen?«

»Was soll das heißen?« Wade stürmte in den Hobbyraum.

»Ich meine bloß, dass du eine günstige Gelegenheit nicht erkennst, selbst wenn du sie direkt vor der Nase hast.« Ted wühlte gerade in einer Schublade voller Kugellager.

Wade sagte: »Oh, ich verstehe – und das aus dem Munde von Mr. Insolvenz persönlich. Nur weil du finanziell so tief in der Scheiße sitzt, machen wir diesen Schwachsinn hier überhaupt.«

»Ach, und für dich springt wohl nichts dabei raus? Also, wenn *du* dein Leben nicht mit Gott weiß was für einem Dreck vergeudet hättest, hätten wir uns gar nicht erst mit diesem beschissenen Kraut eingelassen, der sonntags von seinem Kindermädchen versohlt wird.«

Offenbar rechnete Ted mit einer Antwort, die den Wortwechsel wie üblich zu einem Streit eskalieren lassen würde. Doch stattdessen wurde Wade still. »Oh-oh.«

»Oh-oh *was?*«

»Howie.«

»Was ist denn jetzt mit *dem*?«

»Ich, äh … Florian hat ihn vermutlich entführt.« Wade erinnerte sich an Florians Faible für dänische Radaranlagen und Daten-Überwachungssysteme. »Ich habe bei den Brunswicks sein Telefon benutzt.«

»Geschieht ihm recht.«

Wade setzte sich auf einen mit grünem Leder bezogenen Regiestuhl, und Ted nahm ihm gegenüber auf einem Hocker Platz. Janet kam ins Zimmer. »Hast du grade gesagt, dass dieser Deutsche Howie entführt hat?«

»Allerdings.«

»Oh.« Niemand schien besonders beunruhigt. »Du glaubst doch nicht, dass er ihm was *tun* würde, oder?«

»Florian? Irgendwann schon.«

Ted sagte: »Das ist vielleicht die Lösung unserer Probleme, nicht wahr? Wir können Sarah einfach erzählen, dass er beim Start dabei war. Sie sitzt doch dann schon in der Raumfähre, woher soll sie es also erfahren?«

Janet schien sich das ernsthaft durch den Kopf gehen zu lassen.

Wade sagte: »Das kann doch wohl nicht wahr sein! Was, wenn beim Start des Shuttles nicht Howie mit uns auf der VIP-Tribüne steht, sondern wir nur seine Bauchspeicheldrüse in einer Picknick-Kühltasche dabeihaben?«

Ted sagte mit einem beeindruckenden Mangel an Selbsterkenntnis: »Wade, jetzt sei doch nicht so spießig. Er ist ein mieser Schwerenöter.«

Janet fügte hinzu: »Ich glaube, Sarah mag Howie nicht mal besonders.«

»Ja«, sagte Ted. »Wir können froh sein, dass wir ihn los sind. Wo ist Shw?«

Bryan kam kalte Ravioli aus einer Dose essend ins Zimmer. »Sie ist in der Garage. Worüber regt Dad sich so auf?«

»Howies Affäre mit Alanna.«

»Ach je. Das ist doch ein alter Hut.«

Janet musterte Bryans Mahlzeit. »Bryan, wie kannst du dieses Zeug bloß essen? In Ravioli ist Katzenfutter drin.«

»Danke, Mom.« Er stellte die Dose weg.

Die Familie Drummond saß in Lloyds Arbeitszimmer

herum, als posiere sie für einen Burda-Strickmusterkatalog. Das Büro war eine Fantasie in Eiche, voll gepfropft mit lauter elektrischem Firlefanz aus dem entsprechenden Laden im Einkaufscenter. Ted sagte: »Soll der Kraut ihn doch zu Ravioli-Füllung verarbeiten.«

Janet sagte: »Das fänden wir alle nicht übel, aber ich glaube, mit Rücksicht auf Sarahs langfristiges Glück retten wir ihn lieber lebend.«

Bryan sagte: »Vielleicht können wir Florian dazu bringen, ihn bloß ein kleines bisschen zu quälen.«

»Klingt gut«, sagte Ted.

»Ja, das gefällt mir«, fügte Wade hinzu.

»Benutzt Florian körperliche oder psychologische Foltertechniken?«, fragte Janet Wade.

»Woher soll ich das wissen?« *Wenn sie es erführe, würde sie ausrasten.*

»Ruf ihn von diesem Apparat hier aus an, der hat eine Freisprechanlage.«

»Dann wird er durch die Telefonnummer wissen, wo wir sind.«

»Du rufst ihn jetzt *sofort* an, Wade.«

Mutter wird schon wissen, was sie tut, und außerdem bin ich dann aus dem Schneider. Innerhalb einer Minute war Florian am Apparat, und Wade reichte Janet den Hörer und schaltete die Freisprechanlage ein. Sie fragte: »Ist da Florian?«

»Allerdings. Und wer, bitte, sind Sie?«

»Hier ist Janet, Wades Mutter.«

Ein teutonisches Keckern erscholl am anderen Ende. »Oh, das ist wirklich *starker* Tobak. Wade, wer auch immer diese Schauspielerin ist, bitte erspare ihr diese unmögliche Rolle.«

Wade sagte: »Das ist meine Mutter, Florian, sei gefälligst nett zu ihr.«

»O *Gott, Wade* – das ist tatsächlich dein Ernst, was? Na gut, dann werde ich eben auf meine Manieren achten.

Hallo« – Florian verhielt sich plötzlich wie jemand, der den imaginären Freund eines Kindes anspricht – *»Janet.«*

»Tja, wir können ebenso gut gleich zum Geschäft kommen. Wie viel wollen Sie für den Brief ausgeben, und wie viel müssen wir zahlen, um« – eine bedeutungsschwangere Pause – »*Howie* zurückzubekommen?«

»Ja, Ihr Schwiegersohn. Ein reizender Mensch.«

»Sie können sich vorstellen, wie begeistert wir sind, dass wir auch noch dafür zahlen müssen, ihn zurückzubekommen. Sie sollten ihn zu Weihnachten erleben. Er braucht ein ganzes Stockwerk für sich allein, damit er seine Weihnachtslieder singen kann. Das hört sich dann so an –« Janet begann in einem spöttischen Sopran zu schmettern: »›*Froooooooo*sty the *snnnnnnnnnowwwwwwww*man ...‹ Und so weiter. Und so fort.«

Ted platzte dazwischen: »Er ist eine gottverdammte Nervensäge.«

Florians Neugier war geweckt. »Und wer, bitte, ist dieser Herr?«

»Das ist mein Dad, Florian. Benimm dich.«

Florian wirkte beleidigt. »Ich benehme mich doch nie daneben, Wade. Wer ist sonst noch bei euch im Zimmer?«

»Mein Bruder, Bryan.«

»Spielt ihr gerade Scrabble? Oder Mikado?«

Janet sagte zu allen Anwesenden: »Seid bitte still.« Sie wandte sich der Freisprechanlage zu. »Florian, lassen Sie uns ›Flohmarkt‹ spielen. Was immer Sie für Howie verlangen – wir wollen hunderttausend mehr für den Brief.«

Florian sagte: »Ich will eine Milliarde Dollar für Howie.«

Janet sagte: »Ich will eine Milliarde Dollar plus hunderttausend für den Brief.«

»Ich habe Ihren Anruf bereits zurückverfolgen lassen und weiß jetzt, wo Sie sind.«

»In fünf Minuten sind wir weg. Na toll. Und was dann? Wir werden den Brief schreddern. Hunderttausend, Florian. Das ist ein Hundertstel des ursprünglichen Preises.«

»Fünfzigtausend.«

Janet sagte forsch: »Wissen Sie was, Florian? Nein. Hundert, und damit basta. Ich bin eine alte Frau, die an AIDS stirbt, mein Ex-Mann ist ein alter Mann, der an Leberkrebs stirbt –«

Wade und Bryan standen da wie vom Schlag getroffen und starrten ihren unbekümmert wirkenden Vater an. Janet fuhr fort: »– und Wade sieht auch nicht grade fit aus.«

»Ist mir bereits zu Ohren gekommen. Haben Sie Schmerzen?«

»Ja. Ein bisschen. Aphthen, aber dagegen kann ich Medikamente nehmen. Nur diese Pillen, Florian, großer Gott, allein daran zu denken nimmt mein ganzes Leben in Anspruch. Das nervt mich mehr als alles andere.«

»Meine Mutter hatte Brustkrebs. Sie hat sich auch praktisch von Pillen ernährt.«

»Ach, Sie Ärmster. Wann?«

»Als ich noch jünger war.«

»Hat es lange gedauert?«

Florian klang nachdenklich: »Bei dem, was sie durchmachen musste, was ein einziger Tag schon zu lang.«

»Sie armes Lämmchen. Wie hat Ihre Familie es aufgenommen?«

»Meinem lieben Vater war es peinlich, und wissen Sie warum?«

»Warum?«

»Weil er der führende Pillenhersteller der Welt war und trotzdem kein einziges Medikament finden konnte, das meine Mutter gerettet hätte. Für ihn war dieses Versagen eine persönliche Schande, und diese Schande machte ihm mehr zu schaffen als der Tod meiner Mutter.«

»Die Reaktionen der Menschen aufs Sterben sind unberechenbar. Das war seine.«

»Aber Janet, eins sollten Sie wissen: Glauben Sie, er hat, nachdem die Trauerzeremonie vorbei war, Geld in die Forschung gesteckt? Nein. Er hat sich in Nassau in die Gosse getrunken. Ekelhaft. *Cochon.* Und dann kriegte er Alzheimer.«

»Mein Vater hatte auch Alzheimer. Vier Jahre Hölle.«

»Wie werden Sie damit fertig?«

»Ich weiß nicht, ob ich damit fertig geworden bin. Hat er Sie am Ende noch erkannt?«

»Nein.«

»Meiner mich auch nicht. Diese Krankheit ist so grausam. Sie raubt einem alles. Haben Sie Brüder oder Schwestern?«

»Mein Bruder ist 1974 in Klosters bei einer Lawine ums Leben gekommen. Ich bin also das Ende der Linie.«

»Und stecken *Sie* mehr Geld in die Forschung, um wieder gutzumachen, was Ihr Vater versäumt hat?«

»Die Forschung ist meine Passion.«

»Dann wäre Ihre Mutter stolz auf Sie.«

»Glauben Sie?«

»O ja. Ich bin sicher, sie hört unser Telefonat mit und freut sich darüber, was für ein guter Junge Sie sind. Haben Sie vielleicht etwas entdeckt, das Menschen mit Leberkrebs helfen könnte? Mein Ex-Mann, Ted, hat Leberkrebs.«

Ted sagte: »Müssen wir uns darauf einstellen, dass ihr euch hier festquatscht?«

Janet signalisierte allen, sie sollten den Mund halten, und die Männer machten es sich bequem, um dem Telefongespräch zu lauschen, als sei es eine Radioreportage über die Fassproduktion in New Brunswick.

Florian fuhr fort: »Wissen Sie, Janet, es gibt diverse Behandlungsmethoden für Krebs, von denen die *New York Times* noch nichts gehört hat und vermutlich auch eine Weile nichts hören wird.«

»Wie kommt das?«

»Nun ja, Krebs zu heilen ist eine Sache, aber die Gesellschaft zu heilen eine andere. Eine so übermächtige Krankheit wie Krebs zu heilen würde praktisch der Versicherungsbranche den Garaus machen und folglich auch dem Bankensystem. Mit jedem Jahr, um das wir die durchschnittliche Lebenserwartung verlängern, erzeugen wir eine massive Finanzkrise. Das war es, worum sich im zwanzigsten Jahrhundert alles drehte – Jahr für Jahr unsere gestiegene Lebenserwartung zu kompensieren.«

»Florian, bestimmt –«

»O nein, Janet, Sie können mir wirklich glauben. Ich leite einen der größten Pharmaziekonzerne der Welt. Glaxo Wellcome oder Bayer – oder auch Citibank – werden mir für das, was ich Ihnen gerade gesagt habe, die Zunge rausschneiden.«

»Können Sie mit jemandem über diese Dinge reden? Gibt es so jemanden im Ihrem Leben?«

Eine Pause: »Nein.«

»Ach, Sie Ärmster! Das muss furchtbar für Sie sein.«

»Oh, das *ist* es.«

Nicht zu fassen – Mom verbündet sich mit Florian.

»Sie müssen unter enormem Druck stehen. Ich habe durch all meine Sorgen einen entzündeten Dickdarm. Was bewirkt es bei Ihnen?«

»Gürtelrose.«

»Uuh – Gürtelrose ist übel.«

»Und Rosazea-Ausschlag. Überall auf Nase und Stirn.«

»Haben Sie etwas gefunden, was dagegen wirkt? Ausschläge sind so schwer zu therapieren.«

»Das eine oder andere schon, aber kein Wundermittel.«

»Meine Freundin Bev hat Rosazea. Ich habe eine Creme für sie aufgetrieben, die man sich aus Arizona besorgen kann. Bei ihr hat sie Wunder gewirkt.«

»Wirklich?«

»Sie sollten sie mal ausprobieren.«

Das kann doch nicht wahr sein. Das kann wirklich nicht wahr sein.

»Ich bin so weit, dass ich alles ausprobiere.«

Ted mischte sich ein: »Tut mir Leid, dass ich euch bei eurem Nähzirkel störe, Leute, aber, ähm – reden wir noch über die Kohle?«

»Ted, wie kannst du in so einem Moment so ordinär sein? Tut mir Leid, Florian.«

»Sie sind ein *Schatz*, Janet.«

Janet sagte: »Florian, kommen Sie her und essen Sie mit mir.«

Florian klang verblüfft, fast den Tränen nahe. »Ich? Wirklich?«

Wades, Teds und Bryans Lippen formten tonlos das Wort *Was?*

Janet fuhr fort: »Ja, und wir zwei sind ganz unter uns. Ich schicke die anderen Pizza-Essen zu Shakey's.«

Florian war gerührt. »Ich – weiß nicht, was ich sagen soll, Janet.«

»Sagen Sie ja. Und bei der Gelegenheit gebe ich Ihnen auch diesen albernen Brief. Dann sind wir ihn wenigstens los. Wir sind in Daytona Beach. Können Sie mit dem Wagen herkommen? Ich nehme an, Ihre Computer haben bereits unsere Adresse lokalisiert. Was halten Sie von sechs Uhr?«

»Perfekt.«

»Na dann. Sechs Uhr.«

Janet legte auf. »Der arme Junge vermisst seine Mutter.«

Shw kam ins Zimmer, mit Motoröl verschmiert und einen dicken Stapel Fotoalben in den Armen. »Ich glaube, jetzt wird's endlich lustig.« Sie ließ die Alben auf den Tisch fallen.

»Großartig«, sagte Janet. »Könntet ihr jetzt alle noch mal nachsehen, ob diese beiden grässlichen Menschen auch wirklich sicher hinter Schloss und Riegel sitzen, und mich dann in Ruhe lassen? Fahrt zu Kevins Wohnwagen und besucht Nickie und Beth. *Ich* habe eine Verabredung.«

»Uuh, guck dir die an – *die* ist aber mollig.«

Ein paar Stunden später, ungefähr zur Abendessenszeit, saßen Beth und Bryan in Kevins Wohnwagen und sahen sich das Fotoalbum mit den Frauen an, die sich als Gebärmutterspenderinnen beworben hatten. Shw hatte unter einer Stahlplatte unter Lloyds Buick LeSabre gefunden. Sie war bester

Stimmung – die Tatsache, dass sie knapp der Gefangenschaft entronnen war, hatte sie ungewohnt umgänglich gemacht. Wade, der von der anderen Seite des Raumes aus zusah, bemerkte hin und wieder ein Knistern, das ihm die Zuneigung verriet, die Beth möglicherweise für Bryan empfand. Derweil versuchte er vergeblich so zu tun, als würde er sich nicht wie in einem Backofen fühlen. Die Temperatur im Innern des Wohnwagens war, wiewohl unerträglich, nichts im Vergleich zu der draußen, wo, obwohl die Sonne bereits am Horizont verschwunden war, alles Lebende in eine faulige Variante von Dörrfleisch verwandelt wurde.

In der winzigen Küche des Wohnwagens saßen Ted und Nickie auf dem Boden, den Rücken gegen den Spülschrank gelehnt, hielten Händchen und sagten nicht viel. Nickie wusste inzwischen über Teds Leberkrebs Bescheid, ihre gemeinsame medizinische Geschichte verband sie mehr als jedes angenehme Erlebnis es getan hätte. An dem Kühlschrank ihnen gegenüber hing ein Schnappschuss von Kevin, der offenbar auf einer Party für Disney-Maskottchen entstanden war. Er rauchte mit trotzigem Gesicht eine Virginia Slim, und der untere Teil seines Rumpfes steckte in dem Körper Dagobert Ducks, während er Dagoberts Kopf herumwirbelte, als wäre er ein Armband, das ihm ein lästiger Verehrer geschenkt hatte. Neben diesem Foto klebte ein Brief von der Disney-Geschäftsführung, der Kevin darüber in Kenntnis setzte, dass er wegen Verstoßes gegen die Maskottchenordnung entlassen worden war.

Als Wade sich diese Woche in Florida, die mit dem Start der Raumfähre enden sollte, ausgemalt hatte, war dieser Wohnwagen *nicht* Teil des Szenarios gewesen. Er hatte sich – was? – vornehme Bankette in Flugzeughangars mit auf Aluminiumplatten servierten Speisen vorgestellt, bei denen ihm und seinen Tischgenossen Sechzehn-Millimeter-Filme von Shuttle-Starts der Vergangenheit vorgeführt wurden, wonach silberköpfige Astronauten von einst hinter einem Vorhang auftauchten und in Gesellschaft von Starlets in knappen

Kleidchen mit Spaghettiträgern Geschichten von brenzligen Situationen und Festessen nach der Landung erzählten. Kleine, geschlechtslose Kinder in Overalls führten ihn durch komplexe unterirdische Anlagen, wo er mit blendendem weißem Licht bestrahlt wurde, das ihn intelligenter, stärker und freundlicher machte. Hinterher warteten Bruce Springsteen und Pamela Anderson oben auf dem Rollfeld in einem Geländewagen, und zusammen fuhren sie zu einem eleganten französischen Abendessen, bei dem Wade Französisch verstand und mit seinen Geschichten die Anwesenden amüsierte und ergötzte.

Ted, der auf dem Fußboden hockte, rief: »Ist das hier eine Kakerlake? Was zur Hölle ist das?«

»Das ist ein Palmetto-Käfer«, sagte Wade.

»Du kannst ihn doch von da, wo du stehst, gar nicht sehen. Woher willst du das wissen?«

»Jeder, der ihn sieht, stellt die gleiche Frage.«

»Du kennst dich wohl in Florida aus wie in deiner Westentasche, was? Nickie, zerquetsch das Biest mit deinem Pumps.«

»Aber gern, Schatz.«

Klonk.

War dies ein neues Tief? War es ein neues Hoch? Wieder konnte Wade nur staunen, wo er und seine Familie auf einmal gelandet waren.

»Also, wie lange bleiben wir hier?«, fragte Shw.

»Eine kleine Weile noch«, sagte Wade.

»Wie lange ist eine kleine Weile?«

»Bis meine Mutter anruft.«

Wade sagte, er wolle spazieren gehen, und nahm das Handy mit. Einer Eingebung folgend, rief er Sarah an, und – welch ein Glück – erreichte sie sogar. »Schwesterchen?«

»Wade.«

»Hey.«

»Selber hey. Geht es dir wieder besser?«

»Ein bisschen. Ich bereite mich gerade auf einen Schlafzyklus vor. Gordon hat mir vor ein paar Minuten den Po getätschelt, aber dann kam eine Filmcrew herein, und das war's. Unser Biologie-Experiment in der Schwerelosigkeit ist vielleicht doch noch nicht gestrichen, aber offen gesagt kann ich mich im Moment selbst nicht leiden. Erzähl mir was, das mich vorübergehend aus diesem metallenen Müllcontainer herausversetzt. Wo *bist* du? Was ist los, hm? Ich *kenne* dich, Wade. Irgendwas ist doch im Gange. Gestehe, aber sofort. Du bist machtlos gegen meinen Willen.«

Warum nicht? »Na schön. Ich stehe vor einem Wohnwagen in der beschissensten Gegend von Orlando. Er gehört einem Typen namens Kevin, der bei dem Überfall auf das Restaurant gestern in den Arm geschossen wurde. Übrigens sind Mom und Nickie inzwischen dickste Freundinnen. Was noch ...« *Vermutlich ist es am besten, ihr nicht zu sagen, dass wir uns hier draußen vor den Schlägern verstecken, die ihren Mann gekidnappt haben. Soll ich noch mehr erzählen? Warum nicht.* »Und dann haben ich, Mom, Dad und Bryan vor ein paar Stunden Shw vor diesen durchgeknallten reichen Leuten in Daytona Beach gerettet, die sie in ein Gefängnis in ihrem Keller einsperren, ihr Baby stehlen und sie dann vermutlich umbringen wollten – daher ist Shw plötzlich scheißfreundlich, und Bryan strahlt wie ein Honigkuchenpferd. Ach, Shws richtiger Name ist übrigens Emily.«

Schweigen – und schwache mechanische Geräusche an Sarahs Ende der Leitung.

»Es geht noch weiter. Im Moment isst Mom mit diesem verrückten deutsch-bahamaischen Pharma-Millardär zu Abend, für den ich früher gearbeitet habe. Sie wird ihm dieses, äh, historisch bedeutende Dokument verkaufen, das ich von meinem Kumpel Norm geerbt habe, der gestern in Disney World einen Herzinfarkt hatte. Platsch, mitten auf der Straße.«

Weitere schwache mechanische Geräusche an Sarahs Ende.

Warum erzähle ich ihr nicht einfach von Dad? Na los … Nein – lieber nicht. »Sarah?«

»Ich höre zu, Wade. Das heißt, ich bin dabei, alles zu verdauen.«

»Das hab ich mir gedacht. Wo ist Howie?« *Gut – ohne eine Spur von Zögern in der Stimme.*

»Ich weiß nicht. Wenn du Howie wärst, was würdest du in diesem Moment tun?«

»Vor dir zu Kreuze kriechen wie ein Trüffelschwein.«

»Dachte ich auch. Aber diesmal wird er seiner Rolle nicht gerecht. Und ich weiß *immer* noch nicht, wieso die NASA ihn bei den Brunswicks abgeholt hat. Sonst durchschaue ich alles, was er tut. Ich bin stocksauer.«

»Mach dir nicht so viele Gedanken.«

»Warum nicht?«

»Howie ist nicht der Typ für rätselhafte Aktionen. Er kommt bestimmt bald wieder bei dir angeschleimt.«

»Ich kann es mir gar nicht leisten, allzu lange darüber nachzudenken, Wade. Wie auch immer, ich brauche einen kompletten Schlafzyklus, wenn ich morgen mit den Lasern arbeiten will. Grüß die Bande von mir.«

Sie verabschiedete sich ein bisschen zu hastig. Wade fragte: »Hey – *Moment!* Bist du sauer auf uns? Bist du sauer, weil wir nicht rund um die Uhr mit Ballons und Pappschildern mit Bibelzitaten drauf bei euch an den Absperrungen stehen? Machen das die anderen Familien?«

»Du *lieber* Gott, nein. Es ist der Druck, unter dem wir hier stehen. Man kann nicht mal pinkeln, ohne dass Tom Hanks reinkommt und eine Dokumentation dreht oder der Moment auf IMAX festgehalten wird. Dieses Telefon ist vermutlich nicht abhörsicher – wahrscheinlich werden wir im Web gerade live gesendet. Das Einzige, was mir an diesem Astronautenjob nicht gefällt, ist der Mangel an Privatsphäre. Aber schließlich bin ich nicht nur wegen meiner geringen Körpermasse und vielseitigen Fähigkeiten ausgewählt worden, sondern auch, weil ich mich gut in eine Gruppe einfügen kann.«

»Wie romantisch.«

»Ich denke praktisch, Wade. Das hab ich schon immer getan.«

»Bist du um vier Uhr morgens wieder auf?«

»Allerdings. Lass mich dich anrufen.«

Wade gab ihr Teds Handynummer, und sie legten auf.

Ein paar Minuten später, wieder drinnen, schaute Shw hinter ein Stück Vertäfelung und sagte: »Habt ihr die Klimaanlage in dieser Bude gesehen? Sieht aus wie ein Hamster in einem Laufrad. Können wir nicht wenigstens in ein Restaurant gehen und dort die Zeit totschlagen?«

»Nein«, sagte Wade. »Wir sind alle pleite, und außerdem weiß Mom auf diese Weise, wo wir sind.«

Die anderen waren zu träge, um sich zu äußern.

Ted sagte: »Ist es wirklich nicht gefährlich, deine Mutter mit diesem fleischfressenden Hunnen allein zu lassen?«

»Er ist Schweizer, Dad. Und seit wann machst du dir Sorgen um Mom?«

Ted ignorierte Wades spitze Bemerkung. »Deutsch-Schweizer. Das ist heutzutage das Gleiche. Wir hätten sie ebenso gut in einen Häcksler werfen können. Und nur Gott weiß, was er mit Howie angestellt hat. Bestimmt hat er ihn zu Ravioli-Füllung verarbeitet. Bryan hat ihn vermutlich aufgegessen.«

»Jetzt machst du dir auch noch Sorgen um Howie? Du Heuchler.«

»Wade, gebrauch das Hirn, das Gott dir geschenkt hat. Du weißt verdammt gut, dass Howie beim Start auf der Zuschauertribüne sitzen muss, auch wenn er eine miese kleine Nervensäge ist.«

Wie soll ich Dad klar machen, dass das Leben von Sarah, Howie, Alanna und Gordon Brunswick sich in eine 70er-Jahre-Low-Budget-Sexkomödie mit einem Raumfahrt-Motiv verwandelt hat?

Beth sagte. »Mr. Drummond –«

»Ted. Nenn mich Ted.«

»Ted – haben Sie Wade schon immer erzählt, er sei ein Nichtsnutz?«

»Ja klar.«

»Warum?«

»Warum?« Er hielt inne. »Weil der kleiner Scheißer ständig in Schwierigkeiten geriet – Schrotflinten und Gewehre – Nachbarn, die mit einer halben Katze in jeder Hand vor der Tür standen …«

»Das war ein *Unfall*, Dad.«

»Wade, lass mich ausreden: Jeden zweiten Tag parkten die Cops in der Einfahrt; dann hast du das Haus der Nachbarn angezündet –«

»Unfall!«

»Und so weiter, und so fort. Ein Albtraum in Sachen Erziehung. Warte, bis dein Retortenembryo zu einem Teenager wird. Du wirst an mein Grab kommen und um einen Rat aus dem Jenseits bitten.«

Nickie machte eine heftige Handbewegung. »Ted, hör auf, so zu reden. Leberkrebs ist der einzige Krebs, den sie unter Kontrolle haben.«

Ted summte den Begräbnismarsch; Nickie stürmte aus dem Wohnwagen.

Beth sagte: »Sie verbreiten auch überall nichts als Liebe und Sonnenschein, was?«

»Ach, Quatsch. Nickie kann was ab.«

Beth fragte: »Haben Sie auch Bryan weisgemacht, er sei ein Versager?«

»Das musste ich nicht. Bei ihm lag das stets auf der Hand.«

»Und Janet?«

»Nun ja. Ich denke schon.«

»Und Sarah?«

Teds Körper straffte sich. »Ich verstehe schon. Du versuchst mir anzuhängen, was aus ihnen geworden ist. Die Mühe kannst du dir sparen.« Ted mischte ein bisschen zu energisch und geräuschvoll einen Satz Spielkarten.

Beth sagte: »Ich kenne Ihre Familie kaum, aber sie kommt mir vor wie das Paradebeispiel für eine wahr gewordene Prophezeiung.«

»Hat das was mit Religion zu tun?«

»Nein. Es ist die Realität.«

Ted wandte sich Wade zu. »Wadie-Puh, wenn ich, als du acht warst, deine Umarmung erwidert oder so getan hätte, als würde mich dein maßstabsgetreues Modell der Pyramiden von Gizeh auch nur im Geringsten interessieren, glaubst du, du wärst heute in irgendeiner Hinsicht ein anderer Mensch?«

»Lass mich nachdenken.« Wade nippte an seinem Drink. »Nein, nur die Umstände wären anders. Ich glaube, mein Leben würde viel konventioneller aussehen. Ich hätte ein Haus, eine Frau, zwei Kinder und einen Hund. Vielleicht auch ein –«

Beth schleuderte ihm ein Glas Limonade ins Gesicht.

»Wofür war *das* denn?«

»Dafür, dass ich nicht eine Frau und zwei Kinder bin, Wade. Du Arschloch.« Sie stürmte, Nickie hinterher.

»Danke, Dad.«

Das Telefon klingelte; Kevins Anrufbeantworter war dran: *Kevin ist spielen gegangen, aber er ist bald wieder da.*

Biep

»Kevin, hier ist Mickey. Ich hab deine Slacks für dich geflickt. Slacks – was für ein Wort für eine Hose. Echt zum *Schreien*. Bis dann, Süßer.«

Klick

Beinahe im gleichen Moment klingelte das Telefon erneut, diesmal war es Janet. *»Wade? Ted? Ist jemand da?«*

Wade schnappte sich den Hörer. »Mom. Hey.«

»Hallo, Schatz.«

»Geht's dir gut?«

»Fit wie ein Turnschuh.«

Den Hintergrundgeräuschen nach zu urteilen saß sie in einem fahrenden Auto. »Wo bist du?«

»Flor, Schatz, wo sind wir?«

Sie nennt ihn *»Flor, Schatz«*?

Florian erwiderte: »Wir sind in Kansas, Liebes.«

»Flor, seien Sie nicht so albern. Wo sind wir wirklich?«

»Interstate 95 in Richtung Daytona Beach.«

»Wir sind auf dem Weg nach Daytona Beach, Schatz.«

»Ist Howie da?«

»Ja, Howie ist hier.«

»Haben sie ihm was getan?«

»Howie geht's prima, Schatz. Wir sollten uns treffen.«

»Wo?«

»Chez Lloyd und Gayle.«

»Wir alle?«

»Nein. Nur du, Ted und Nickie. Auf die anderen können wir verzichten. Bitte. Ich meine es ernst. Bitte sag mir, dass du mich verstanden hast.«

»Ich hab dich verstanden. Hast du den Brief verkauft?«

»Bis gleich, Schatz.«

24

Janet hatte sich ihre Zimperlichkeit gegen die zahllosen Attacken der modernen Welt stets bewahrt – aber nur einen Monat vor Florida hatte sie sich leise in Luft aufgelöst. Janet saß in einem Internet-Café im Zentrum von Vancouver *(ich muss aus dem Haus, muss aus dem Haus, muss aus dem …)* und vergnügte sich damit, alte Universitätsfreundinnen aufzuspüren und an alte Kontakte anzuknüpfen, die fünfundvierzig Jahre lang brachgelegen hatten:

Liebe Dorothy,

Ich bin's, Janet – Janet (Truro) Drummond. Kaum zu glauben, was(!!!)? Fünfundvierzig Jahre sind vergangen, ich wohne in Vancouver, drei erwachsene Kinder [Sarah ist oft in den Nachrichten, du hast sie bestimmt schon mal gesehen], und Ted ist fort. Ja, das große »S«, er ist mit irgendeinem jungen Ding abgehauen. Etwas plötzlich, aber …

Zu schnell zu vertraulich. Wie wär's mit:

Liebe Dorothy,

Janet Truro (Drummond) hier. Überraschung! Durch das Internet ist so vieles anders geworden. Wie geht es dir? Ich glaube, wir haben uns nicht mehr gesehen, seit – wann? Das letzte Mal hab ich dich 1963 bei den Loblaws in Toronto getroffen – ist das wirklich schon so lange her?

Nein. Zu langweilig. Dann fiel Janet ein, wie Dorothy einen Blick in Sarahs Buggy geworfen, ihren handlosen Arm gesehen und überstürzt die Flucht ergriffen hatte. *Vergiss es. Die kann mir gestohlen bleiben.*

In diesem Moment stieß der Mann neben ihr, den Janet nur im Vorbeigehen als Businesstyp wahrgenommen hatte, einen entnervten Seufzer aus. Seiner gerunzelten Stirn, den geschürzten Lippen und dem ungelenken Umgang mit der Maus nach zu urteilen war er Anfänger. Er war dunkelhaarig und stämmiger, machte einen sympathischen Eindruck und war in Janets Alter. Außerdem war er offensichtlich gerade in eine erfolglose Recherche vertieft; Janet konnte der Versuchung nicht widerstehen, einen verstohlenen Blick auf seinen Monitor zu werfen. Sie hatte mit einer englischsprachigen kambodschanischen Site vom Typ »Geile Muschis warten auf dich« gerechnet, sah aber stattdessen die Website einer Propanfirma aus Missouri. Der Monitor machte leise *blip blip blip*, ein Zeichen, dass dem Mann ein Fehler nach dem anderen unterlief. Offenbar verlor er langsam die Geduld.

»Vielleicht kann ich Ihnen helfen«, sagte Janet.

Der Mann machte ein ertapptes Gesicht, als hätte er gerade laut gedacht. »Ich kann mit diesem Ding einfach nicht *um*gehen. Alles, was ich finde, ist irrelevanter Mist.«

Janet fragte behutsam: »Suchen Sie was Bestimmtes?«

»Ja. Meine Kinder haben mir so einen neuen CD-Player gekauft, und ich finde im Laden keine CDs, die mir gefallen – daher dachte ich, ich geh mal ins Internet.«

»Was für CDs suchen Sie denn?«

»Das Kingston Trio. Die Four Lads.«

»Ach! Das gibt's ja nicht, die hab ich *geliebt*.« Janets Begeisterung war wie ein Spaniel, der an seiner Leine zerrt.

»Ja?«

»Ihre Musik hat mich durch eine wunderbare Phase meines Lebens begleitet. Ach, waren die süß. Ich ging damals zur Uni. Pullis und Pferdeschwänze. Ich war eine klassische Fifties-Studentin.«

»Auf welche Uni sind Sie gegangen?«

»Auf die University of Toronto.«

»Genau wie mein Bruder. Ich war auf der McGill. Ich heiße Ernie.«

»Janet.«

Janet beschloss, dass sie ebenfalls Kingston-Trio-CDs haben wollte, und sie machten sich auf die Suche. Dabei neckten sie sich wie alte Freunde. Janet konnte sich nicht erinnern, wann sie sich zuletzt auf Anhieb so gut mit einem Mann verstanden hatte, und bald hatten sie Dutzende von CDs gefunden, von denen Ernie fünf als Geschenk für Janet bestellte.

»Ernie – lassen Sie doch –«

»Nein. Betrachten Sie es als Finderlohn. Sie waren großartig.«

»Wissen Sie, im Web ist alles nur eine Frage des gesunden Menschenverstands.«

»Nein, ist es nicht. Es ist eine Katastrophe, und Sie haben mich gerettet.« Er versuchte mit zusammengekniffenen Augen die Uhrzeit in der Ecke des Bildschirms zu erkennen. »Ich muss los und meine Enkelin vom Skaten abholen. Haben Sie heute Abend schon was vor? Ich will ja nicht unverschämt sein, aber ich sehe keinen Ehering.«

»Ich habe nichts –« Der Ring war am selben Tag in die Schatulle gewandert, an dem sie die Scheidungsurkunde unterzeichnet hatte.

»Dann würde ich gerne mit Ihnen essen gehen.«

»Ernie! Sie sind so –«

»Der Typ, der meine Bremsen repariert, hat mir ein Lokal empfohlen. Ich war mal da und hab es mir angesehen – ziemlich nett. ›Sir Steak‹.«

Janet unterdrückte ein Lachen.

Ernie sagte: »Ich weiß, ich weiß – ein blöder Name, aber ich esse wirklich gerne Steak. Wollen wir uns um sieben Uhr da treffen?«

»Okay.«

Und dann war er fort, und Janet wurde bewusst, dass sie seit dreiundvierzig Jahren ihr erstes Date hatte.

Das Wetter in jener Nacht war warm und untypisch für Vancouver. Der Wind auf Janets Haut fühlte sich wie heißer

Atem an. Sie war zu früh beim Restaurant und wartete draußen; die Hitze erinnerte sie an die Sommer ihrer Jugend, lange vor der Ära der Klimaanlagen.

Ernie tauchte in einem knubbeligen roten Impala aus den späten 90ern auf. Es war das erste Automodell seit dem 65er Mustang, das Janet auffiel; Impala war die Marke, die ihr Vater gefahren hatte. *Also hat noch etwas von damals bis heute überlebt.* Sie musterte den Wagen, um zu sehen, ob er sich ebenso verändert hatte wie sie selbst. Ernie fragte: »Sie kennen sich mit Autos aus?«

»Ich? Nein. Mein Dad hat einen Impala gefahren. Ich habe jahrelang nicht mehr an diesen Wagen gedacht.«

»Ein gutes Auto. Zuverlässig, erschwinglich und bequem. Haben Sie Hunger?«

»Ich? Hunger? Himmel, nein. Eine halbe Portion Götterspeise und eine Weintraube würden mir schon reichen.«

Sir Steak war ein Feuerwerk aus kunstseidenen Wimpeln, die zwischen den Gebläsen einer durchgedrehten Klimaanlage flatterten. Wie Verbrecher aussehende Teenager in schlecht geschneiderten historischen Kostümen liefen mit Minicomputern herum und vermittelten die Illusion von Service.

»Das ist ja drollig hier«, sagte Janet.

»›Drollig‹? Das Wort hab ich nicht mehr gehört, seit ... seit –«

»Den 50ern?«

»Äh – *ja.*«

»Wir sind Museumsstücke, Ernie.«

Als sie sich hingesetzt hatten, nahm eine Kellnerin ihre Getränkebestellung auf. »Ich glaube, ich möchte einen Screwdriver«, sagte Ernie. Er sah Janet an.

Besser, ich sag ihm nichts von meinen Aphthen. »Koffeinfreier Kaffee, bitte.«

Blip, blip, blip

Ihre Bestellung wurde in einen Minicomputer eingegeben, und ihre Kind-Kellnerin entfernte sich wieder. Blecherne, stereotyp klingende spanische Musik quiekte aus der Wandvertäfelung, als ob darin Mäuse eine Party feierten. Die Speisekarten kamen mit den Getränken.

»Die Salatbar macht einen sehr guten Eindruck«, sagte Ernie. »Haben Sie schon gesehen?«

»Natürlich. Salatbars sind die Lungen eines Restaurants, Ernie. Sie absorbieren die Verunreinigungen und Bakterien der Umgebung, sodass die Luft, die wir einatmen, viel sauberer ist.«

»Dann lass ich's vielleicht lieber.«

»Ich geh mir mal die Nase pudern, Ernie. Bin gleich wieder da.« Janet verschwand auf die Damentoilette und nahm eine Dronabinol-Tablette, um ihren Appetit anzuregen. *Wieso ist es immer noch so eine Schande, in der Öffentlichkeit dabei gesehen zu werden, wie man eine Pille nimmt?* Sie schaute in den Spiegel. *Ich seh gar nicht so schlecht aus heute.* Sie kehrte zum Tisch zurück, wo Ernie sein Jackett ausgezogen hatte.

»Wie ich sehe, entspannen Sie sich, Ernie.«

»Netter Laden hier. Lustig.«

»Ernie, haben Sie sich je gefragt, wieso unter allen Tieren ausgerechnet Schildkröten und Papageien jahrhundertelang leben? Warum nicht, sagen wir, Jaguare oder Stockenten? Es ist, als hätten Papageien und Schildkröten das große Los in der Lotterie des Tierreichs gezogen.«

»Menschen liegen auch nicht allzu schlecht. Zweiundsiebzig-Komma-fünf ist nicht übel.«

»Sie sprachen von Ihrer Enkelin, Ernie. Wo ist Ihre Familie?«

»Ich bin Witwer. Seit zwei Jahren – Lucy. Hodgkin-Lymphom. Eins, zwei, drei, finito.«

»Tut mir Leid.«

Ernie seufzte. »Das Leben geht weiter.« Er nippte an seinem Drink. Ein weiterer jugendlicher Krimineller kam und nahm ihre Essensbestellung auf.

»Und was ist Ihre Geschichte, Janet? Was macht eine Frau wie Sie in einem Cybercafé? Sie wirken eher wie der Tierschutz- und Yoga-Typ.«

»Heute habe ich NASA-Daten heruntergeladen. Meine Tochter ist Astronautin. Sarah.«

»Dann sind Sie also *wirklich* … Sie sind Sarah Drummonds Mutter. Ich war mir nicht sicher. Ich wollte es nicht von mir aus ansprechen. *Caramba!* Ich esse mit einer Berühmtheit. Wow.«

Janet fragte sich, ob Ernie sich nun, da er eine Quasi-Prominente vor sich hatte, anders verhalten würde.

Der Salat kam. Danach redeten sie über ihre Zähne, das schwüle Wetter, Bienen und die Schulen, auf die sie gegangen waren – sie hatten eine gemeinsame Bekannte, eine Kindheitsfreundin von Janet, die in Ernies Büro in Manitoba gearbeitet hatte. Sie sprachen über Ernies zwei verheiratete Söhne, einer weit weg in Straßburg, Frankreich, der andere vor Ort und mitten in einer schmutzigen Scheidung mit Sorgerechtsstreitigkeiten.

Ihr Essen kam, und sie unterhielten sich über den bevorstehenden Shuttle-Start. *Es ist so nett, mit jemandem in meinem Alter zu plaudern – man muss nichts erklären.*

Janet würgte ein paar Bissen von ihrem Huhn hinunter; die Teller wurden abgetragen. Ernie fragte, ob sie noch etwas haben wolle.

»Wie wär's mit einem Sandtörtchen?«, fragte Janet. »Früher habe ich auf unserem Hinterhof in Toronto Sandtörtchen gebacken. Sie waren wunderbar. Meine Mutter wäre gestorben, wenn sie gewusst hätte, dass wir sie gegessen haben.«

»Sandtörtchen sind ziemlich gehaltvoll«, sagte Ernie. »Wollen wir uns nicht eins teilen?«

Janet willigte ein, und sie bestellten eins. In der Zwischenzeit bekamen sie zwei Tassen koffeinfreien Kaffee serviert. Ernie holte tief Luft und fragte: »Also, Janet, Sie haben mir immer noch nicht erklärt, wieso *Sie* sich so gut im Internet auskennen.«

»Früher hat mir das Ding Angst gemacht, aber wenn Sie meine Geschichte kennen, verstehen Sie, warum.«

»Und was ist Ihre Geschichte?«

»Sie werden anders über mich denken, wenn ich sie Ihnen erzählt habe.«

»O nein, wie könnte ich?«

Was soll ich denn jetzt tun – lügen? Natürlich nicht. »Also: Mein Ex-Mann, Ted, hat mich vor ungefähr vier Jahren wegen 'ner Jüngeren sitzen lassen. Idiotisch von mir, dass ich das nicht früher gemerkt habe, aber so was passiert mir heute nicht mehr. Also sitze ich ganz allein in diesem großen Haus am Stadtrand, die drei Kinder sind fort, und versuche mich in meiner neuen Situation zurecht zu finden. Ich frische ein paar alte Freundschaften auf und besuche Internet-Abendkurse. Da kommt eines Tages mein Ältester, Wade, überraschend aus Las Vegas, wo er seit ich weiß nicht wie langer Zeit lebt. Wade ist der Tunichtgut der Familie. Immer mit einem Fuß im Knast. Liebenswert. Mein Lieblingskind, aber das werde ich öffentlich nie zugeben. Also Wade kommt in die Stadt, lernt in einer Bar eine Mieze namens Nickie kennen, und sie landen zusammen im Bett. Danach geht er meinen Ex-Mann, Ted, besuchen, in diesem albernen neuen Haus, das er damals hatte, und wer kommt da zur Tür rein? Nickie – wie sich herausstellt, ist die Mieze Teds Frau. Es ist die reinste Farce, ich weiß. Wade macht sich also aus dem Staub. Er kommt also rüber zu mir, wo wir uns ein gemütliches kleines Abendessen gönnen, bis Ted auftaucht und Wade eine Kugel in den Bauch jagt. Sie tritt aus Wades Rücken wieder aus und bohrt sich in mein Brustbein.«

Janet deutete auf ihre Wunde.

»Großer Gott«, sagte Ernie.

Janet hatte die Geschichte schon viele Male erzählt. Sie kannte die dramaturgischen Kniffe. »So weit, so gut. Ted ist ein Arschloch, und die Sache hatte keine juristischen Konsequenzen. Wade kehrt nach Las Vegas zurück. Ein Jahr später bekomme ich eine Lungenentzündung. Ich lasse mich durchchecken, und ... Sie haben's erraten« – *der Moment der Wahrheit* – »HIV. Von meinem Sohn. Also rufe ich Wade an und erzähle es ihm, und es stellt sich heraus, dass er seit einem Jahr krank ist, aber alle dachten, es sei seine Leber, die nach der Rekonstruktion ungefähr noch die Größe eines Pfefferminztäfelchens hat. Er wird getestet, und sieh an, es ist HIV. Ich weiß nicht, wo er sich angesteckt hat, und es spielt auch keine Rolle. Jetzt leben wir beide von Pillen.« Janet starrte in ihren kalt werdenden Kaffee hinunter. »Ich könnte noch mehr erzählen, aber das ist das Wesentliche. Meine Geschichte.«

Das Sandtörtchen wurde mit zwei Gabeln serviert. Ernie schwieg. Janet nahm eine Gabel und aß einen Bissen. »Ernie, wollen Sie nichts von dem Törtchen essen?«

Ernie musterte seine Hände.

»Es ist ein gutes Sandtörtchen, Ernie.«

Ernie bewegte seine Hände auf das Törtchen zu, hielt jedoch schnell wieder inne.

Janet legte ihren Löffel hin. »Ich glaube, das ist jetzt der Moment, mich zu verabschieden, Ernie.«

Ernies Kopf schien leicht zu vibrieren.

»Schon gut, Ernie. Aber ich glaube, ich sollte gehen.«

»Ich würde ja etwas von Ihrem Sandtörtchen essen, Janet, aber ich –«

»Pssst!«

»Aber –«

»Pssst.« Sie sah ihm ins Gesicht. Sie verließ das Restaurant und stieg in ihr Auto.

Unsere Vorbilder sind tot.

Die Geschichte hat uns im Stich gelassen.

Die Vergangenheit ist ein Witz.

Sie fuhr gen Westen auf den Sonnenuntergang zu; in den Nachrichten hatte es geheißen, ein Waldbrand auf Vancouver Island würde dem Himmel spektakuläre Farben verleihen – zu Recht. Dort in ihrem Wagen spürte Janet, dass sie sich zum ersten Mal von den Menschen in ihrem Leben entfernte, von deren Bedürfnissen, ihren Partnern, ihren Makeln, ihren zahllosen unheilbaren Wunden, ihren nie ausgesprochenen unstillbaren Sehnsüchten, all ihren Verfehlungen.

Sie passierte einen Camara, der sich überschlagen hatte, umringt von Polizisten und einem Häufchen benommen wirkender Teenager, und fuhr weiter.

Ich bin verseucht. Meine Seele ist verseucht. Sie spürte, wie die Chemikalien eines ganzen Lebens die Fasern und Knochen ihres Körpers durchspülten: Impfstoffe, die Pille, Pestizide, Malathion, Süßstoffe, Antibiotika, Sulfonamide … *Nur Gott weiß, was noch alles.*

Ahorne, Eigentumswohnungen, Möwen und mit Geländewagen bestückte Tieflader glitten vor Janets Augen vorbei. *Das ist also die Zukunft – es ist nicht die Zukunft, die ich erwartet habe, aber ich will verdammt sein, wenn ich von ihr ignoriert werde.*

Sie spürte, wie ihr gesamtes mentales Reservoir persönlicher Momentaufnahmen zum Fenster hinausflatterte – all jene traurigen kleinen Anstandsideale von 1956 – fort wie Mücken im August – sechseinhalb Jahrzehnte Nettigkeiten, die ihr nicht gedankt worden waren, leidenschaftsloser Sex, lähmende Schuldgefühle, die zu nichts geführt hatten, Selbstaufgabe, Wochenenden, die sie mit dem Beschneiden von Azaleen und dem Stopfen von Löchern in Sarahs Strümpfen verbracht hatte – alles fort.

Die Sonne versank endgültig hinter Vancouver Island.

25

Florian stand um Punkt sechs vor der Haustür, ein unscheinbarer, etwas aufgeschwemmter und nicht mehr ganz frisch wirkender Blondschopf. Das Weiße in seinen Augen war gelb, einer seiner Schneidezähne war durch das Nikotin ocker verfärbt, und es fehlte ein Stückchen. Er hätte ohne weiteres der Typ sein können, der Janet im vorigen Winter einen Satz Winterreifen verkauft hatte. *Was hab ich denn erwartet – einen Heiligenschein? Cary Grant? Ja, das habe ich.* Sie spielte die perfekte Gastgeberin: »Sie müssen« – eine Pause – »*Florian* sein. Kommen Sie rein – bitte – draußen ist es so heiß.«

»Aber zuerst muss ich Ihnen die Hand küssen.« Florian küsste ihre Hand. Janet spürte seine Zungenspitze – *im Ernst?*

»Hui – wie kontinental.«

»*Enchanté.*« Er richtete sich wieder auf und lugte zur Tür hinein. »Das ist Ihr Haus?«

Janet schaute sich um, als würde sie eines Verbrechens angeklagt, das sie nicht begangen hatte. »*Guter* Gott, nein.«

»Da bin ich aber erleichtert.« Florian nahm sich einen Moment Zeit, um Gayles innenarchitektonisches Statement auf sich wirken zu lassen. »Dieser Anblick weckt unweigerlich die Sehnsucht nach einem netten leeren japanischen Raum mit nur einer Vase und einem raffiniert gewundenen Zweig darin.« Er warf rasch einen Blick ins Wohnzimmer. »*Gott im Himmel!*«

»Es ist zum Schreien, ich weiß. Wie finden Sie dieses Haus – das reinste Tara, was?«

»Und Sie sind eine so bezaubernde Magnolie.«

»Geben Sie mir eine Sekunde, und ich hole meine Sachen.«

»Zum Beispiel … Ihre Pillen?«

Janet lächelte. »Sie glauben gar nicht, wie viele das sind.«

»Oh, aber durchaus. Der Familienbetrieb, wissen Sie.«

»Ach ja, natürlich.« Janet holte ihre Pillendose, und beide traten aus der Haustür, die Janet einfach zuwarf. Sie fragte: »Wo wollen wir essen gehen?«

»Ich habe ein Lokal ein paar Meilen die Küste runter ausgesucht. Um ehrlich zu sein, habe ich bisher noch nie einen Fuß nach Daytona Beach oder Umgebung gesetzt.«

»Also, in dieser Gegend isst man entweder Steak oder bakterienverseuchtes Fischfilet. Worauf ich *wirklich* Lust hätte, wäre ein französisches Restaurant, aber träum weiter, Janet Drummond. All diese köstliche Butter, und die Franzosen knausern *nie* mit dem Salz.«

»Oh!«, sagte Florian. »Sie sind auch verrückt nach Salz.«

»*Himmel*, ja. Wenn Sie einen Salzleckstein auf einer Kuhweide entdecken, würde ich sofort dort mit Ihnen essen.«

»Janet, ich *muss* Ihnen einfach eine Flasche von diesem Malteser Meersalz schicken, Fleurs de Sel Sardaignain – in jedes Körnchen ist ein Anchovispartikel eingelassen – sehr subtil.«

»Ich glaube, das habe ich bei *Martha Stewart* gesehen.«

»Ach.« Florians Miene verfinsterte sich kurzfristig. »Warum muss diese Frau *alles* populär machen?«

»Heutzutage lässt man bei allen Lebensmitteln das Salz weg. Das Essen ist so fad geworden. Ist Ihnen das auch aufgefallen?«

»Ja, nicht wahr? Bitte, steigen Sie ein.« Florian hielt die hintere Tür eines Lincoln Town Car auf. Der Fahrer war durch eine Rauchglasscheibe vom Fahrgastraum getrennt. Janet stieg ein, und Florian sagte zu dem Rauchglas: »Tio, zu diesem Fisch-Restaurant in New Smyrna Beach, das wir ausgesucht haben.«

»Ja, Sir.«

»Ist der Wohnwagen startklar?«

»Ja, Sir.«

»Der Wohnwagen?«, fragte Janet.

Florian wandte sich zu ihr um, deutete auf ein Mobile Home von texanischen Ausmaßen, das hinter ihnen auf die Straße einbog, und sagte: »Ich bin nicht gerade jemand, der mit leichtem Gepäck reist. Aber genug von mir, ich bin viel zu uninteressant – was ist mit Ihnen?«

»Mit mir? Ich bin todlangweilig.«

»Das ist nicht ganz richtig, Janet. Zuerst einmal, wie haben Sie sich HIV geholt?«

»Ach. *Das.*« Die Geschichte dauerte die gesamte Fahrt bis zum Restaurant, eine halbe Stunde in Richtung Süden, und mit ihr erfuhr Florian eine Menge über die Familie Drummond und hätte mitfühlender nicht sein können. Er nahm ihre Hand: »Sie arme, *arme* Frau. Sie verdienen Güte und Freundlichkeit, und was bekommen Sie? *Das hier.*« Florian deutete mit dem Kopf auf eine Bar, an der sie gerade vorbeifuhren, mit einem großen BIKER WILLKOMMEN-Schild am Eingang, als fasse es die gesamte Aura der Gesellschaft zusammen.

»So schlimm ist es gar nicht, wissen Sie«, sagte Janet.

»Janet, Sie lügen wie gedruckt. Sagen Sie, wie oft nehmen Sie Ihre Pillen?«

»Alle vier Stunden.«

»Na, sehen Sie.« Der Wagen bog auf den großen Parkplatz eines Einkaufszentrums ein und bremste vor einem Lokal namens The Shanty. Das Wohnmobil rumpelte hinter ihnen her. »Wollen wir essen?«

Sie betraten das Restaurant; die Wände waren mintgrün, und in der Luft hing der Geruch von Zigaretten, Putzmittel und Hafen. Florian war offensichtlich entsetzt: »Das war ein Fehler meinerseits, Janet. Ich bitte um Verzeihung.«

»Nein, lassen Sie uns bleiben, Flor. Wir rauchen eine – ich habe gerade beschlossen, dass ich heute Abend nach einer zehnjährigen Pause wieder zu rauchen anfange.« *Warum habe ich das beschlossen? Na ja, warum nicht?*

»Ich rauche für mein Leben gern«, sagte Florian. »Und Sie haben mich ›Flor‹ genannt. Wie neckisch. Wie insouciant.«

Janet war überrascht. »Sie meinen, Sie haben meinetwegen im Wagen nicht geraucht? Wie lieb von Ihnen.«

Eine junge, gähnende Frau mit einer zutiefst provinziellen Dauerwelle führte sie zu einer Nische oder setzte sie vielmehr in einer Nische am östlichen Rand des Restaurants aus, wo streifiges Sonnenlicht durchs Fenster lahmte. Janet sagte: »Danke«, worauf die junge Frau erwiderte: »Als ob ich die Wahl hätte.«

Sobald sie weg war, sagte Janet: »Da fragt man sich wirklich, ob die Geschäftsführung einem *noch* mehr den Spaß am Essengehen verderben kann.«

Florian riss ein Päckchen Dunhill-Zigaretten auf. »Bitte.« Janet nahm eine und zündete sie an, ein Nikotinstrudel umzüngelte ihre Mandeln und versetzte sie in die Welt der Studentenpartys der 50er Jahre. »Ist das schön«, sagte sie zu Florian. »Warum hab ich jemals aufgehört?«

»Ich wette mit Ihnen, dass ich unsere Bedienung mit zwei Telefonanrufen feuern lassen kann«, sagte Florian.

»Um was wetten Sie?«

»Wenn ich gewinne, zahlen Sie den Nachtisch.«

»Abgemacht.«

Florian nahm sein Handy, wählte eine Nummer, bellte irgendwas auf Deutsch in den Hörer und legte dann auf. Er tätigte einen weiteren Anruf, steckte das Telefon weg und sagte: »Passen Sie auf.« Das Telefon am Tresen klingelte, die Bedienung nahm ab, lauschte und brüllte: »Ebenfalls. Ich hab diesen Scheißladen sowieso gehasst«, legte auf und stampfte – lärmendes *Stampfen* – zur Tür hinaus.

Janets Zigarette war noch nicht mal halb aufgeraucht. »Der Nachtisch geht auf mich.«

»Ich liebe es, kleinlich zu sein«, sagte Florian.

»Ich wünschte, ich könnte kleinlich sein«, sagte Janet.

»Nein, das tun Sie nicht.«

»Doch. Denn wenn ich es wäre, würde das bedeuten, dass ich mir die Dinge nicht so zu Herzen nähme.«

Die wenigen übrigen Angestellten liefen umher wie aufgescheuchte Karnickel und gingen abwechselnd raus auf den Parkplatz, um die gefeuerte Bedienung zu bemitleiden. In diesem Service-Vakuum ging Florian an die Bar und goss zwei Gin Martinis ein. Als er sich an den Tisch setzte und Janet einen reichte, deutete er mit einem Nicken aus dem Fenster und sagte: »Schauen Sie sich an, wie bereits die bloße Entlassung eines Angestellten ein ganzes Wirtschaftssystem lahm legt – in diesem Fall das der Shanty. Mein Vater hat immer gesagt, der schnellste Weg, jedes Wirtschaftssystem zu sabotieren, sei, die wichtigsten Gewerkschaften so zu manipulieren, dass sie einen Streik ausrufen. Daraufhin flippt unweigerlich die Mittelschicht aus, und eh man sich's versieht, *peng*, ist ein Tyrann an der Macht. Alles, damit der Salat weiterhin rechtzeitig im Supermarkt ankommt. *Prost.*«

»*Prost.*« Sie stießen an. Janet sagte: »Aber wissen Sie, Flor, nicht dass ich das nicht schon selbst herausgefunden hätte.«

»Im Ernst?«

»Sie *glauben* nicht, auf was ich im Internet alles stoße.«

»Sie treiben sich wohl gern im Web herum, was?«

»Allerdings.«

»Ihre Freunde auch?«

»*Pffft*. Nein. Ich bin ehrlich gesagt ziemlich empört über die Menschen meiner Generation. Sie haben ihre Neugier verloren – ich nicht, ich liebe das Internet. Man kommt dort an all die Informationen ran, die früher geheim waren.«

»Zum Beispiel?«

»In erster Linie medizinisches Zeug. Und dann Regierungsakten und Dokumente – ich werde nie wieder irgendeiner Regierung trauen.«

»Eine weise Entscheidung. Haben Sie jemals bei einem Sex-Chat mitgemacht?«

»Ja, aber ich würde vor Scham im Boden versinken, wenn meine Familie das wüsste.«

»Wie lautet Ihr Pseudonym im Web?«

Janet wurde rot.

»Ach kommen Sie schon, Janet, sagen Sie's mir.«

»Versprechen Sie, dass Sie nicht lachen?«

»Ich werd's versuchen.«

»HotAsianTeen.«

Florians Lachen klang wie Hundegebell. Janet errötete noch mehr.

»Irgendwelche heißen Dates?«, fragte er.

»Nein, aber ich hätte welche haben *können*, wenn ich gewollt hätte.«

»Warum haben Sie sich gedrückt?«

»Florian, es wäre sogar möglich, dass ich mit einem meiner Kinder gechattet habe – o Gott, bei dem Gedanken läuft's mir kalt den Rücken herunter.«

»Haben Sie sich immer als HotAsianTeen eingeloggt?«

»Nein. Ich habe diese Figur nur erschaffen, weil ich sehen wollte, wie Männer sich verhalten, wenn die Frau in der Küche steht und die Arbeitszimmertür abgeschlossen ist.«

»Und was haben Sie herausgefunden?«

»Männer werden ausschließlich von ihrem Schwanz regiert.«

»Das ist alles?«

»Reicht das nicht? Mir wurde in meiner Jugend beigebracht, Männer würden von politischen und sozialen Idealen beherrscht. Das habe ich wirklich *geglaubt.*«

»Es ist Zeit für den nächsten Martini. Sie auch noch einen?«

»Bitte.«

Eine aus acht Rentnern bestehende Geburtstagsgesellschaft auf der anderen Seite des Restaurants stand kurz vor der Meuterei; Florians zweiter Abstecher zur Bar blieb ebenso unbemerkt wie der erste. Er kehrte zum Tisch zurück und schob Janet ihren Drink rüber. »Einen Cocktail für Ihre Gedanken«, sagte Florian.

»Nun ja, es *gab* ein Date, aber wir haben uns nicht übers Internet kennen gelernt, sondern in einem Internet-Café.« Janet war schwindelig von der Zigarette.

Florian war neugierig. »Ach?«

»Aber als er von meiner HIV-Infektion erfuhr, hat er die Flucht ergriffen. Ende der Geschichte.«

»Tatsächlich?«

»Ja. Ernie – Ernie Farmingham.«

»Aus Vancouver?«

Ein Ausdruck von Geistesabwesenheit huschte über Florians Gesicht; Janet sah ihm in die Augen. »Um ganz genau zu sein, wohnt er in North Vancouver. Sie werden sein Leben zerstören, nicht wahr?«

»Worauf Sie Gift nehmen können, Janet.«

Janet fühlte sich, als äße sie mit dem lieben Gott zu Abend.

Speisekarten wurden auf ihren Tisch gepfeffert. Janet sagte: »Wir sollten lieber bestellen, aber ich weiß nicht recht – ich meine, ich leide an einer Immunschwäche, und hier ist alles so schmuddelig. Das Essen ist womöglich mit E. coli 157 verseucht.«

»Nicht, wenn Sie im Stil eines Florian bestellen.«

»Und wie geht das?«

»Passen Sie auf.« Er ging quer durch den Raum, tippte einem Kellner auf die Schulter und reichte ihm einen Hundertdollarschein. Im Nu war der Kellner an Janets Seite.

»Nun, ich denke, ich möchte einen grünen Salat des Hauses – Vinaigrette extra – und Fettucine Alfredo.«

Der Kellner, auf dessen Namensschild Steve stand, drehte sich zu Florian um und gab ihm den Hundertdollarschein zurück. »Nicht nötig. Die Belegschaft ist heute Abend total aus dem Häuschen, weil Shana gefeuert worden ist.«

»Wieso?«, fragte Janet.

»Karma. Sie tat so, als gehörte ihr der Laden, weil sie was mit dem Chef der Wochenendschicht hat. *Tolle* Leistung. Wie auch immer, Sir – was möchten Sie bestellen?«

»Einen grünen Salat mit Ihrem zweifelsohne vorzüglichen Haus-Dressing, Tomatensuppe mit einer doppelten Portion Croutons, Hühnchen-Nuggets – *hmm, lecker!* – mit Senfsauce. Und wie wär's dann mit – ja, fritierten Zucchinischnitzen, dann ein Lamm-*Entrée* mit Reis-Pilaw statt mit Kartoffeln, und dann –«

»Sir?«

»Ja, Steve?«

»Ich bin nicht sicher, ob ich das richtig verstehe. Erwarten Sie noch jemanden?«

»Nein. Das ist nur für mich und diese reizende Dame hier.«

»Nun, dann haben Sie bereits mehr als genug zu essen für Sie beide – wenn ich mir diese Bemerkung erlauben darf.«

»Danke, Steve, aber ich würde gern noch mehr bestellen. Es gibt doch wohl in New Smyrna Beach keine Verordnung, die einem vorschreibt, wie viel Essen man bestellen darf, oder?«

»Nein, Sir.«

»Gut.« Florian orderte zehn Vorspeisen und äußerte zu jeder detaillierte Sonderwünsche.

Steve wirkte nachdenklich und amüsiert zugleich. »O Mann, der Koch wird ausflippen.«

»Das Leben ist da, um es zu genießen, stimmt's, Steve?«

»Ja, Sir.«

»Man muss jeden Moment leben und das Schöne daran festhalten. Spaß, Spaß, Spaß haben. Jetzt ab in die Küche, Steve. Wir sind halb verrückt vor Hunger.«

Janet sagte: »Sie haben wohl einen gesunden Appetit heute?«

»Ja, und ich werde dem Jungen als Trinkgeld meine Piaget-Uhr geben. Also, Sie haben mir am Telefon etwas von einer neuen Creme gegen Rosazea erzählt –«

»O ja, allerdings.«

Die beiden sprachen zehn Minuten lang über legale und illegale Hautpflegeprodukte, bis die Angestellten begannen, ihnen verstohlene Blicke zuzuwerfen. Kurz darauf kam der Koch heraus. »Wollen Sie sich etwa über mein Essen lustig machen?«

»Im Gegenteil, ich erweise ihm Ehre.«

»Sie sind wohl ein ganz Schlauer?«

»Nein, ich bin ein *Gast*. Ich bin sicher, Sie sind ein exzellenter Koch, und ich freue mich auf alle Gerichte, die ich bestellt habe. Das Shanty ist im ganzen Bezirk mit der Vorwahl 904 für sein gutes Essen und die gesellige Atmosphäre bekannt. Das weiß doch jedes Kind. Jetzt gehen Sie kochen, mein guter Mann.«

Der Koch machte ein verdutztes Gesicht und ging. Steve wartete noch.

Florian sagte: »Steven, mein Junge, Massen von dicken Leuten mit Massen von dick machendem Essen zu füttern ist sehr, sehr gut für Amerika.«

»Ich kann Ihnen nicht folgen, Sir. Und Steve reicht.«

»Wie bei allem im Leben, Steve, geht es nur um Zahlen, Zahlen, Zahlen. Viele dicke Menschen bedeuten viele glückliche Bauern, glückliche Hersteller von Agrochemikalien, glückliche Lastwagenfahrer, glückliches Fast-Food-Personal – sie alle profitieren davon. Fettleibigkeit belebt die gesamte Wirtschaft mit einem Tsunami des Wohlstands.«

»Aber dicke Menschen haben, wie man weiß, mehr gesundheitliche Probleme.«

»Das ist doch das Schöne daran, Steve. Gegenwärtig befinden wir uns genau auf der Kippe zwischen einer fettleibigen und einer wohlhabenden Gesellschaft. Wenn alle Amerikaner nur *hundert Gramm* zunehmen würden, wäre das Gesundheitssystem überlastet, und darunter würde die Ökonomie leiden. Wenn dieselben Amerikaner alle nur hundert Gramm abnähmen, Steve, würde es mit der Wirtschaft rapide bergab gehen.«

»Aus dem Blickwinkel habe ich Übergewicht noch nie betrachtet.«

»Tja, jetzt haben Sie.«

»Stimmt, Sir.« Steve ging ab. Florian wandte sich Janet zu. »Was ich vorhin gesagt habe – dass es im Leben nur um die positiven Momente geht –, war gelogen. Ein dummer Scherz.«

»Ich bin froh, dass Sie das sagen.«

»So weit ich sehen kann, Janet, ist das Leben nichts anderes als ein endloses Bankett von Verlusten, und jedes Mal, wenn einem ein neuer Verlust aufgetischt wird, muss man sein mentales Mobiliar umräumen und Sachen aussortieren, doch inzwischen gibt es weitere Verluste – es ist ein wahrer Teufelskreis.«

»Es ist, als hätten Sie meine Gedanken gelesen. Das Leben ist eine Schüssel voller Kettensägen.«

»Das ist nicht schwer. Ihr Blick sagt alles.« Florian trank sein Glas aus. »Wann sind Sie drauf gekommen?«

»Ich war total naiv. Ich hab dem Drehbuch geglaubt, das ich in die Haut gedrückt bekam. Und dann stand ich eines Tages Anfang der 80er in North Vancouver an einer roten Ampel, und *pling!* begriff ich, dass ich mich nun ein für alle Mal auf der Minus-Seite des Lebens befand und es mit der Plus-Seite vorbei war. Komisch, dass man erst viele Jahre, nachdem etwas geschehen ist, erkennt, wie tief dieses Ereignis einen berührt hat. Und Sie?«

»Mein Leben war voll davon – von Verlusten – dem Gefühl, dass Dinge einem entgleiten. Nicht in finanzieller Hinsicht – ich scheiße Geld – Geld *mag* mich – aber alles andere ist nie von langer Dauer.«

»Dafür werden Sie auf dieser Welt nicht allzu viel Mitleid ernten, Flor.«

»Aber ich will gar kein Mitleid, verstehen Sie?« Florian blickte in Richtung Küche. »Unser Essen ist unterwegs.« Er stand auf. »Entschuldigen Sie mich, ich muss eben eine Freundin abholen. Ich bin gleich wieder zurück.«

Steven begann einen Teller Essen nach dem anderen zu bringen, und als der Tisch voll war, stellte er einen zweiten daneben. Die meisten Gerichte wirkten eher abstoßend auf Janet – ein Caesar's Salad voller Ekzeme, grauer, sich bereits zersetzender Mahi-Mahi-Fisch; schwarz verfärbte Klumpen … *Schwein*; Pasta, die aussahen wie mit Schnürsenkeln zusammengerührte Gummibänder. Als Steve alle Gerichte aufgetragen hatte, pustete er theatralisch seine Stirnlocke hoch. »Ich hab was vergessen – Moment, ja –« Er nahm eine Pfeffermühle in die Hand. »Pfeffer?«

»Nein danke, mein Lieber.«

»Ich lass die Mühle lieber hier. Für alle Fälle.«

Janet musterte die groteske Essenslandschaft vor ihrer Nase und schaute dann hoch, um Florian mit einer außergewöhnlich großen, tintenschwarzen, in leuchtend bunte, schamlos teure Designerklamotten – Gucci? Hermès? – gekleideten Frau im Schlepptau durch die Tür treten zu sehen. Ihre Finger, ihr Hals und ihre Ohren waren gescheckt von den Lichtreflexen ihres klobigen Goldschmucks. Janet hatte noch nie eine Frau gesehen, die so viele teure Teile auf einmal trug. Es war so protzig, dass es geradezu illegal wirkte. Janet war wie hypnotisiert, als die beiden sich dem Tisch näherten. Den übrigen Gästen ging es nicht anders.

»Janet, ich würde Ihnen gern Cissy Ntombe vorstellen.«

Janet stand auf. Ihr fehlten die Worte. »Hallo.«

Cissy sagte: »Sehr erfreut.« Sie setzte sich Janet gegenüber auf die Bank und fragte: »Was führt Sie in diesen Teil der Welt, meine Liebe?«

Janet kam sich vor wie ein Bauerntrampel. »Familiengeschäfte, könnte man sagen.«

»Wie reizend.« Cissy entfaltete eine Serviette in ihrem Schoß.

Janet fragte: »Und Sie?«

»Ich bin ebenfalls geschäftlich hier«, sagte Cissy. »Aber nicht aus familiären Gründen. Ich fürchte, von meiner Familie sind alle tot, meine Liebe.«

»Großer Gott – wie furchtbar.«

»Ihr Mitgefühl ehrt Sie, aber ich habe so viel getrauert, dass meine Tränen nun versiegt sind.« Sie betrachtete die Speisen, die vor ihr auf dem Tisch standen. Florian machte den Eindruck, als sei er gespannt auf ihre Reaktion, welche lautete: »Florian, wir werden Zitronenschnitze benötigen. Ich kann keine entdecken.«

Sie sah Janet an. »Fisch ohne Zitrone ist ein Unding. Finden Sie nicht auch?«

»Absolut.«

»Dieses Restaurant ist nicht annähernd so vornehm wie das gestern Abend in Atlanta, aber ich schätze, damit ist zu rechnen, wenn man sich auf dem Lande verlustiert.«

Florian genoss Janets Verblüffung angesichts dieses exotischen und etwas altmodisch klingenden neuen Gasts. Janet warf ihm einen *Wer-ist-diese-Person?*-Blick zu, aber er gestikulierte bloß in Richtung Essen und sagte: »Das ist alles für dich, Cissy, Liebes – hau rein.«

»Wie ich schon sagte, zuerst benötige ich Zitronenschnitze, mein Schatz.«

Florian machte sich auf die Suche. Cissy fragte Janet: »Sprechen Sie zufälligerweise Französisch?«

»Ich? Ein bisschen. Ich komme aus Kanada, da wächst man zweispr–«

»Ach du liebes bisschen – *kanadisches* Französisch? Wie man hört, ist das eine gar absonderliche Variante des Pariser Zungenschlags.«

»Ich schätze, mein Französisch ist ein bisschen eingerostet.« Janet durchwühlte ihr Hirn nach Gesprächsthemen, ohne welche zu finden. Außerdem ärgerte es sie, dass sie nicht wusste, welche Rolle Cissy in Florians Leben spielte. »Bestellt Florian immer zu viel zu essen?«

»Das kann ich nicht sagen, Janet. Ich kenne ihn erst seit zwei Tagen.«

Das ist doch verrückt. »Was Sie da anhaben, ist umwerfend. Hermès?«

»Das ist Versace, meine Liebe.«

Schweigen.

Mehr Schweigen.

Cissy fragte Janet: »Haben Sie in letzter Zeit irgendwelche guten Bücher gelesen?«

»Bücher?« Die Frage traf Janet unvorbereitet. »Lassen Sie mich nachdenken – ich lese vor allem Zeitungen und Magazine. Und die Bücher, die ich lese, handeln meistens von Gesundheit und Ernährung. Tut mir Leid, dass ich nicht mehr zu bieten habe. Und Sie, Cissy?«

»Ich habe vor kurzem mal wieder mein ewiges Lieblingsbuch gelesen.«

»Welches ist das?«, fragte Janet.

»*Anstand und Betragen in der kultivierten Gesellschaft*, von Miss Lydia Millrod.«

»Ist das ein neues Buch?«

»Nein! Himmel, nein, meine Liebe. Es ist 1913 erschienen, kurz vor dem Ersten Weltkrieg. Aber sein klassischer Charakter bewahrt es vor dem Schicksal zu veralten.«

»Verstehe.«

Florian kehrte mit einem Teller voller Zitronenschnitze zurück. »Lasst uns anfangen.« Sogleich ließen er und Cissy den Blick über die verschiedenen Gerichte schweifen, als handele es sich um ein Büfett für fünfzig Personen. Beide nahmen sich nur winzige Portionen, was Janet noch mehr verwirrte. Sie fragte Florian: »Und woher kennen Sie beide sich?«

»Freunde von mir haben mir von Cissy erzählt, und da musste ich sie einfach kennen lernen.«

»Was haben Ihre Freunde denn über sie gesagt?«

»Sie haben mir erzählt, dass Cissy aus der Stadt Mubende kommt, fünfzig Meilen westlich von Kampala in Uganda. Sie hat fast zwanzig Jahre lang als Prostituierte gearbeitet und mindestens 35000-mal ungeschützten Sex gehabt. Sie hätte sich vielleicht 15000-mal mit HIV infizieren können, und dennoch zeigt sich in ihrem Blut weder eine Spur vom Virus noch von seinen Antikörpern.«

Cissy machte ein ziemlich angesäuertes Gesicht, als sie das hörte. Sie sagte: »Florian, es schickt sich nicht, Geschäftliches am Essenstisch zu erörtern.«

»Cissy, Janet gehört für mich fast zur Familie. Es geht hier nicht um Geschäfte. Ich will sie nur umfassend über dich informieren, meine Gute.«

»Also gut. Aber kein Wort vom Geld. Das verbitte ich mir.«

Florian wandte sich Janet zu. »Also: Forscher des Center for Disease Control in Atlanta haben Cissy vor ein paar Monaten in ihrer Hütte am Straßenrand entdeckt. Sie stießen im Zuge routinemäßiger epidemiologischer Untersuchungen auf sie. Vor zwei Wochen wurde sie nach Atlanta gebracht, wo man sie in ein großes, nüchternes Motelzimmer aus Schlackenbeton-Formsteinen einquartierte, das aussah wie ein College-Schlafsaal in Ohio um 1967. Zum Glück habe ich überall meine Späher, und so erfuhr ich von Cissys misslicher Lage. Vor zwei Tagen bin ich nach Atlanta gereist, bewaffnet mit zwei Kleiderstangen voller Klamotten, die ich geradewegs von der Seventh Avenue mitgebracht hatte – die exotischsten und teuersten Sachen, die in ganz Manhattan zu haben waren – sowie auf Seidenbänder gehefteten funkelnden Harry-Winston-Juwelen. Cissy hatte die Wahl – Schlackenbeton-Schlafsaal oder Versace. Und so habe ich sie gerettet.«

»Sie haben Cissy dem Center for Disease Control *gestohlen*?«

»›Gestohlen‹? Gute Güte, nein«, sagte Florian. »Und Janet, bitte hören Sie auf, so spießig zu sein. Das ist äußerst unvorteilhaft. Es steht Cissy frei zu gehen, wann immer sie will. Stimmt's, Cissy?«

Cissy sagte: »Mein Zimmer in Atlanta war keinen Deut besser als ein Besenschrank. Es war eine Beleidigung.« Sie wandte sich Florian zu: »Ich werde in Kürze ein Fingerschälchen benötigen.«

Florian wandte sich ihr zu: »Cissy, gib mir deine Hand.« Er nahm Cissys mit Grillsauce befleckte rechte Hand. »Janet, geben Sie mir Ihre rechte Hand – über dem Tisch – so.«

»Ich –«

»Vertrauen Sie mir, Janet.«

Janet überließ Florian ihre Hand.

»Gut.« Er nahm ein Steakmesser, sah Janet an, zog eine Augenbraue hoch und ritzte ihre Haut an.

»Autsch. Florian, was soll – ?«

»Schhhhhhht.« Dann nahm Florian Cissys Hand und schnitt auch ihr einen kleinen Schlitz in die Handfläche. Er blickte zwischen den beiden Frauen hin und her, dann presste er ihre blutenden Hände zusammen und umklammerte sie fest.

Cissys Hand war so warm und trocken, *wie schwer es ist, sich vorzustellen, dass darin eimerweise warmes, kraftstrotzendes Blut fließt,* aber Cissys Blut floss tatsächlich und tropfte auf die Tischdecke. Janet beobachtete, wie es zwischen den beiden aneinander geschmiegten Händen hervorsickerte.

Florian sagte: »Ich werde von einundzwanzig bis zweiundachtzig zählen, Janet. Das sind zweiundsechzig Sekunden. Zweiundsechzig Sekunden dauert es, bis Blut auf einer offenen Wunde gerinnt.

»... einundzwanzig ... zweiundzwanzig ... dreiundzwanzig ... vierundzwanzig ...«

Ist das hier das, was ich denke?

»... vierundfünzig ... fünfundfünzig ... sechsundfünfzig ...«

Das kann nicht sein.

»... neunundsiebzig ... achtzig ... einundachtzig ... zweiundachtzig.«

Tatsächlich. Es ist wahr.

»Löst eure Hände voneinander.«

Cissy sah Janet an. »Sie werden eine frische Serviette brauchen, meine Liebe.«

Janet war sprachlos. Ihre Hand schwebte über dem Essen in der Luft.

Florian sagte: »Sehen Sie mich an, Janet.«

Janet schaute Florian an, aber die Farben und Formen im Raum verschwammen wie ein Fernsehbild.

»Es ist jetzt weg, Janet.«

»Weg?«

»Ja. Keine Pillen mehr. Kein Virus mehr. Nichts. Alles weg.«

»So einfach kann das nicht sein.«

»Fast. Ich muss Ihnen noch ein oder zwei Spritzen mit einem Serum aus Cissys Plasma geben. Aber im Grunde ist es weg. Es ist tatsächlich so einfach.«

»Ich –«

»Ja, Janet?«

»Ich –«

»Wie fühlen Sie sich, Janet?«

»Ich fühle mich wie nicht von dieser Welt.«

»Schwerelos?«

»Nein – anders.«

»Wie denn?«

»Wie weißes Licht. Ich fühle mich wie … die *Sonne.*«

26

Auf dem Tisch standen fünfzehn Desserts, und Janet platzte fast, nachdem sie zwei davon verdrückt hatte. Außerdem war ihr immer noch schwummerig von dem Bluttausch mit Cissy. Sie sagte: »Florian, ich will Sie nicht anlügen. Der Brief, den ich Ihnen geben wollte, ist eine Fälschung.«

Florian erstarrte für einen Moment. »Ich bin froh, dass Sie mir das gesagt haben, Janet, denn dann hätten wir keine Freunde bleiben können.«

»Warum wollen Sie den Brief unbedingt haben, Flor? Sagen Sie's mir – *warum?*«

»Was glauben *Sie*?!«

»Weil – weil Sie früh Ihre Mutter verloren haben. Weil Sie offenbar alles Englische lieben, und ich schätze, mit dem Kauf dieses Briefes versucht man als anglophiler Reicher, diese Energien und Emotionen zu kanalisieren.«

»Sehr gut, Janet. Meine liebe *Maman* fehlt mir tatsächlich, aber das ist nicht der Grund, weshalb ich diesen Brief will – oder die Karte – oder was immer da auch drin ist.«

»Das verstehe ich nicht.«

»Janet, das, was ich wirklich haben will, ist der *Umschlag.*«

»Wie bitte?«

»Oh, ich bin sicher, die Karte darin ist der Inbegriff von Liebe und Unschuld, aber mir geht es nur um den Umschlag.«

»Florian, was reden Sie da?«

»Janet, denken Sie doch mal an den Vorgang des Briefeschreibens. Jemand muss an diesem Umschlag *geleckt* haben, oder? Und ich glaube kaum, dass Lecken eine Aufgabe ist, mit der man irgendeinen beliebigen Menschen betraut, geschweige denn den Butler oder gar Daddy.«

»Und?«

»Im Klebstoff des Umschlags, Janet, ist eine beträchtliche Anzahl von stabilen, unversehrten somatischen Zellen eingelagert.«

»Somatische Zellen?«

»Nichtgeschlechtliche Zellen – weder Spermien noch Eizellen. In ein paar Jahren – nicht jetzt gleich natürlich, aber in ein paar Jahren – wird es, so unaufhaltsam, wie CDs Vinyl-Platten ersetzt haben, beinahe lächerlich einfach sein, Säugetiere – *egal* welche – aus somatischen Zellen zu klonen. Man muss diese Zellen nur in die richtige Nährlösung legen, und fertig ist der Retortenprinz. Ihre Tochter führt, glaube ich, an Bord der Raumfähre Tests durch, die auf dieses Verfahren abzielen. Die Welt ist wirklich klein.«

»Ich … ich bin überwältigt, Flor.«

»Es ist bestimmt nicht leicht, das alles auf einmal zu verdauen. Übrigens, ist der Start immer noch für übermorgen um 7 Uhr 40 geplant?«

»Ja.«

»Bravo.« Florian sah Cissy an. »Bist du satt, Schatz?«

»Mir reicht es.« Cissy war es zufrieden, einfach dazusitzen und ihre frisch verletzte Handfläche zu betasten.

Janet tauchte ihre Zunge tief in die Bodenmulde des Martiniglases, um den letzten Tropfen Gin herauszuschlecken. Sie blickte auf. »Es kann doch nicht *so* schwer sein, königliche Kopfschuppen zu kaufen, Florian.«

»Doch, Janet, das ist es – wie schön, dass Sie wie eine Geschäftsfrau denken. Aber die Verfügbarkeit von Zellen ist nur die Hälfte des Problems.«

»Was ist die andere?«

»Die andere Hälfte sind die Telomere.«

»Hä?«

»Die menschliche DNS sieht aus wie ein Schnürsenkel, Janet, und an jedem Ende sitzen kleine Kappen namens Telomere. Je nachdem, was für Gene Ihre Familie besitzt – oder ob Sie eine hundertvierzehnjährige Französin sind, die jeden Tag ein Glas Rotwein trinkt – fransen die Telomere nach ungefähr siebzig Jahren aus. Ihre DNS löst sich auf, Sie altern, und Sie sterben.«

»Und?«

»Das Problem ist, wenn ich zum Beispiel *Sie* klonen würde, Janet – und glauben Sie mir, im Moment wird in Laboren auf der ganzen Welt geklont wie verrückt –, wären die Telomere des daraus resultierenden Babys bereits sechzig Jahre alt und entsprechend verschlissen.«

»Fünfundsechzig.«

»Also hätten wir praktisch ein fünfundsechzig Jahre altes Baby. Das heißt, je jünger die Zellen sind, die ich zu fassen kriege, desto wertvoller werden sie. *Capisce?*«

»Ja, ich *capisce.*«

»Und darüber hinaus dienen mir diese Zellen als Muster, anhand dessen ich in Zukunft weitere prinzliche Zellen verifizieren kann.«

»Natürlich.«

Als Anmerkung fügte Florian hinzu: »*Außerdem* gibt es da noch dieses Zellmaterial namens Chromatin, aber das ist ein bisschen zu komplex für unser kleines Festmahl.«

Janet schloss die Augen.

»Janet? Alles in Ordnung?«

»Ich bin sprachlos.«

»Wir sollten uns betrinken, Janet. Sie müssen sich nicht länger Sorgen über die Wechselwirkungen von Medikamenten und Alkohol machen. Cissy hat Sie gerettet.« Florian ging an die Bar und nahm sich ganz unverfroren eine Flasche Gin. Er brachte sie an den Tisch und goss drei Gläser ein. »Prost.«

»Flor, nur damit Sie's wissen, der echte Brief liegt unter einem Sofapolster im Wohnzimmer des Hauses, von dem Sie mich abgeholt haben.«

»Wie um alles in der Welt sind Sie bloß in dieser furchtbaren Bude gelandet?«

»*Die* Geschichte beginnt damit, dass mein Sohn Bryan einen kleinen Drachen mit dem Namen Shw geschwängert hat.«

»Shw?«

»Ja.«

»Buchstabieren Sie.«

Es folgte der übliche Shw-Quatsch. Dann schilderte Janet die Abfolge von Katastrophen, die damit endete, dass Lloyd und Gayle in ihren rosafarbenen Keller eingesperrt wurden.

»Das ist einfach zu viel, Janet. Ich muss diese Leute unbedingt kennen lernen. Sitzen sie noch hinter Schloss und Riegel?«

»So weit ich weiß, ja. Wir wollten ihnen nur ein bisschen Angst einjagen.«

»Lassen Sie uns gehen.«

»Warum nicht. Nehmen Sie die Flasche mit.«

»Aber sicher.« Florian stand auf und rückte Cissys Stuhl zurecht. »Cissys Pflegeeltern waren Engländer, wissen Sie, und sie ist in den Diplomatenkreisen Ugandas aufgewachsen. Daher drückt sie sich so gewählt aus. Nicht wahr, Liebes?«

Cissy wirkte gekränkt. »Florian, es ist unhöflich, über Menschen in ihrer Anwesenheit zu reden, als wären sie nicht da.«

»Tut mir Leid, Cissy. Du hast Recht.«

Florian ließ mehrere Hunderter auf dem Tisch liegen, und als die drei auf die Tür zusteuerten, klatschte das Personal spontan Applaus. Florian warf Steve seine Armbanduhr zu. Auf dem Parkplatz sagte er: »Jan, warum machen Sie nicht einen kleinen Rundgang durch den Wohnwagen. Ich bin sicher, dass Sie das Dekor ganz zauberhaft finden werden.«

Janet folgte Cissy in den Wohnwagen, der so groß wie ein fahrbares High-School-Klassenzimmer war und dessen Inneres sich als eine Orgie aus glänzendem Nickel, geschliffenem Glas, verborgenen Lichtquellen und einer Unmenge von Spiegeln entpuppte. Designer-Outfits lagen in mehreren Schichten überall auf den minimalistischen anthrazitfarbenen Möbeln herum. Beim Anblick von so viel zu Kleidung geronnenem Geld verspürte Janet einen ungebührlichen Kitzel.

Cissy sagte: »Es ist klein, das muss ich zugeben, aber es hat Stil. Der Kühlschrank ist aus Edelstahl, und die Arbeitsplatten sind aus Travertin-Marmor, genau wie die Küchen der britischen Botschaft, bevor Idi Amin und seine blutige Terrorherrschaft mich hinaus auf die Straße getrieben haben.« Sie öffnete die Tür zu dem mit Marmor und Spiegeln ausgestatteten Badezimmer. »Elegante Simplizität. Florian ist wirklich zu freundlich, meine Liebe. Er hat keine Ausgabe gescheut, um sicherzustellen, dass meinen Bedürfnissen als Lady Rechnung getragen wird.«

»Er ist wirklich nett, nicht wahr?«, sagte Janet.

»In der Tat. Er hat mir sogar noch einen ganz speziellen Wunsch erfüllt. Schauen Sie –« Sie öffnete eine Tür, die ins Schlafzimmer führte. Janet trat ein und erblickte Howie, der splitternackt und schlafend auf einer Chinchilla-Tagesdecke lag und schnarchte wie ein Rasenmäher. Eine halb leere Flasche J&B stand auf dem Nachttisch.

»Ich war schon mit sehr vielen Männern zusammen, aber noch nie mit einem so schönen wie diesem. Er ist mein Engel. Er ist mein gerechter Lohn.«

»Na, so was – ich bin nicht mal schockiert oder verlegen. Ich bin amüsiert. Das muss der Gin sein.« »Sie haben wirklich Glück«, sagte Janet.

»Es war reizend, Ihre Bekanntschaft zu machen, Janet. *Au revoir.*«

»Au revoir.«

Am Wagen sagte Florian zu Janet: »Ihr Amis steht einfach auf Hausbesichtigungen, was?«

»Ich bin Kanadierin, Sie sind Schweizer und Cissy kommt aus Uganda.«

Sie stiegen ins Auto. Auf dem Rücksitz stand ein medizinischer Kühlbehälter aus Plastik.

»Was ist da drin, Flor?«

»Lauter schöne Sachen.«

»*Was* für schöne Sachen?«

»Schaun wir mal nach.« Er nahm den Deckel ab und wühlte in der Kühltasche herum. »Ich liebe diese Fahrten nach Atlanta. In dieser Stadt gibt's so herrlich viele Hotels. Auf diese Weise komme ich an den Großteil meiner Proben, wissen Sie. Die Zimmermädchen liefern den Stoff für das nächste menschliche Zeitalter. Sehen Sie sich *das* mal an –« Er hielt eine wiederverschließbare Plastiktüte hoch. »Bill Gates' Haarbürste. Fünfhundert Dollar in bar. Diese Haarbürste allein wird Tausenden von kleinen Florians die Friseurausbildung finanzieren. Was haben wir denn sonst noch hier drin?«

Janet sagte: »Sie machen Witze, oder?« Florians verständnisloser Blick strafte sie Lügen. »Verzeihung, Flor.«

In einer weiteren vakuumversiegelten durchsichtigen Plastiktüte steckte ein weißes Handtuch. »Ashley Judd war hier – stellen Sie sich Milliarden von kleinen Judds vor, die nur darauf warten, uns auf der Leinwand zu begeistern. Celine Dion hingegen – *die* ist nach wie vor mein Heiliger Gral. Guter Gott, diese Frau hat eine Art, in Hotelzimmern nichts als verbrannte Erde zu hinterlassen. *Uuh* – was haben wir denn hier?« Er holte ein vakuumverpacktes schwarzes T-Shirt hervor. »Garth Brooks, inklusive männlichem Schweiß und allem, was dazugehört. *Rrrrr-ding, rrrrr-ding.* Und hier –« Florians Tonfall kündigte das Pièce de Résistance an. Er holte eine Aluminiumdose hervor, und seine Stimme wurde geradezu ehrfürchtig: »– ein gebrauchtes Kondom von Tiger Woods, in einem Bad aus Flüssigstickstoff.«

»Stopp!«

»Janet –!«

»Hören Sie sofort auf. Zu viel ist zu viel.«

Florian machte die Kühltasche zu. »Ich verstehe, dass jemand, der noch keine Erfahrung mit diesen Dingen hat, sich davon überrollt fühlen kann.«

»Stellen Sie die Kühltasche einfach 'ne Weile weg.«

»Natürlich. Noch einen Drink?«

»Bitte.«

Florian schenkte ein. Janet fragte ihn, ob er keine Angst habe, weil er trotz seines Reichtums ohne Leibwächter herumlaufe, aber er lächelte und klappte seine rechte Ohrmuschel nach vorn. »Ich trage hier einen Chip unter der Haut. Wenn ich innerhalb von zwei Sekunden fünfmal darauf drücke, wird mein, wie soll ich sagen, *Wrestling-Team* innerhalb von zwei Minuten bei mir sein.«

»Sie haben ständig Bodyguards in zwei Minuten Entfernung?«

»Ständig.«

»Beeindruckend.«

»Reine Notwendigkeit. Aber es gehört zu ihrem Job, dass ich sie nicht wirklich *sehen* muss. Das ist so üblich bei wirklich guten Security-Leuten.« Florian wechselte das Thema: »Sagen Sie, Janet, wie viele von Ihren Familienmitgliedern sind krank?«

»Vier: ich, Wade, Nickie und Ted.«

»Ted?«

»Leberkrebs.«

»Hmmm. Vergessen Sie nicht: Sie sind nicht mehr krank.«

O Gott, er hat Recht. »Drei.«

Florian fuhr fort: »Ich schätze, wir kümmern uns besser um alle drei. Rufen Sie sie an –« Er gab Janet ein Telefon.

»Sie können Leberkrebs heilen?«

»Oh *bitte.*«

Janet zögerte kurz und begann dann die Nummer von Kevins Wohnwagen zu wählen. Florian sagte: »Sie sollen nach Daytona Beach kommen. Aber *nur* die Kranken. Größere Menschenansammlungen sind mir zuwider.«

Janet sagte Wade Bescheid, und kurz darauf parkten sie bei Lloyd und Gayle in der Auffahrt. Im Haus war es dunkel, daher knipsten sie ein paar Lampen an. Im Wohnzimmer griff Janet unter ein Polster und zog einen *Mummy*-Umschlag hervor. »Da.«

»Danke, Janet. Was ist das denn für ein Gejaule?«

»Kimba, der Hund. Wir haben ihn ins Arbeitszimmer gesperrt. Die Munsters sind im Keller. Lassen Sie uns mal nachsehen.« Sie gingen die kalte – nicht nur kühle, sondern *kalte* – Treppe hinunter. Janet öffnete die Tür. Sie rechnete fast damit, dass irgendwelche Monster sie packen und ihr die Eingeweide herausreißen oder dass Lloyd und Gayle ihr eine abgesägte Flinte ins Gesicht halten und sie dann mit Klebeband an einen Stapelstuhl fesseln würden. Doch stattdessen fand sie beide mit außerordentlich verdrossenen Gesichtern in der rosa Gefängniszelle vor.

»Wird auch Zeit, dass ihr Arschlöcher zurückkommt. Habt ihr irgendeine Ahnung, was für Riesenprobleme ihr jetzt kriegt? *Irgendeine?«*

»Seien Sie still«, sagte Janet. »Wir haben die Sachen gefunden, die Sie unter der Metallplatte in der Garage versteckt hatten.«

»Oh.«

»Ja, genau: ›Oh‹«, sagte Janet.

Gayle fragte: »Und wer ist *der* da?«

»Das ist mein Freund Florian, und er ist tausendmal reicher als Sie, Sie Versager, also spielen Sie sich bloß nicht so auf.«

Florian wandte sich Lloyd und Gayle zu. »Eine Million Mal reicher sogar.« Dann baute er sich vor ihnen auf und hielt ihnen eine gesalzene Strafpredigt. »Ihr Schwachköpfe. Ihr habt geglaubt, ihr macht ein Riesenschnäppchen, was? Wie *dumm.* Leihmütter wenden sich am Ende immer gegen einen. Wie viel wolltet ihr für Janets Enkelkind bezahlen?«

Lloyd zuckte mit den Schultern. »Fünfzigtausend.«

»Und für wie viel wolltet ihr es verkaufen?«

Lloyd setzte zum Sprechen an, aber Gayle schnitt ihm beherzt das Wort ab: »Eine halbe Million.«

»Wer kauft denn so was?«

»Sie sollten mal die Liste sehen.«

Janet sagte: »Haben wir.«

Florian drehte sich zu Janet um. »Janet, die rosa Farbe in diesem Zimmer reizt meine Brustwarzen. Lassen Sie uns wieder nach oben gehen.«

Während sie sich von dem Kerker und Lloyds und Gayles würdelosem Geschrei entfernten, sagte Florian: »Tja, Janet, Sie sehen, wie viel sauberer *mein* Wirtschaftsmodell ist. Die Lloyds und Gayles dieser Welt werden schon bald aus dem Geschäft sein.« Sie hoben genau in dem Moment den Blick, als Wade, Nickie und Ted zur Haustür hereinkamen.

27

Der Himmel begann sich gerade zu verdunkeln, als Wade, Ted und Nickie mit geschlossenen Wagenfenstern nach Daytona Beach fuhren. Wade fühlte sich, als säße er in einem mobilen Sarkophag und der Tod wäre tatsächlich der vierte Mann an Bord. Die Klimaanlage lief, das Umluftgebläse war eingeschaltet. Wade spürte, wie sich die Luft immer mehr mit Todespartikeln füllte – aus ihren Lungen, ihrer Kopfhaut und ihrer Haut. Er öffnete das Fenster einen Spalt weit. Die Haut seines Vaters war bleich und wächsern, Nickies Adern traten hervor, in ihnen pulsierte Kryptonit.

Keiner von ihnen sagte ein Wort. Sie erreichten das Haus, parkten und gingen zur Tür hinauf, die halb offen stand.

Wade hatte Mühe, Ruhe zu bewahren, als er Florian und seine Mutter in dem schummrig beleuchteten Wohnzimmer vorfand. Er machte kurz Licht, aber Florian bedeutete ihm, er solle es wieder dimmen. »Das Dekor, Wade. Sieh doch selbst.«

»Hey, Florian. Gut erkannt.«

»Ja, hallo, Wade, alter Freund.«

Ted und Nickie schleppten sich ausgepumpt und ziemlich mitgenommen hinter Wade ins Haus.

»... und das müssen Ted und Nickie sein.«

Man machte sich steif und formell miteinander bekannt. Wade plumpste auf ein Wohnzimmersofa. »Ich bin total fertig. Dieses ständige Auf und Ab.« Sein Pillen-Summer meldete sich, und er legte den Kopf zurück, holte tief Luft und sagte: »Ich habe keine Ahnung, was ich jetzt nehmen soll.«

»*Du* bist kaputt?« Ted sank ebenso wie die anderen auf ein Möbelstück.

»Stell dir vor, Florian«, sagte Wade. »Wir sind alle todkrank.« Wie sein Vater vor nicht allzu langer Zeit summte Wade den Begräbnismarsch.

»Du bist nichts dergleichen«, sagte Florian. »Und wie geschmacklos von dir, mich nur zum Spaß so erschrecken zu wollen. Deine Mutter hat dich doch wohl besser erzogen – nicht wahr, Janet?«

Janet massierte sich gerade die Schläfen und antwortete nicht.

Ted fragte Florian: »Haben Sie Ihren Brief bekommen?«

»Hab ich«, sagte Florian.

Ted fragte Janet: »Wie viel hat er bezahlt?«

Janet sagte: »Er hat gar nichts bezahlt, Ted. Es kam mir nicht richtig vor, Geld von ihm zu verlangen.«

»Es kam dir nicht *richtig* vor?«

»Ted, Florian ist mein Freund, und ich wollte unsere Freundschaft nicht durch Geld kaputtmachen.«

»Janet«, sagte Florian, »das ist wirklich heldenhaft von Ihnen, aber keine Sorge – ich werde hunderttausend dafür bezahlen – allerdings kanadische, keine US-Dollar.«

»Oh, danke«, sagte Ted.

»Nehmen Sie's oder lassen Sie's bleiben.«

»Ja, schon gut, wir nehmen's.«

»Gut«, sagte Florian. »Ich lasse es Ihnen morgen früh von meinen Lakaien bringen.«

»Ja. Klar. Wie auch immer.«

Wade hatte ein herrlich schmutziges Drama erwartet, aber stattdessen fühlte er sich, als hätte er gerade einen 89er Trans Am per Kleinanzeige verkauft. »Sind diese beiden Vampire immer noch unten eingesperrt?«

»Sie langweilen sich und sind unleidlich«, sagte Janet. Es schien, als hätte sie etwas zu erzählen, überlege es sich aber gerade anders. Sie wechselte das Thema. »Florian, Wade hat doch mal für Sie gearbeitet. Was hat er da eigentlich ge*macht*? Jedes Mal, wenn wir das Thema anschneiden, schweigt er sich aus.«

»Wade pflegte mich jede Nacht mit seinem samtweichen Po zu verwöhnen.«

»Florian! Das ist nicht wahr, und das weißt du.«

»Nicht so gereizt, junger Freund. Beruhige dich.« Florian sah die anderen im Zimmer an. »Meistens hat der kleine Wade Proben für mein Labor geschmuggelt – gefährdete oder vom Aussterben bedrohte Arten. Die größte Ladung, die er eingeführt hat, war ein Container voller pazifischer Eiben.« Er warf Wade einen vielsagenden Blick zu. »Du kleiner Holzfäller du.«

Dann sprach er wieder in die Runde. »Ich brauchte die Borke für Tamoxifen, ein Brustkrebsmedikament. Außerdem hat er Delphine eingeschmuggelt, die für die Krebsforschung benutzt werden sollten.«

»Man benutzt Delphine für die Krebsforschung?« Nickie war entsetzt.

»Natürlich, meine Gute. Das sind *fiese* kleine Biester. Sie würden dich innerhalb von drei Sekunden überfallen, vergewaltigen und dir die Handtasche klauen, wenn sie sich dazu in der Lage sähen. Die Thunfisch-Industrie tut uns einen großen Gefallen.«

»Sie machen Witze.«

»Wade ist übrigens ein sehr guter Mitarbeiter. Manchmal waren seine Jobs notwendigerweise schmutzig, aber er hat sich nicht *ein*mal beschwert. Andererseits habe ich ihn gut bezahlt, doch was hat er am Ende getan? Er hat mich wegen einer … *Baseballspielergattin* verlassen.«

Wade sagte: »Weißt du noch, als sich Eddys Chris-Craft, voll mit Kodein, an den Korallen, die Wilhelminas Lagune säumen, den Boden aufgeschrammt hat? Wilhelminas gesamte Delphinherde ist in katatonische Euphorie verfallen.«

»*Diese* verrückte Kuh. Damit nervt sie mich immer noch, jedes Mal, wenn wir in ihrem Wohnzimmer Backgammon spielen – all diese Jasper-Johns-Gemälde, die eigentlich ins Museum gehörten, aber durch die salzige Luft an ihren Wänden zu Gaze werden.« Er seufzte.

»Gibt es Eddy noch?«

»Eddy ist jetzt an einem besseren Ort, Wade. Den hat eine Piratenbande aus Santo Domingo auf dem Gewissen, die es auf seine Bootsladung Samsung-Elektronikartikel abgesehen hatte. Tröste dich mit dem Gedanken, dass sein Skelett die Basis für ein hübsches kleines Korallenriff bilden wird.«

Wade und Florian schwelgten in Erinnerungen; Janet ging hinüber, um mit Ted und Nickie zu reden. Nach ein paar Minuten sah Wade plötzlich aus dem Augenwinkel seinen Vater und seine Stiefmutter von innen her leuchten – eine friedvolle Welle des Lichts glitt einfach durch sie hindurch. Unterdessen jammerte Florian vor sich hin: »... aber natürlich hat der alte Froschfresser nie wieder mit mir gesprochen, nachdem wir aus Versehen den Trinitron-Fernseher aus der Cessna auf sein altes privates Rollfeld haben fallen lassen – die Regierung der Bahamas hat es gleich, nachdem du abgehauen bist, weggebaggert, weißt du – und ich be*tone* das Wort ›Versehen‹. Offenbar hat sein Schwager bei einer Nachtlandung mit dem Fahrwerk das Gerät touchiert und dadurch viertausend Monte-Cristo-Zigarren über die ganze Landebahn verstreut. *Der* hätte sich lieber den Magen zutackern lassen und fünfzig Pfund abnehmen sollen, wenn du mich fragst.«

Ted und Nickie unterbrachen sie, Händchen haltend und wie verliebte Teenager lächelnd: »Wir gehen ein bisschen frische Luft schnappen«, sagte Ted.

Sie zwinkerten Florian zu. Nickie sagte: »Danke«, Ted ebenfalls.

»Oh«, sagte Wade. »Okay.« *Sie haben ein Geheimnis.*

»Wir sind in ungefähr einer Stunde zurück.« Und damit verschwanden sie.

Florian sah Janet an, die nickte. Wade begann sich ausgeschlossen zu fühlen. »Ach ja – was ist denn nun mit Howie?«

»Dem geht's gut«, sagte Janet.

»Wo ist er?«

»Er ist beschäftigt.«

»Womit?«

Florian sagte: »Howie hat gerade heißen, leidenschaftlichen Sex mit Cissy Ntombe aus Mubende, Uganda. Sie sind in dem Wohnwagen draußen vorm Haus, falls du mal nachsehen möchtest.«

»Ich glaub dir auch so.« Wade zögerte kurz. »Also betrügt er Sarah *und* Alanna.«

»Allerdings, aber vergiss es, Wade«, sagte seine Mutter. »Ich habe ungewöhnliche Neuigkeiten.«

»Ja?« Für Wade waren ungewöhnliche Neuigkeiten gleichbedeutend mit schlechten Neuigkeiten.

»Ja, aber es ist etwas *Gutes.*«

Doch sie kam nicht zu Wort. Die Haustür flog auf wie in einem Reality-Krimi. *Achtung, Überfall? Großer Gott* – es waren Bryan und Shw, jeder mit einer Knarre in der Hand.

Shw quiekte: »Okay, Leute, alles hört auf mein Kommando.«

Wade sagte: »Bryan, was zum Teufel soll das? Legt die Waffen weg. Ihr werdet noch jemanden verletzen.«

Shw wandte sich Wade zu. »Ich sagte, *ich* geb hier den Ton an, du schmieriger Herumtreiber.«

»Bryan, sag ihr, sie soll –«

Krach!

Shw schoss in die Decke und traf eine Kugellampe. Wade machte voller Bewunderung für ihre Schießkünste einen Satz rückwärts.

Shw quietschte wieder: *»Ruhe!«*

Janet sagte: »Bryan, das ist doch totaler Schwachsinn.«

Shw war immer noch fuchsteufelswild, weil niemand das Wort an sie richtete.

»Ihr seid unbelehrbar, was?« Sie schoss die mittlere Birne des Kronleuchters aus.

»Uuh. Da kann man ja richtig Angst kriegen«, sagte Florian.

»Sparen Sie sich Ihren Sarkasmus, Sie kapitalistischer Gen-Zuhälter mit einem Hirn voller Scheiße.«

Janet sagte: »Nicht solche Ausdrücke, junge Dame.«

Florian sagte: »Bei diesem kleinen Einbruch geht es also um meinen Beruf, wie ich sehe.«

Shw sagte: »Ja, aller*dings.* Ich wäre fast ausgetickt, als Bryan mir gesagt hat, wer Sie sind. Sie verkaufen die Hälfte aller Pillen auf der Welt, und nur Gott weiß, welche genetischen Albträume Sie in der Schweiz ausbrüten – oder aus welchem Höllenkreis auch immer Sie kommen.«

Wade sagte: »Wie kommst du dazu, hier reinzumarschieren und uns wie Vieh zu behandeln, du bösartige kleine Hexe.«

»Untersteh dich, die Mutter meines Kindes eine bösartige kleine Hexe zu nennen«, sagte Bryan. Janet sah Wade an und gab ihm mit einem leichten Nicken zu verstehen, dass er die Sache auf sich beruhen lassen solle.

Shw sagte: »Okay, Großmutter – ihr alle – ab nach unten.«

Wade sagte: »Leg die Waffen weg, Bryan.«

»Tu, was Shw sagt«, befahl Bryan, wobei er Wades Blick auswich.

Shw schrie: »Hört auf herumzutrödeln. Geht nach unten, *aber dalli!*« Mit beängstigender Präzision schoss sie die ersten beiden von sieben gläsernen Einhörnern weg, die über den Kaminsims stolzierten.

Als hätten sie es mit spielenden Gören zu tun, stapften Wade, Janet und Florian die Treppe hinunter. Janet sagte: »Bryan, wir wollten ohnehin gerade in den Keller.«

»Seien Sie still, Janet«, brüllte Shw. »Ihre verdammte Abgeklärtheit geht mir auf die Nerven.« Wade war als Erster an der Tür. *»Rein da!«,* kommandierte Shw und winkte sie in den Raum mit der sterilen Gebärvorrichtung und dem rosa Kerker. Florian kicherte; Shw begann zu toben. »Haltet verdammt noch mal das Maul, hab ich gesagt«, und sie schoss einer Stehlampe in einer Ecke die Glühbirne aus. Der Schuss hatte die beabsichtigte Wirkung – alle verstummten. Sie deutete auf Florian: »Sie, Lord Krautwell – gehen Sie zu Mr. und Mrs. Schnäppchenjäger in die Zelle.« Shw entdeckte den Zellenschlüssel auf dem Vinyl der Gebärstuhls. Sie griff danach und warf ihn Bryan zu.

»Stopf sie alle da rein.«

Bryan öffnete die Tür, sah Florian an und nickte. »Rein da. Mach schon.«

»Das ist so blöd, dass es jeder Beschreibung spottet«, sagte Florian. »Wade, bitte red mal ein Wörtchen mit deinem Bruder, ja?«

Wade war außer sich. »Bryan, was soll das?«

Shw kam Bryan zuvor: »Krautwell wird ein bisschen leiden müssen. Ich will ein paar Passwörter und Dateinamen aus ihm rausquetschen.«

Florian sagte: »Ach *wirklich?*«

Shw sah ihn an: »Meine Familie ist Ihrer Firma schon seit einem Jahrzehnt auf der Spur. Sie sind eine Gefahr für den ganzen Planeten.«

»Eine Gefahr für den ganzen Planeten?«, fragte Wade. »Meine Güte, ist das dämlich.«

»Er ist ein Albtraum.«

»*Uuh* – ihr wollt mir also wehtun«, sagte Florian. »Ich würde lange und gründlich nachdenken, bevor ihr das tut, ihr Satansbraten.«

»Vielleicht werde ich Sie *umbringen.* Aber zuerst will ich Sie hinter Schloss und Riegel.« Sie schickte Florian mit einer Handbewegung in die rosa Zelle.

»Kommen Sie rein, Schätzchen«, sagte Gayle. »Es ist sicherer für Sie, diese Familie von Idioten nur durch ein Gitter zu betrachten.«

Wade und Ted sagten: »Wir *sind* keine Idioten.«

»Que será, será ...« Florian war bereits in der Zelle, als Janet wie aus dem Nichts eine Peridural-Injektionsnadel von der Größe eines Strohhalms tief in Shws Nacken stieß, ohne zu überlegen, ganz tief hinein in das bleiche, weiße Gewebe. Sie brüllte: »Florian, rufen Sie Ihren Geheimdienst!« Shws

verblüffter Gesichtsausdruck verriet ebenso wie die Miene aller anderen im Raum, dass niemand Janet für eine Person gehalten hatte, die anderen Leuten Nadeln in den Hals stieß. Shw versuchte hektisch, die Spritze wegzuschlagen, als wäre sie eine Spinne, die sie an einer empfindlichen Stelle kitzelte.

Bryan sagte: »Mom? Was machst du –?«, doch in dem Moment sprang Wade Bryan auf den Rücken.

»Mein Sonnenbrand – aua!«

Wade schlug Bryan die Waffe aus der Hand, und diese rutschte klirrend in eine Ecke. Wade angelte danach, aber Bryan sagte: »Sie ist leer. Spar dir die Mühe.«

»Leer?«

Shw schrie: »Bryan, hol dieses gottverdammte Ding aus meinem Hals.« Sie zitterte.

Ein choreographisches Durcheinander folgte, während dessen …

… Gayle zwischen den Gitterstäben der Zelle hindurchgriff, sich Shws Waffe schnappte und Shw dabei in den Fuß schoss, woraufhin diese aufheulte wie ein Rauchmelder.

… Lloyd und Gayle aus der Zelle ausbrachen, Shw packten und sie hineinwarfen.

… Bryan in die Zelle stürzte, um sich um Shw zu kümmern, ebenso wie Florian, der die Tür hinter sich zuzog.

Das Resultat war, dass Shw, Bryan und Florian eingesperrt waren. Wade und Janet standen draußen.

Florian untersuchte Shws Fuß und sagte:

»Jetzt seht euch an, was ihr angestellt habt, ihr Grünschnäbel. Wo ist der Erste-Hilfe-Kasten?« Es fand sich einer unter der Pritsche.

Mit einem Kopfnicken zeigte Janet Wade an, wo der Zellenschlüssel auf den Beton gefallen war. Wade und Lloyd stürzten sich gleichzeitig auf ihn; er hüpfte über den Boden, *plink*, und dann in einen Abfluss. Im Raum wurde es still.

»Mist, Mist, *Mist*«, sagte Lloyd.

Gayle sagte: »Jetzt erzähl mir nicht, dass du die Duplikate nicht hast machen lassen –«

»Ich –«

»Du Trottel. Ich bitte dich um eine simple kleine Besorgung, aber nein, du bist zu faul dazu. Du musst ja deine Zeit beim Greyhound-Rennen vergeuden, während ich den Laden hier schmeiße.«

Shw schwankte; Bryan war in Tränen aufgelöst. Florian desinfizierte die Wunde und trommelte dabei mit den Fingern auf einen Punkt hinter seinem Ohr.

Gayle sagte: »Also gut, ihr zwei –« Sie deutete auf Wade und Janet. »Wenn wir euch nicht zu den anderen sperren können, werdet ihr mit uns kommen. Los, nach oben. Wir machen eine kleine Spazierfahrt.«

»Was?«, begann Wade. »Ihr wollt uns umbringen und unsere Leichen verschwinden lassen? Viel Glück. Wir haben eine dicke Akte über euch angelegt. Darin steht so viel Grauenhaftes, dass ihr, wenn ihr irgendwann im Gefängnis krepiert, noch als Häftlinge wieder auferstehen werdet. Kommt nicht auf die Idee, uns einen Streich zu spielen, geschweige denn uns eine Kugel ins Reptilienhirn zu jagen. Wenn ihr uns etwas antut, seid ihr beide *geliefert.*«

Gayle sagte: »Also gut. Aber es gibt kein Gesetz, das uns verbietet, euch ein paar Unannehmlichkeiten zu bereiten.«

Lloyd sagte: »Unannehmlichkeiten?«

»Der *Sumpf*«, sagte Gayle.

Lloyd strahlte: »Großartig! Ich lass schon mal das Auto an.« Er verließ den Raum. Gayle deutete auf zwei Paar Handschellen neben dem Gebärstuhl. »Fesselt euch aneinander – Hand an Hand, Fuß an Fuß.«

Janet sagte: »Ist das wirklich notwendig?«

Gayles sagte: »Ja, das ist es.«

»Was, wenn wir's nicht tun?«

Ohne hinzusehen, richtete Gayle die Waffe auf die Zelle und drückte ab. Sie verfehlte die drei zwar, verlieh ihren Worten aber gehörig Nachdruck. Wade fesselte den linken

Fuß seiner Mutter mit einer Handschelle an seinen rechten und mit der anderen ihre linke Hand an seine rechte.

»Warum hast du so lila Beine?«, fragte Gayle.

»AIDS.«

»Das hätte ich mir denken können. Los, ihr beide, rauf ins Auto.«

Janet warf einen Blick in die rosa Zelle. »Florian, rufen Sie Ihre Bewacher, um Himmels willen.«

»Schon geschehen.«

»Lassen Sie Bryan und Emily nicht umbringen oder schlagen – sie sind nicht bösartig – sie sind bloß bescheuert.«

»Ich versprech's, Janet.«

»Begleiten Sie mich zum Shuttle-Start?«

»Aber ja!«

Lloyds Wagen war der monströse Straßenkreuzer eines Florida-Rentners, ein feudaler Ledersarg. Lloyd fuhr, und Gayle saß auf dem Beifahrersitz und richtete die Waffe auf Mutter und Sohn, deren Augen mit Qantas-Sonnenschilden abgedeckt waren. »Alles lief einfach toll, bis ihr Ungeheuer aufgetaucht seid.«

»Tja. Nun. Kann schon sein.«

»Mach mal das Radio an, Lloyd«, sagte Gayle. Eine Welle 81er-Musik – Van Halen? – durchspülte das Fahrzeug. »Lloyd, das hier ist ein Auto, kein Sonnenstudio. Such was Klassisches.« Lloyd gehorchte. »Na also«, sagte Gayle, »was für eine wunderbar friedvolle *Ruhe.*«

Sie fuhren ins Land hinein; die Landschaft wurde merklich wilder, je weiter sie ins Binnenland kamen. Kies knirschte unter den Reifen, und dann fuhren sie unüberhörbar über eine Holzbrücke – eine überraschend lange Holzbrücke, auf der der Wagen *dump-a-dump-a-dump-a-dump* machte. Wade schätzte, dass sie fünf Minuten lang mit vierzig Meilen in der Stunde unterwegs waren.

Lloyd hielt. Gayle stieg hinaus, öffnete die hinteren Türen und forderte Janet und Wade auf auszusteigen.

Kaum waren sie draußen, sagte sie: »Euch wären wir los«, und trat Wade in die Kniekehlen. Er stürzte in den Sumpf und riss seine Mutter mit. Gayle schaute ihnen nach: »Ihr habt immerhin eine Überlebenschance, also ist es kein Mord. Aber ich hoffe, dass ihr da unten verfault.«

28

Als Janet mit Wade in den Sumpf fiel, glaubte sie eine Zeitreise in die Vergangenheit zu machen. Sie fühlte sich in die vorangegangene Woche zurückversetzt – als sie zum Shuttle-Start von Vancouver nach Orlando geflogen war. Der Anblick so vieler entschlossen und eifrig wirkender Menschen, die alle ein klares Ziel hatten, hatte sie beflügelt. Als die Maschine zum Umsteigen in Dallas landete, war es später Nachmittag, und die Temperatur außerhalb des Terminals betrug 49 Grad. Die Passagiere im Inneren des Glasbaus starrten den Himmel an, als sei bei ihm gerade eine tödliche Krankheit diagnostiziert worden. Fremde fanden sich zu Grüppchen zusammen, drängelten sich vor den Ventilatoren und teilten dann und wann einen Hauch kühler Luft. Eine Frau aus Beaumont erzählte Janet, dass bei Temperaturen über 47 Grad bei vielen Autos der Anlasser versagte; Parkplätze schmolzen wie Schokolade, der Grundwasserspiegel sank und der Planet begann schlappzumachen.

Dann beschloss Janet, einfach mit dem Strom zu schwimmen – in der Zubringerbahn zwischen den Terminals, an den Zeitungsständen und auf den Toiletten. Ihr Anschlussflug nach Orlando verspätete sich; ihre Tochter war im Fernsehen; ihre eigene Mutter war seit dreißig Jahren tot; ihr Vater seit fünfzehn. Bildschirme und Lautsprecher, die alle die Geburt oder den Tod von irgendetwas Heiligem und Wichtigem verkündeten, kitzelten und belästigten ihre Augen und Ohren.

Sie fand sich mit einem Tablett in einer Cafeteria-Schlange wieder, wo sie gemeinsam mit Dutzenden von Mitreisenden darauf wartete, einen Apfel mit Druckstellen, fettige Pizza und eine warme Brezel zu kaufen. Plötzlich rutschte Janet noch weiter in die Vergangenheit zurück, in eine andere Ära, in die Cafeteria von Eaton's, nicht die Eaton's-Cafeteria ihrer Jugend in Toronto, sondern die in Vancouver, wo sie als erwachsene Frau und Mutter gewohnt hatte. Es war sechs Wochen nach der missglückten Party mit der Schlägerei, die Wade und Ted sich auf dem Rasen geliefert hatten. Janet hatte die Hoffnung noch nicht aufgegeben, dass Wade vielleicht wieder zu Hause einziehen würde, und sie hatte die Cafeteria im vierten Stock des Eaton's-Kaufhauses in der Innenstadt als neutrale Zone ausgewählt. Eaton's hatte damals keine Ähnlichkeit mehr mit dem Arbeitsplatz ihres Vaters zur Zeit der Depression, aber allein der Anblick des Namens gab ihr ein Gefühl der Sicherheit. In der Schlange hatte Wade sich über die Gerichte lustig gemacht, die Janet auswählte: Kartoffelbrei, Schweinebraten und Vanillepudding.

»Mom, dein Essen ist beige.«

»An diesem Essen ist nichts auszusetzen, Wade.«

»Aber es hat alles die gleiche Farbe.«

»Kann schon sein. Und was genau hast *du* dir ausgesucht, Leonardo?«

Janet schaute auf Wades Tablett hinunter – Cocktailfrüchte aus der Dose, die in Götterspeise schwammen, Tomatensaft und ein sternförmig dekorierter Chefsalat. Sein Tablett sah aus, als hätte er Weihnachtsbaumschmuck zum Aufhängen bereitgelegt. »Das ist hübsch«, sagte Janet.

»Irgendwie schon, nicht?«

Sie setzten sich an einen Tisch am Fenster, von dem man einen Blick auf das Gerichtsgebäude hatte, und hörten die zeitlosen Geräusche von Menschen – vor allem älteren Menschen – bei ihrem samstäglichen Kaufhaus-Mittagessen, für viele von ihnen die köstlichste Mahlzeit der Woche. Der Lärm rief in Janet Kindheitserinnerungen hervor, gegen die sie machtlos war.

»...' Houston an Mom ... Houston an Mom.«

»Entschuldige, Schatz. Erinnerungen. Eines Tages wirst du das verstehen.«

»Ich werde nie alt werden. Ich will *Erlebnisse,* keine Erinnerungen.«

Janet lächelte. »Jetzt bist du aber albern, Wade. Außerdem gehörst du zu den Menschen, denen ein langes Leben vergönnt ist.«

»Ja, nicht wahr?«

»Iss dein Mittagessen.«

Sie redeten gut gelaunt über alles, was gerade so los war – vor allem in Wades Leben. Er war bei Colin eingezogen, einem Freund, der bei Radio Shack arbeitete. »Ich schlafe in einem Schlafsack auf dem Fußboden, aber es geht bestimmt schon bald aufwärts.« Fürs Erste verdiente er sich seinen Lebensunterhalt, indem er Teppiche auslieferte, und seine Pläne, wie es aufwärts gehen sollte, waren vage.

Janet fischte in ihrer Handtasche nach Zigaretten, doch die waren alle. *»So was Blödes …«*

»Nimm eine von meinen.«

»Ach, du rauchst?«

»Seit Jahren schon. Das kannst du unmöglich *nicht* gewusst haben.«

»O doch, ich wusste es.« Sie zündete sich eine von Wades Zigaretten an und hustete. »Wade – das sind ja praktisch Zigarren. O Gott, ist mir schwindelig.«

»Daran gewöhnt man sich.«

Einen kurzen Moment lang brach die Sonne durch den täglichen Nieselregen draußen. Wade musste zweimal hinschauen: »Argggh! Diese gelbe Kugel da oben – sie verbrennt mir die Augen – was *ist* das?«

»Wird auch langsam Zeit, dass die Sonne mal ein bisschen scheint«, sagte Janet.

»Sonne – du hast die goldene Kugel die ›Sonne‹ genannt – was weiß dein Volk noch, von dem ich keine Ahnung habe?«

Janet kicherte, und beide genossen den Sonnenschein. Wade fragte: »Mom, was war der glücklichste Moment deines Lebens?«

»Was? Oh, Wade – das kann ich nicht beantworten.«

»Warum nicht?«

Tja, warum nicht? Eigentlich gibt es keinen Grund. »Nun ja, ich *könnte* es dir wohl sagen.«

»Dann tu's.«

Janet brauchte eine kleine Weile, um sich auf den betreffenden Moment zu besinnen. »Ich war nicht viel älter als du. Ich war achtzehn und total naiv. Mein Vater hat mich in dem Sommer, bevor ich deinen Vater kennen lernte, für einen Monat nach Europa geschickt – Daddy begann damals gerade, richtig Geld zu verdienen, und der Dollar – du kannst dir nicht vorstellen, wie viel der in Europa wert war.«

Janet bemerkte, dass Wade an einem Kaffee nippte. *Ach – Wade trinkt jetzt Kaffee.*

»Ich war schön braun gebrannt, und ich hatte meine altmodischen kanadischen Touristenklamotten weggeworfen und mir in Italien solche hübschen leichten Sommerkleider gekauft, wie die Frau auf der Sun-Maid-Rosinen-Schachtel eins trägt. All die Pfiffe und die Aufmerksamkeit, die ich erntete – das fand ich toll. Ich hatte mich mit zwei Mädchen aus Alberta zusammengetan. Die hatten vor nichts Angst, und ich habe ihre Furchtlosigkeit irgendwie absorbiert. Ich war äußerst verwegen.«

»Du bist eine schöne Frau, Mom. Du solltest diese Tatsache akzeptieren. Aber was ist nun mit deinem glücklichsten Moment?«

»Ach ja. Das war in Paris, gegen Ende meiner Reise. Ein paar amerikanische Jungs flirteten mit uns, und wir sind essen gegangen, und dann waren wir in einem Nachtclub tanzen.«

»Amerikanische Jungs?«

»Ach, was *waren* die witzig! Letzten Endes war das vermutlich der Grund, weshalb ich deinen Vater geheiratet habe. Er ist Amerikaner, und Amerikaner sind so zupackend, und das gefällt mir an Menschen.«

»Aber deine Geschichte –«

»Viel mehr gibt es gar nicht zu erzählen. Es war drei Uhr morgens, und ich ging mit Donny MacDonald an der Seine entlang, direkt neben Notre Dame, und er sang mir Songs aus *Carousel* vor – ich hatte das Gefühl, mein Herz würde platzen! Und dann war da dieser kühle Wind – so kühl, dass ich eine Gänsehaut bekam, obwohl der Abend heiß und schwül war. Ich hatte so eine Vorahnung, dass meine Jugend und die Zeit der Sorglosigkeit kurz vor ihrem Ende stünden – und dieser Gedanke erfüllte mich mit Traurigkeit und einem Gefühl der Resignation – ich meine, ich hatte gerade erst begonnen, mich wie ein nagelneuer Mensch zu fühlen, dem alle möglichen Optionen zur Verfügung standen – beziehungsweise so viele, wie ein Mädchen in den 50ern eben haben konnte. Das war also mein kleiner Moment des Glücks. Bevor ich irgendwas davon verarbeiten konnte, war ich wieder in der Schule, und dann habe ich deinen Vater geheiratet und euch Kinder bekommen, und es ist, als hätte sich das gesamte Universum von Möglichkeiten, die vielleicht mir gehört hätten, genau in diesem Moment, als ich mit Donny MacDonnald an der Seine entlangging, in Luft aufgelöst.« Janet tupfte mit einer Papierserviette ihr Auge trocken. »Und du, Wade? Was war dein glücklichster Moment?«

Janet hatte nicht erwartet, dass Wade einen glücklichsten Moment hatte; er war zu jung, um überhaupt Momente zu *haben*, geschweige denn gute oder schlechte, und auf das, was er ihr zu sagen hatte, war sie nicht gefasst. »Das war mit Jenny. Vor ungefähr zwei Monaten.«

»Jenny?«

»Ja. Wir lagen in der Hängematte hinter ihrem Haus. Wir wussten beide, dass sie schwanger war, und wir dachten, wir könnten die Sache durchziehen. Ich wollte mir einen Job suchen, wir hätten eine Wohnung gefunden, das Kind aufgezogen, und wir wären eine Familie gewesen. Sie ließ mich ihren Bauch berühren, und plötzlich war ich nicht mehr ich, Wade Drummond – ich war etwas Größeres und Besseres und Bedeutenderes als nur ich selbst. Wir fühlten uns, als hätten wir einen Planeten erschaffen. Wir glaubten, diese Stimmung würde ewig anhalten.«

Janet schwieg. *Das ist Wades Art, die Lücken für mich zu füllen.*

Ein Polizeiwagen mit Sirene heulte auf der Straße unter ihnen vorbei. Die Sonne verschwand hinter den Wolken. »Wade, warum kommst du nicht nach Hause?«

»Auf Besuch? Klar. Bald. Vielleicht nächste Woche, je nachdem, wann ich Lieferschicht habe.«

»Nein. Ich meine, komm zurück und wohn wieder zu Hause. Ich bin sicher, dein Vater bereut den Streit und die Szene auf der Party.«

»Mom –«

»Diesmal könnte es anders sein.«

»Mom, ich bin zu Hause ausgezogen.«

»Wade?«

»Ich kann nicht zurückkommen, Mom. Ich habe euch verlassen.«

Wieder hatte Janet das Gefühl, als rutsche sie durch die Zeit, und jetzt stand sie wieder in der Schlange an einem Flughafen in Texas, wo sie gerade ihren Imbiss bezahlte. Sie setzte sich zum Essen auf ein Geländer neben einem Ventilator, und als sie fertig war, hatte sie noch eine Stunde und fünfzehn Minuten totzuschlagen. Auf der anderen Seite des Gangs sah sie einen Kiosk, der Internet-Accounts verkaufte. Da gerade ein Platz frei geworden war, schlug sie zu. Sie suchte nach Donny MacDonald und fand heraus, dass er als Augenarzt in New Lyme, Connecticut, wohnte. Sie dachte daran, Kontakt mit ihm aufzunehmen, aber dann wurde ihr klar, dass sie so etwas nicht mal im Traum tun würde.

Und dann war die Zeitreise zu Ende, und Janet und Wade plumpsten in einen warmen Pudding aus Schlamm. Sie verspürte keine Angst. Der Wagen von Lloyd und Gayle glitt auf der Brücke davon, und das war's. Ihr Körper rammte Wades. Das warme Sumpfwasser war zwar nur kniehoch, aber als sie aufstanden, versanken ihre Beine wie Pfähle glucksend im Schlick.

»O Scheiße«, sagte Wade. »Tut mir Leid, Mom.«

»Leid?« In dem Versuch, die Balance zu finden, vollführten die beiden einen ungelenken Squaredance. »Es ist meine Schuld, dass wir hier sind. Ich hab uns hier reingeritten.«

»Bist du verletzt?«, fragte Wade.

»Ich glaube ja. Mein Handgelenk und mein Knöchel – von den Handschellen. Aber das muss ja nichts Schlimmes heißen. Und du?«

»Ja. Mein Arm.« Sie richteten sich auf, und inzwischen hatten ihre Augen sich an das Mondlicht gewöhnt. Die einzige von Menschenhand gemachte Beleuchtung war mindestens ein Dutzend Meilen entfernt, Hotels entlang des Atlantik, deren Lichter scheinbar darauf warteten, losgebunden zu werden, um gen Himmel zu schweben.

Janet sagte: »Ich glaube, meine Arme sind ziemlich übel zugerichtet.«

»Meiner ist gebrochen, Mom.«

»Bist du sicher? Woher willst du das wissen?«

»Sieh her –«

Sein nicht gefesselter linker Unterarm baumelte auf beängstigende Weise herunter. Irgendetwas ragte daraus hervor.

»Großer Gott, Schatz, tut das weh?«

»Nein. Nicht wirklich.«

Janet glaubte ihm nicht – aber sie hatten keine Zeit, sich herumzustreiten. »Unser Blut tropft ins Wasser. Was ist mit den Alligatoren?«

»Auch wenn die meisten Menschen sich vor Alligatoren fürchten, sind sie nicht so gefährlich, wie man glaubt.«

»Du lügst.«

»Ich wollte dir nur die Angst nehmen.«

Janet schaute zu den silbrig grauen Pfeilern empor, auf denen die Straße über ihnen ruhte. »Können wir bis zur Brücke hochklettern? Das sieht nicht allzu hoch aus.«

Wade warf einen Blick nach oben: »Nein.«

»Na gut, kommen wir hier irgendwie raus?«

»Theoretisch, wenn wir nicht verletzt oder aneinander gefesselt wären, würde ich dich ein paar Meilen huckepack tragen, egal in welche Richtung. Aber so? Nein.«

»Wie wär's, wenn wir irgendwelche Autofahrer auf uns aufmerksam machen?«

»Welche Autofahrer? Diese Straße ist für den öffentlichen Verkehr gesperrt.«

»Hör auf, so *negativ* zu sein. Es muss doch *irgendwas* geben, was wir tun können. Wade – ?« Janet merkte, dass Wade mit den Tränen kämpfte. »O nein. Ach, Schatz, es tut mir Leid, ich wollte dich nicht so anschnauzen. Es sollte nicht wütend klingen.«

»Das ist es nicht. Es liegt an mir. Alles, was ich anfasse, wird zu Rattenscheiße. Mein Leben war ein Nichts. Eine Nullnummer. Verschwendet.«

»Was ist mit *meinem* Leben, Schatz?«

»*Dein* Leben? Du hast ein großartiges Leben gehabt. Du hast drei Kinder gekriegt. Du warst das Zentrum der Familie. Du –«

»Stopp. Du hast gesagt ›*warst* das Zentrum‹.«

»Entschuldigung. Du *bist* das Zentrum.«

»Na toll. Jetzt sieh dir an, was mir das gebracht hat.«

»Dein Leben ist nicht bedeutungslos, Mom.«

»Darüber könnte man streiten.« Wades Gesicht entspannte sich etwas. Janet konnte sich nur mit Mühe vorstellen, wie sehr sein Arm schmerzen musste. »Geht's? Wie kann ich es dir erträglicher machen?«

»Warum knien wir uns nicht einfach in den Schlamm. Ich glaube, so können wir besser das Gleichgewicht halten.«

»Au! Mein Handgelenk ...« Ein scharfer Schmerz durchzuckte sie. Wade untersuchte ihr Handgelenk und stellte nun ebenfalls fest, wie schlimm sie sich bei dem Sturz verletzt hatte – ganze Hautstreifen waren weggefetzt.

»Mom, es tut mir so Leid.«

»Wade, bis zum Sonnenaufgang sind es noch sechs Stunden, und selbst dann ... Was sollen wir tun?«

»Lass uns einfach hier sitzen bleiben und Ruhe bewahren. Lass uns einfach atmen.«

So saßen sie schweigend da, der Mond schien herab; Insekten flatterten umher, und Janet glaubte schlafende Silberreiher im dichten Sumpfgras zu sehen. Sie versuchte, keinen Schmerz zu spüren, aber das war nicht einfach. Hoch oben hörte sie ein Düsenflugzeug, das bald wieder fort war, und sie wurden erneut in die erfüllte, vielgestaltige Stille zurückgeworfen. Janet fühlte sich wie eine Bakterie. Sie fühlte sich wie ein Reptil. Sie fühlte sich wie Fleisch. Sie fühlte sich nicht menschlich.

Ein Handy klingelte.

Hä?

Es steckte in Janets rechter Tasche. »Wade. Ach du *liebe* Güte – ich war sicher ...« Sie steckte die Hände in feuchte, verschlammte Stofffalten »... dass es im Wasser den Geist aufgegeben hat.«

Wade sah ihr gespannt zu. »Die sind heutzutage wasserfest.«

Hektisch und ungeschickt klappte Janet das Gerät auf. »Hallo? Hilfe!«

»Mom?« Sarah war dran.

»Sarah, ruf einen Krankenwagen. Wade und ich sind verletzt. Wir stecken in einem Sumpf.«

»Einem Sumpf? Wo?«

»Ich weiß nicht – ein Stück ins Land hinein, südlich von Daytona Beach.«

»Was habt ihr euch getan?«

»Wades Arm ist gebrochen wie Reisig. Und wir sind mit Handschellen aneinander gefesselt – meine Haut hängt in Fetzen herunter.«

Das Batteriesignal des Telefons begann schrill zu piepen. »Mom«, sagte Sarah. »Hör mir zu: Leg auf. Sofort.«

Iiip iiip iiip

»Die Batterie –«

»Leg auf. Dann warte eine Minute. Ich ruf dich noch mal an.«

… klick

Janets Leitung war tot. »Was sollen wir ihr *sagen*, Wade? Wo *sind* wir?« Zum wiederholten Mal in jener Woche kam es Janet so vor, als sei sie in die Vergangenheit zurückversetzt worden, jedenfalls hatte sie in keiner Weise das Gefühl, in den Vereinigten Staaten zu sein.

»Mom, ich hoffe, die Batterie reicht noch ein paar Sekunden. O Mann – einer *Batterie* ausgeliefert zu sein!«

»Ich habe Angst, Wade.«

»Das brauchst du nicht, Mom. Wir kriegen das schon hin. Bestimmt. Bitte hab keine Angst.«

Sie saßen schweigend da. Palmetto-Käfer summten, Ziegenmelker trillerten und Grillen zirpten. Das Telefon klingelte. »Hallo, Sarah?«

Eine kühle, distanzierte und sachliche männliche Stimme war am anderen Ende: »Hier ist die Triangulierungsabteilung der NASA. Können Sie mich verstehen?«

Janet sagte: »Ja!«, aber die Frage war an einen anderen Techniker gerichtet. »Ich verstehe Sie, NASA. Signalquelle festgestellt. Sie befinden sich –«

Iip iip iip

Das Telefon war tot.

»Wade, was haben die gemeint? Triangulierung? Sie haben uns nicht gefunden.«

»Das weißt du nicht, Mom.«

»Was, wenn nicht?«

»Das kannst du doch gar nicht wissen. Wart's ab. Schlimmstenfalls müssen wir bis zum Morgen warten.«

»Wade, dein Arm ist gebrochen wie ein kaputter Besenstiel. Der Morgen kommt, und was dann?«

»Dann wird es hell.«

»Sei nicht albern.«

»*Du* bist diejenige, die albern ist, Mom.«

»Nein, *du* bist derjenige, der albern ist.«

»Du bist albern.«

»Nein, *du* bist albern.«

»Albern.«
»Wie geht's deinem Arm, Wade?«
»Er fühlt sich total albern an.«
»Wir sitzen das hier bis zum Morgen aus.«
»Das werden wir.«
Sie hockten eine Weile da und hörten weitere leise Geräusche – Lebewesen, die ins Wasser sprangen oder wieder heraus; dann und wann ein Summen; ein Trompeten irgendwo in der Dunkelheit.
»Also hast du Florian den Brief schließlich doch gegeben.«
»Ich habe nichts dergleichen getan.«
»Aber er hat gesagt ...«
»Das war *falsch*. Ich hatte den echten Brief im Restaurant bei mir, aber ich habe ihm gesagt, es sei eine Fälschung. Der richtige Brief steckt nämlich immer noch hier in meiner Tasche – in seinem kleinen Tütchen.« Sie holte ihn hervor und verzog dabei vor Schmerz das Gesicht. »Hier – nimm du ihn.« Sie ließ das Dokument in Wades Hemdtasche gleiten.
»Mom, was hast du Dad und Nickie im Haus erzählt?«
»Was meinst du?«
»Du hast etwas zu ihnen gesagt – und da haben sie sich *verändert*. Sie wurden ... jünger. Dad sah sogar entspannt aus. Was hast du ihnen gesagt? Du weißt etwas.«
»Ja. Das stimmt.«
»Was weißt du? Sag's mir.«
Janet fragte sich, wie sie es Wade erklären sollte. Bei Ted und Nickie war es so einfach gewesen. Sie war sich vorgekommen wie ein Mafiaboss, der mit einem Atemzug Segen spendet, der ein ganzes Leben verändert, und mit dem nächsten nach einer Karaffe Roten verlangt. Aber es Wade beizubringen war irgendwie komplizierter, und darauf war sie nicht vorbereitet. »Wade, nimm mal an, du hattest nie AIDS. Stell dir vor, du warst gar nicht krank. Du hast erfahren, dass dein positives Testergebnis ebenso falsch war wie das von Beth.«

»Mom, du siehst doch, wie es um mich steht. Mit unseren offenen Wunden in diesem Sumpf zu sitzen ist vermutlich unser beider Tod.«

»Beantworte meine Frage, Wade. Stell dir das mal vor.«

»Was ich dann tun würde?«

»Ja.«

Wade überlegte eine Weile. »Ich hätte keine Ausreden mehr, nicht wahr?«

Janet blieb stumm.

»Ich würde –« Wade stockte erneut.

Janet dachte selbst über diese Frage nach. Sie hatte keine ruhige Minute gehabt, seit Cissy im Restaurant ihr Leben verändert hatte. Was wäre der Unterschied, ob sie mit fünfundsechzig oder mit fünfundsiebzig sterben würde? – diese zehn Jahre mehr … was mochten sie wohl bedeuten? Oder mit fünfundachtzig – zwanzig Jahre mehr. Sie hatte diese Jahre so sehr herbeigesehnt, hatte um ihren Verlust getrauert, doch jetzt hatte sie sie wieder, und sie war nicht in der Lage, zu entschlüsseln, was das für sie bedeutete. *Tja, was ist eigentlich der Sinn meiner ersten fünfundsechzig Jahre gewesen? Vielleicht ist der Wunsch zu leben und das Geschenk des Lebens alles, was zählt. Plötzlich spielt es keine Rolle mehr, wie viele Haikus ich jetzt noch schreiben kann. Dass ich Cello spielen lernen oder für wohltätige Zwecke schuften kann. Aber was ist dann noch von Bedeutung?*

Sie dachte über ihr Leben nach und darüber, wie verloren sie sich die meiste Zeit gefühlt hatte. Sie dachte daran, dass all die Regeln, die man ihr beigebracht hatte, unweigerlich im Widerspruch zum wirklichen Leben standen. Wie konnte ein Mensch so unrettbar verloren sein und dennoch weiter leben? Ihre Zeit mit der Krankheit hatte zu ihrer Überraschung dazu geführt, dass sie nicht mehr ganz so verloren fühlte. Daran war nicht zu rütteln. Die Krankheit hatte sie gezwungen, an Orten nach Wissen und Trost zu suchen, an die sie sich sonst nicht mal im Traum begeben hätte. Sie hatte Janet gezwungen, Mitmenschen kennen zu lernen und sich mit ihnen anzufreunden, die sonst Schatten geblieben wären, die neben ihr im Auto an roten Ampeln warteten. Doch vielleicht würde sie jetzt weitermachen, Gedanken, auf die sie sonst niemals gekommen wäre, an einst verbotenen Orten zu suchen – nicht gezwungenermaßen, sondern aus freien Stücken – weil sich das als der einzig wahre Ausweg aus ihrem fragilen, unlebbaren Leben-vor-dem-Tod erwiesen hatte. Jetzt konnte sie in jedem, den sie traf, die Seele erkennen – im Supermarkt, beim Gassigehen mit dem Hund, in der Bücherei – all diese Seelen, helle Lichter, die sie vielleicht blenden würden …

»Ich schätze –«, sagte Wade.

»Ja?«

»Nun ja, betrachte meine Lage mal so: Im Moment bin ich praktisch tot. Kein Widerspruch, bitte, mit mir geht es unwiderruflich zu Ende. Das Einzige, was diese Protease-Inhibitoren und Reverse-Transcriptase-Hemmer geleistet haben, war, mir ein zusätzliches Jahr mit Beth zu verschaffen – und sie gaben mir die Zeit, hierher zu kommen und beim Shuttle-Start bei meiner Familie zu sein.« Er wandte seinen Kopf zu seiner Mutter. »Es war zum Brüllen, was?«

»Und wie.«

»Na also.« Er drehte sich um und betrachtete die gelben Hotellichter in der Ferne. »Aber wenn ich erführe, dass ich nicht sterben werde, glaube ich nicht, dass ich weiterhin Wade sein könnte.«

»Wie das?«

»Ich müsste noch mal ganz von vorne anfangen. Ich wäre wie ein Wissenschaftler in einem Comic, der bei einem Unfall schrecklich entstellt wird, dafür jedoch eine übernatürliche Fähigkeit verliehen bekommt.«

Janet fragte Wade: »Welche übernatürliche Fähigkeit wäre das?«

»Zuerst du. Sag mir deine.«

»Okay, das werde ich. Kannst du es dir denken?«

»Nein.«

Janet sagte: »Erinnerst du dich, wie wir 1970 die beiden neuen Zimmer und das neue Badezimmer ans Haus angebaut haben? Es gab eine Phase während der Bauarbeiten – eine Woche vielleicht –, als die Einfassungen für die Wände schon drin waren, die Wände aber noch nicht. Ich bin dort nachts immer ganz allein durch die Wände hindurch von Zimmer zu Zimmer gegangen wie ein Geist. Ich hab mich dadurch so übermenschlich gefühlt – so stark –, und ich weiß nicht, wieso mich das so berührt hat. Ich würde also gern durch Wände gehen können. *Das* wäre meine übernatürliche Fähigkeit.«

»Gute Wahl.«

»Und du?«

»Hm. Witzig. Ich hab schon mal mit Beth darüber geredet. Damals hab ich ihr gesagt, ich würde gern aus meinen Augen Laserstrahlen abfeuern können – nein, aus meinen Fingerspitzen –, und wenn die Strahlen jemanden träfen, würde dieser Mensch Gott sehen können. Ich wäre Holy Man – das wäre mein Name. Aber ich weiß nicht recht. Eine *solche* Fähigkeit würde einem schwachen menschlichen Wesen fast zu viel Macht verleihen. Allerdings könnte ich dann vielleicht versuchen, selber Gott zu sehen, und wenn mir das gelänge, würde ich vielleicht ununterbrochen in alle Richtungen Laserstrahlen abfeuern. Ich wäre ein Rund-um-die-Uhr-Nonstop-Gott-Transformator.«

»Wenn du also geheilt würdest, würdest du das wirklich versuchen?«

»Das würde ich.«

»Ehrenwort?«

Wade sagte: »Ich gebe nicht allzu oft mein Ehrenwort. Bisher nur einmal. Und zwar Beth. Aber dafür würde ich es tun.«

»Gib mir deinen Arm.«

»Hä?«

»Deinen gebrochenen Arm.«

»Warum?«

»*Tu's,* Wade.« Janet nahm ihr gefesseltes Handgelenk und legte es auf Wades offene Wunde.

»Mom! Das solltest du lieber nicht tun.«

»Sei still, Wade.« Sie presste ihr Hangelenk auf seinen Arm:

»*Einundzwanzig, zweiundzwanzig, dreiundzwanzig*«

»Mom?«

»Wade, sei still – *vierundzwanzig, fünfundzwanzig, sechsundzwanzig*«

»Mom, was tust du da?«

Janet zählte weiter: »*Zweiunddreißig, dreiunddreißig, vierunddreißig*«

»Hat Florian –«

»*Fünfundvierzig, sechsundvierzig, siebenundvierzig …*«

»Ach du Schande –«

»*Siebenundfünfzig, achtundfünzig, neunundfünzig …*«

»Er *hat.*«

»*Zweiundsechzig, dreiundsechzig, vierundsechzig …*«

»Mom –«

»*Sechsundsiebzig, siebenundsiebzig, achtundsiebzig …*«

»Ich …«

»*Achtzig, einundachtzig, zweiundachtzig. So.*« Janet zog ihr Handgelenk zurück und trennte so die Vereinigung ihrer beider Blut, das inzwischen ein wenig geronnen war. Sie hatte das Gefühl, als nehme sie ihre Hand von einem noch etwas feuchten Klecks trocknender Farbe.

»Er hat dich geheilt, nicht wahr?«, sagte Wade.

»Ja, das hat er, Schatz. Das hat er.«

»Und jetzt bin ich –«

»Ja, Schätzchen, du bist neu geboren.«

»Ich … ich werde mein Kind aufwachsen sehen können.«

»Ich auch.«

Von Süden her näherte sich das Donnern von Helikoptern und mit ihnen ein Lichtstrahl, der vom Himmel herableuchtete, auf den Sumpf und auf Mutter und Sohn.

29

Eine Stunde, bevor sie an Bord ging, zeigte man Sarah einen Monitor, auf dem sie ihre Familie auf der VIP-Tribüne sehen konnte – was für ein jämmerlicher Haufen: Bryan und diese grässliche Shw, beide voller blauer Flecken und jeder mit einem Veilchen, Bryan dazu noch mit Zinksalbe eingeschmiert und Shw auf Krücken. Dad war dort, eine Hand auf Nickies Po, und an Nickies Seite stand ein Mann, dessen einer Unterarm dick verbunden war – *wer ist das denn?* Howie war nirgends zu sehen. *Was soll's.* Mom und Wade wirkten mit ihren Verbänden, Schlingen, Pflastern und Krücken wie ein Lehrbeispiel für Krankenschwestern. Beth sah immer noch so aus, als wäre sie einer Folge von *Unsere kleine Farm* entsprungen. Und schließlich war da noch so ein öliger Eurotyp – *wieso sind Europäer eigentlich immer so leicht zu erkennen?* –, der seinen Arm um Janet gelegt hatte. Der Europäer flüsterte ihr gerade etwas offenbar sehr Witziges ins Ohr. Ihre Familie stand neben der Familie Brunswick, knallbunt wie ein Fuji-Film, in aufeinander abgestimmten Polohemden und klotzigen Halsketten aus Ferngläsern, Videokameras und Fotoapparaten.

Die Drummonds sahen neben den Brunswicks so … *kaputt* aus, und doch waren diese Leute – nun ja, sie waren *ihre* Familie. Und trotz all ihrer genetischen Studien war es ihr nie gelungen herauszufinden, wie sie von diesen Menschen abstammen konnte.

Tja, die Natur schlägt uns Schnippchen, damit uns nicht langweilig wird, nicht wahr? Zurück zum Geschäft …

Sarah wusste, dass sie, falls sie während des Starts ums Leben kommen sollte, einen schnellen Tod haben würde. Sie kannte die Risiken. Sie hatte all die NASA-Legenden gehört – in Flugzeugtreibstoff getränkte Leichen, die zu wandelnder Lava wurden; Techniker, die auf der Startbahn ein Sandwich aßen und aus Versehen in farblose, unsichtbare Ströme brennenden Wasserstoffs gerieten – sie waren im Handumdrehen verdampft – und natürlich der *Challenger*-Absturz 1986: Sie hatte im Autoradio davon gehört, als sie auf dem Weg zur Pepperdine University war, um dort einen Vortrag zu halten, und sie hatte ihren Wagen auf den Seitenstreifen der Autobahn fahren und nach Luft schnappen müssen, als hätte sie jemand in den Unterleib getreten. Aber *jetzt* – jetzt saß sie in ihren Sitz geschmiegt, und der Lift-off hatte begonnen. Zu ihrer Überraschung war das Dröhnen der Raumfähre so laut, wild und gierig, dass es eher wie eine Farbe klang, ein weißer Blitz, der um Frankensteins Kopf zuckte – ein kotzender Atomreaktor.

Endlich, nach all diesen Jahren, fliege ich fort. Meine Arme ... mein Kopf – sie fühlen sich so unerklärlich schwer an, wie Kartons voller Lehrbücher – oder Felsbrocken in einem Fluss. Ich kann ja kaum blinzeln.

Sie versuchte ihr Gerhirn abzuschalten, den Moment zu genießen, als wäre es Sex, ihr Denken auszublenden, doch es wollte ihr nicht recht gelingen. Ständig drängten sich Bilder von der vorvergangenen Nacht in ihren Kopf, von Sanitätern, die ihre Mutter und ihren Bruder aus einem Sumpf in Volusia County zogen wie Insekten, die man aus einer Suppe löffelt. Eine Art Ausbackteig aus Schlamm und Blutegeln tropfte von ihnen herab, ihre Haut war zerfetzt und blutig, und ein Knochen ragte aus Wades Arm, während runde Schwären seine Beine überzogen – und das Merkwürdigste war, dass beide mit Handschellen aneinander gefesselt waren.

»Mom! Wade! Guter *Gott*, wie ist das passiert?«

»Lange Geschichte, Schwesterchen.«

»Schatz, das ist nicht der richtige Zeitpunkt, um dir das alles zu erklären.«

Die Sanitäter spritzten die beiden mit frischem Wasser

sauber, pflückten die Blutegel ab, schnitten ihnen die Sachen vom Leib, während sie ihnen Schmerzmittel injizierten und sie mit zerknüllten Mullbinden und einem Föhn abtrockneten. Eine Sanitäterin hatte die Handschellen mit einer hydraulischen Blechschere zerteilt.

Eine bizarre Abfolge von Ereignissen hatte zu ihrer Rettung geführt – der kurze Anruf, um sich bei ihrer Mutter zu entschuldigen – die entsetzlichen Neuigkeiten –, dann war sie die antiseptische weiße Startrampe heruntergesprintet, hatte nach einem Radartechniker geschrien, der den Ort, von dem sie angerufen hatten, lokalsieren sollte – sich einen behelmten Quarantäne-Overall geschnappt und dann verbotenerweise die Quarantänezone verlassen, um einen Golf-Cart heranzuwinken, welcher sie dann im Eiltempo zum medizinischen Pavillon brachte. *Verdammt, bin ich gut! Ich komme mir vor wie in einer M*A*S*H-Folge.* Sie wusste, dass die Vorbereitungen für den Flug zu weit fortgeschritten waren, um noch Ersatz für sie zu finden. Ihr war klar, dass sie einen Verweis bekommen würde, aber eine Strafe befürchtete sie nicht, was sich als richtig erwies.

Schnitt …

Der Start ging weiter. Sarah wusste, dass sie Meilen über der Erdoberfläche sein musste – und die nächste Raketenstufe hatte noch nicht gezündet –, aber sie wurde von einem Vielfachen der Erdanziehungskraft in ihren Sitz gedrückt und war nicht in der Lage, sich umzudrehen und Gordons Blick zu erhaschen.

Schnitt …

Sie saß in dem Hubschrauber, der auf einer Holzbrücke von der trockenen, silbrigen Farbe eines Mottenflügels landete. Die Brücke überspannte einen riesigen Sumpf, aber die Suchscheinwerfer des Hubschraubers hatten ihre Mutter und Wade gleich gefunden. *Gott segne Radar.* Als der Pilot die Handschellen sah, fragte er ohne einen Anflug von Humor: »Sind das Häftlinge?«

Die Rotoren kamen langsam zum Stillstand, und Sarah

sprang aus dem Helikopter und schaute über den Rand der Brücke. Das Licht fiel von hinten auf sie, und sie wusste, dass sie ihrer Familie wie eine himmlische Erscheinung vorkommen musste, ein Uranium-Engel mit einem mit Plexiglas gepanzertem Kopf, der Funken von Energie und das Wort Gottes versprühte.

Schnitt …

Das Shuttle erreicht jetzt seine Umlaufbahn, die Trägheitskraft nahm ab. *Wir müssen über Afrika sein.* Sie drehte sich im selben Moment zu Gordon um wie er zu ihr. Dies war ihr Jungfernflug, und sie glaubten, sie hätten die Welt der Schwerelosigkeit ganz allein entdeckt. Gordon zwinkerte ihr zu.

Schnitt …

»Mom, um Gottes willen, sag mir, was hier passiert ist.«

»Nicht jetzt, Schatz, es ist zu … verworren. Du musst dich voll und ganz auf den Start konzentrieren.«

»Mom, ich *sehe,* dass es verworren ist.«

Wade, der auf einer Rettungstrage aus Plastik lag, zwinkerte Sarah zu. »Glaub mir, Sarah. Warte, bis dein Einsatz beendet ist.«

Sarah war außer sich. »Das schaff ich nicht.«

»Natürlich schaffst du das«, sagte Wade. »Du warst am Abend vor der Bescherung immer die Coolste von uns.«

»Nur weil ich jeden Heiligabend mitten in der Nacht runtergegangen bin und alle Geschenke ausgepackt hab, um zu sehen, was drin war.«

»Wirklich?«, fragte Janet. Sie wurde gerade auf ebensoeiner Rettungstrage wie Wade festgeschnallt. Weder Wade noch ihre Mutter schien die absurde Notlage, in die sie geraten waren, auch nur im Geringsten aus der Fassung zu bringen. Sie wirkten sogar ausgesprochen gelassen. »Danke, dass du uns holen gekommen bist, Schatz.«

Sarah wiederholte diese letzten Worte: *»Danke, dass du uns holen gekommen bist?«*

»Ja. Das war mit einigen Risiken für dich verbunden.«

»Nein, nicht wirklich. Sie werden mich zusammenscheißen, aber das geht vorbei.«

Wade fragte: »Du wirst doch nicht … die *Bullen* rufen, oder?«

»Die NASA wird kaum großen Wert darauf legen, dass der kleine Mann auf der Straße von so einer Sache in der Zeitung liest.«

Der riesige Helikopter hob ab. Als sie in der Luft waren, fragte Wade: »Lässt dieser Quarantäne-Anzug, den du da trägst, auch keine Keime durch?«

»Nein.«

»Wenn also ein Mensch, der zum Beispiel kein Immunsystem hat, so einen trüge, würde er dann nie krank?«

»Vielleicht. Aber wir haben so viele gefährliche kleine Monster in uns, dass es so wäre, als würde man das Scheunentor schließen, nachdem das Pferd weggelaufen ist.«

Wade sagte: »Erinnerst du dich an diesen alten Film – *The Boy in the Plastic Bubble*?«

»Natürlich.«

»Worum geht es darin?«, fragte Janet.

Kaum zu fassen, dass ich morgens um halb fünf mit Mom und Wade über einen Sumpf hinwegfliege und über einen 70er-Jahre-Fernsehfilm rede.

»Dieser Typ«, sagte Wade, »John Travolta. Er wird ohne Immunsystem geboren – daher lebt er in einer Blase im Haus seiner Eltern. Aber dann hat er die Blase eines Tages satt, sticht sie auf und geht hinaus in die wirkliche Welt.«

»Stirbt er?«, fragte Janet.

»Was glaubst du wohl? Natürlich stirbt er. Aber wenigstens konnte er die wirkliche Welt sehen.«

Janet geriet ins Grübeln.

Sarah dachte: *Diese Hubschrauber machen vielleicht einen Lärm.*

Dann sagte Janet zu Sarah: »Liebes, du weißt, sobald der Flug vorbei ist, bist du aus dem Schneider.«

»Aus dem Schneider?«

»Genau, Schatz. Es gibt nichts mehr, was du beweisen musst. Du wirst dein Leben genießen können. Du musst nicht mehr die Vision leben, die jemand anders von deinem Leben hat.«

»Meinst du Dad?«

»Ich meine *jeden.«*

»Das ist wahr, oder?«

»Ja.«

Schnitt …

Jetzt bin ich oben im Weltraum. Ich bin schwerelos. Keine Übelkeit. Kein Schwindel – ich und der Planet und Gordon und meine Experimente. Wenn das hier alles wäre, was das Leben ausmacht, dann wäre es vollkommen.

Die vier anderen Besatzungsmitglieder führten methodisch ihre Aufgaben aus. Gordon winkte Sarah in eine Ecke, und sie … saßen? … standen? … schwebten? Gesicht an Gesicht.

»Noch vierzehn Stunden bis zum Einsatz«, sagte Gordon.

»Verstanden, Commander Brunswick.«

In vierzehn Stunden würden sie und Gordon sich paaren, doch nicht der Akt selbst war es, der Sarah erregte. Was sie erregte, war das Wissen, dass sie, wenn alles gut ging, während des Fluges ein Kind empfangen würde, das erste Kind, das am Himmel zwischen den Sternen gezeugt würde. Ein im Weltall gezeugtes Kind wäre ein Gott. Allein die Existenz des Kindes wäre ein Beweis für die menschliche Vollkommenheit – ein Beweis für die menschliche Fähigkeit, sich über die grausame und unberechenbare Welt zu erheben – makellos, golden, neugierig und mächtig.

Sie blickte aus dem Fenster auf eine tapfere blaue Erde. Sie streckte die Hand aus, kniff die Augen zusammen, und kurz, bevor ihre Pflicht sie rief, hielt sie sie in ihrer Handfläche.

Schnitt …

Als der Helikopter die NASA anflog, fiel Sarah etwas ein, und sie erzählte es Janet und Wade: »Leute, ich darf 350 Gramm persönliche Dinge mit in den Weltraum nehmen.

Habt ihr irgendwelche leichten Gegenstände, die ihr gerne 2020 präsentieren würdet, um sagen zu können: ›Das hier war mal im Weltraum?‹«

Wade und Janet sahen einander an, dann nahm Wade einen Brief aus seiner Hemdtasche, doch bevor er ihn Sarah reichte, fragte er sie: »Sarah, machst du auf diesem Flug einen Weltraumspaziergang?«

»Außerhalb des Raumschiffs?«

»Ja.«

»Ja, mach ich.«

»Und wenn du etwas dort draußen lassen würdest, würde dieser Gegenstand den Planeten für immer umkreisen?«

»Für eine ziemlich lange Zeit.«

»Nimm das für mich mit.« Er gab ihr den Brief. »Aber bring ihn nicht wieder mit zurück, okay? Lass ihn dort draußen im Orbit.«

Sarah betrachtete den Brief, ohne zu begreifen, worum es sich dabei handelte. »Klar.«

»Versprichst du's?«

Was hat er vor? »Ich versprech's.«

»Gut.« Wade machte ein Gesicht, wie es die Pioniere gemacht haben mochten, die den Kontinent überquerten und ein Klavier von dem Planwagen aus Conestoga auf den staubigen Sand von Oklahoma warfen – wie von einer Last befreit.

»Und du, Mom?«

»Könntest du mir bitte eine Schere rübergeben, Liebes?«

»Eine Schere? Wozu?«

»Bitte, ich brauche sie nur eine Sekunde.«

Sarah reichte sie Janet, die ohne Rücksicht auf den Zustand ihrer Arme nach hinten griff, ihr Haar zu einem Pferdeschwanz zusammenraffte und rasch die lange Strähne abschnitt.

»Da.«

»Mom!«

»Sei ruhig, mein Mädchen. Das ist eine großartige Schere. So eine hätte ich auch gerne.«

»Mom, warum hast du –«

Janet schlang den abgeschnittenen Pferdeschwanz flink zu einem sauberen Knoten.

»Mom, du machst mir Angst.«

»Sarah beantworte mir eine Frage – wenn du draußen im Weltraum einen Gegenstand auf die Erde hinabwerfen würdest, würde er doch beim Wiedereintritt in die Atmosphäre Feuer fangen, stimmt's?«

»Ja, klar.«

»Gut.« Sie reichte Sarah den Pferdeschwanz. »Tu das für mich, Schatz.«

»Was – ihn auf die Erde runterwerfen?«

»Ja, Liebes.«

»Aber warum?«

»Weil die Menschen zu der Spur hinaufschauen werden, die er im Fallen hinterlässt. Sie werden es nicht wissen, aber das, was sie sehen, werde *ich* sein.«

»Und –?«

»*Und* sie werden glauben, sie hätten gerade einen *Stern* gesehen.«